U0553934

中国企业环境下的
领导行为与领导模式

王 辉 著

商务印书馆
The Commercial Press
创于1897

2013年·北京

图书在版编目(CIP)数据

中国企业环境下的领导行为与领导模式/王辉著.
—北京:商务印书馆,2013
ISBN 978 - 7 - 100 - 10184 - 4

I.①中… II.①王… III.①领导学—研究—中国
IV.①C933

中国版本图书馆 CIP 数据核字(2013)第 177062 号

中国企业环境下的领导行为与领导模式

王 辉 著

商 务 印 书 馆 出 版
(北京王府井大街36号 邮政编码 100710)
商 务 印 书 馆 发 行
北 京 瑞 古 冠 中 印 刷 厂 印 刷
ISBN 978 - 7 - 100 - 10184 - 4

2013 年 12 月第 1 版　　　开本 880×1230 1/32
2013 年 12 月北京第 1 次印刷　　印张 14⅞
定价:39.00 元

目　录

序

弗雷德里克·温斯洛·泰勒 1911 年出版的著作《科学管理原理》是管理学界的里程碑,标志着科学管理时代的到来。在书中,泰勒在大量观察和现场实验的基础上阐述了科学管理的思想和理论,使人们认识到管理是一门建立在明确的规律、法则和原理之上的科学。从此之后,管理学是一门正规科学的观点不断深入人心。

中国改革开放 30 多年来,我国引进了许多西方管理的理论、原理和实践,如目标管理、全面质量管理、企业文化、学习型组织,等等,使企业的管理水平得到了显著的提升。

然而,与物理学、化学等自然科学相比,管理学所研究的对象更多的是人在组织环境中的行为,如领导行为是探讨管理者如何通过自己的行为表现及领导风格更好地影响下属,使组织的目标更好地实现。而人的行为则是深受周围环境的影响，如员工所在国家的文化、历史传统、法规制度，员工所在企业的企业文化、发展阶段、所有制形式以及行业特点，等等。因此，我们在应用国外（主要是美国）这些管理理论与实践的同时，不得不面临的一个问题就是这些在西方发展起来、基于西方社会制度与企业实践的原理与理论是否适合中国企业管理的实践。

很多中国学者及从事管理实践的人早已认识到这个问题的存在，着手研究并建立适合中国企业的管理理论与原理，希望这些中国企业管理的规律更好地指导中国企业管理的实践。本书所列的这些文章就是作者及其合作者基于中国企业管理的实践，通过实证的研究方法总结的、适合中国企业管理者的领导行为及领导模式。

本书由 16 篇论文组成，它们都于近期发表在国内外相关的管理学杂志（或会议）上。这些文章可以分成 4 个部分。第一部分是前言，由 1 篇综述文章组成，详细介绍了作者近年来所进行的有关中国企业环境下领导行为的研究。其他 3 个部分各自由 5 篇文章组成。第二部分主要探讨中国企业环境下，高层领导者的个人特征（包括行为及思维模式）对企业经营业绩的影响作用；第三部分的内容主要是有关授权赋能领导行为的研究，包括授权赋能领导行为的组成要素及对员工绩效及工作态度的影响；第四部分是有关领导—部属交换理论的研究，包括中国企业环境下领导—部属交换的维度以及对工作结果所产生的影响。

　　第二到第四部分的文章，在结构编排上我们也进行了一些考虑。每一部分的第一篇文章通常是综述性质的文章，介绍相关研究领域的主要进展及研究结果。第二至第五篇文章则是相应的实证研究。从这些实证研究的结果上可以看出，中国企业管理者的领导行为与西方的研究结果存在一定的不同，而这些不同是根植于中国传统文化及转型式经济环境的。例如，在研究中国企业高层管理者的领导行为时，我们发现有两个非常重要的维度，即"关爱下属"与"展示威权"，这是在西方比较少提到，而在中国却是非常重要的维度，体现了传统中国文化背景下恩威并重的领导风格。而这种领导风格与中国社会的人际关系导向文化及高权力距离的价值理念密切相关。同时，在授权赋能的领导行为研究中，我们发现，西方学者过多强调授权给下属，而在中国企业环境下，在授权的同时，一定要注重监控。我们的研究发现，作为一个管理者，要想激励下属有高水平的绩效和工作满意度，在授权的同时，一定要给予适当的监控，这一结果与中国目前转型式环境下制度的缺失及法律规范不健全的现实密切相关。

　　这些实证研究的每一篇文章在内容结构上也有一定的安排。首先是问题的提出或研究简介部分，在这一部分中，我们将介绍该研究的主要问题是什么以及研究的意义；第二部分是文献回顾和研究假设的提出部分，我们将介绍在这个研究领域的相关理论、已有的研究发现以及所要验证的假设；第三部分是研究方法，主要介绍本文所使用的具体研究设计、样本情况、数据收集的过程以及研究过程所使用的量表情况；第四部分是研究结果，主要介绍该研究的主要发现；第五部分是讨论，就该研究没有验证的假设进行解释，并讨论该研究的理论意义、实践价值、研究局限及未来研究方向；最后两个部分是研究结论及参考文献。

本书的适用对象首先是对领导行为，尤其是中国企业环境下的领导现象感兴趣并从事相关研究和教学的老师及学者，希望大家一起来探讨和研究中国企业环境下的领导行为这一组织管理现象。适合本书的第二部分读者是来自企业的各个层次的管理人员和领导者。这些读者如果能有组织行为学、领导行为或相关学科学习的基础，会使本书的阅读变得更加容易，理解起来也会更加透彻。希望本书的内容能对他们的管理实践具有一定促进作用，对他们的领导过程与领导实践具有一定的指导意义。本书的第三部分作者希望是组织管理系的本科生、研究生以及 MBA、EMBA学生，希望他们通过本书的阅读，能够丰富他们有关中国企业领导的理论与实践方面的知识，增加对中国企业管理现象的研究兴趣，对相关的研究方法也有所了解。

本书当然也存在很多的不足，我们虽然在每篇研究中都介绍了实践应用的价值与意义，但整体上来讲，研究性的文章占主要部分，从事企业实践的人在阅读时可能会对一些专业的术语感到费解。真诚地希望读者以批判的观点阅读、审视这本书。正是在您的不吝赐教下，她才能日臻完善，不断提高。

需要感谢的人很多。首先要感谢我的合作者们，包括徐淑英、罗胜强、忻榕、陈昭全、陈镇雄、Rick Hankett、王端旭、张文慧、张燕、张功多、武朝艳、张宏宇、张翠莲、黄鸣鹏，等等，通过与他们的合作研究，我不但学到了很多的知识，也体验到了研究的快乐。同时，也感谢他们同意将这些文章在这里集册发表。感谢光华管理学院的郎艺同学、社会学系的罗晓亚同学，她们将部分英文文章翻译成了中文，并在编辑、整理的过程中给予我很大的帮助。还要感谢商务印书馆的范海燕主任，她的辛勤努力和细致周到的工作使本书的出版得以顺利地进行。感谢国家自然科学基金重点课题的资助（项目号为71032001）。最后感谢我的家人，尤其是我的母亲、妻子、女儿。多年来，她们的支持、理解、容忍和关怀给了我足够的精力和舒适的环境，使我多年来能够踏下心来，专注于研究工作，也使得这本书能够顺利地完成。

王辉于北京大学光华管理学院

2012 年 6 月

第一部分

中国企业高层管理者的领导行为与领导模式

中国企业环境下领导行为的研究述评：
高管领导行为、领导授权赋能
及领导—部属交换 [1]

摘　要

　　国外有关领导行为的研究已经不胜枚举，而针对中国企业环境下的领导行为的研究则相对较少。近年来，中国情境下的领导行为研究开始逐渐涌现，本文从中国高层管理者的领导行为、领导授权赋能行为以及领导—部属交换理论三个方面对中国企业环境下的领导行为研究进行了述评，总结了相关研究在中国情境下的维度表现、前因后果变量以及中介或调节作用，并指出了中国情境相关本土化研究的理论与实践贡献。这些研究，从理论贡献上来讲，一方面体现出中国情境下领导行为区别于西方情境的独特性，另一方面验证和扩充了西方相关领导行为的研究发现，

　　1　本文发表于《心理科学进展》杂志 2012 年第 20 卷第 10 期，作者为王辉和张翠莲。

进一步丰富了领导行为理论；从实践意义上而言，为中国企业领导者提供了一个反思的镜子进而调整自己的领导行为，为中国企业领导者提供企业决策及管理的参考依据，为人力资源管理人员提供实际操作的手段及工具，而且启发下属注意与领导者建立良好的工作关系，进而提高工作效率。

关键词：中国企业环境　高层管理者领导行为　领导授权赋能行为　领导—部属交换

有关领导的研究是组织行为学的重要研究领域，也一直是学者们关注的热点问题。截至目前，学术界主要从四个方面对领导行为及相关问题进行了探讨：第一，领导行为的类型，比如，Bass 等人（1985，1990）的变革型领导（transformational leadership），Finkelstein 和 Hambrick（1996）的战略型领导（strategic leadership），Konczak、Stelly 和 Trusty（2000）的授权型领导；第二，领导行为的前因结果变量，比如，Rubin、Munz 和 Bommer（2005）从领导者的个性特征和情感认同能力等方面探讨变革型领导的前因变量，Srivastava、Bartol 和 Locke（2006）研究了授权型领导对知识分享、团队效能感、团队绩效的影响；第三，领导行为与下属之间的关系互动，比如 Dansereau、Graen 和 Haga（1975）以及 Graen（1976）等人提出的领导—部属交换关系（leader-member exchange，LMX）；第四，领导行为作为中介或者调节变量的影响，比如 Shin 和 Zhou（2007）探讨了变革型领导在团队专业多样性与创新之间的调节作用。

　　以上有关领导行为的研究大部分是在西方情境下进行的，如果将这些研究放到中国企业环境下，其研究结果是否能够被成功复制？中国情境下会不会产生新的研究发现？要回答这些问题就需要展开中国企业环境下的系列研究。近年来，越来越多的学者开始强调本土化研究或情境化研究的重要性。一方面，中国作为全球经济的主要参与者，经济的快速腾飞不仅为企业创造了发展机会，也为学者带来了研究机遇。Tsui（2009）指出，转型中的中国在经济、法律制度等方面都有了很多重大改变，这些改变会影响企业在吸收西方管理经验时的决策制定与制度制定，因此，中国的管理学研究有必要关注中国企业环境下的问题，并致力于推进理论知识的积累和本土管理问题的解决。Leung（2012）认为，中国作为日益重要的经济及资本市场，吸引了越来越多的外国企业进入中国发展业务，因此，中国情境下的企业领导、员工、管理等方面的知识无疑对他们走进中国大有裨益。另一方面，针对中国企业环境下的研究有助于拓展西方理论，为其理论的进一步深化发展提供新的视角。Van de Ven和Jing（2012）认为，本土研究不仅可以帮助理解特定文化情境下的相关知识，也会扩展跨文化边界的普遍理论知识。Li、Leung、Chen和Luo（2012）指出中国管理中出现的现象和问题相比于西方管理而言，在某些方面有其独特之处，这就更需要采用本土化的研究探索中国情境下的管理问题，哪怕仅仅是一个概念或变量的差异，如果体现了对西方理论的改进、丰富和提升的过程，也可以算是一种贡献。

Rodrigues、Duarte 和 Carrieri（2012）认为，由于中国的政治和经济格局都与西方国家存在差异，中国企业环境下的很多管理现象可能在西方人的眼里根本不存在，也许中国的学者能够更好的体会和察觉到这些独特现象的存在并展开相关研究。

那么，就领导行为的研究而言，与西方国家相比，中国企业环境下的领导行为有何异同？由于中国企业所面临的政治制度、经济体制、法律规范、传统文化等制度环境与西方企业存在很大不同，中国企业的领导者在管理企业和领导员工的过程中势必形成一些与传统的西方领导行为理论不相一致的行为与管理模式。在接下来的内容里，我们从以下几个方面来总结中国环境下领导行为的研究，即中国高层管理者的领导行为、领导授权赋能行为以及领导—部属交换理论。值得一提的是，这些基于中国情境展开的领导行为研究并不仅仅是为了发现与西方研究的差异，更为全面地来看，这方面的研究具有两方面的研究意义：一方面，通过对中国企业环境下领导行为的探讨，找出中国情境下所特有的领导行为表现，体现出中国情境下领导行为区别于西方情境的独特性；另一方面，通过探讨中国企业环境下领导行为的前因后果变量、中介机制以及调节作用等，验证和扩充西方相关领导行为的研究发现，进一步丰富领导行为理论。这两个方面共同促成了中国情境下领导行为研究的开展。接下来，本文将分别从以上三方面对中国企业环境下的领导行为研究进行综述。

1 中国企业高层管理者领导行为的研究

高层管理者领导行为的研究是组织行为学的重要和热点问题。从 20 世纪开始，人们对这一领域一直持有浓厚的兴趣，试图了解领导的本质、行为表现以及对企业管理实践所产生的影响。

1.1 中国企业高层管理者的行为表现

由于社会、经济、文化等环境的不同，很多学者开始关注中国企业的领导行为与西方的差异这一问题。例如，Silin（1976）、Redding（1990）、Westwood 和 Chan（1992）等国外学者对台湾企业中的领导行为进行了观察与研究，发现了一些有异于西方的领导理念和行为模式。在此基础上，台湾学者 Farh 和 Cheng（2000）基于长期对台湾企业领导行为的研究，总结出华人组织独特的家长式领导（paternalistic leadership）特征，即威权（authoritarianism）、仁慈（benevolence）以及德行（morality）领导，并分析了其深层的社会和文化根源。大陆学者凌文辁（1991）等在验证日本学者 Misumi（1985）的 P（Performance）M（Maintainence）理论时，发现了中国管理者的领导行为除了包含日本和美国学者提出的工作导向和人际导向的行为外，还包括一个独特的"个人品格"（Character）的因素，将其称之为中国领导行为的 C（品格）P（业绩）M（人际维系）理论。

上述研究结论富有传统中国文化（比如人际导向、泛家族文化等）及企业所面临现实（比如亚洲四小龙的崛起及中国改革开放）的影响，而中国企业自 80 年代开始经历了一系列脱胎换骨的变化。现代企业制度逐步确立，行业规范渐次完善，市场竞争日益激烈以及国际化进程不断深入，这些变化促使人们不得不思考在应对转型经济环境下企业经营与管理问题时中国企业的领导者尤其是企业的高层领导者（包括董事长、总裁、CEO 等），应该表现出怎样的领导行为才能带领企业不断发展壮大。

王辉等人（王辉、忻榕和徐淑英，2006；Wang, Tsui, and Xin，2011）为进一步厘清转型时期中国企业高层管理者的行为表现，同时探讨这些行为对企业业绩的影响机制，在中国企业环境下开展了系列的高管领导行为的研究。采用定性及定量的方法，王辉等人归纳性地总结了在转型经济环境下中国企业 CEO 的领导行为表现，建构了一个 6 维度的 CEO 领导行为测量工具，包括："设定愿景"（articulating a vision）、"监控运营"（monitoring operations）、"开拓创新"（being creative and risk-tasking）、"协调沟通"（relating and communicating）、"关爱下属"（showing benevolence）和"展示威权"（being authoritative）。其中，3 个维度（"设定愿景"、"监控运营"和"开拓创新"）与 CEO 的任务管理行为密切相关，另外 3 个维度（"协调沟通"、"关爱下属"和"展示威权"）与 CEO 的人际关系管理行为相关。特别值得一提的是，"关爱下属"维度正好印证了中国环境下人际和谐、人际关系的重要性（Yang, Yu, and Yeh, 1989），"展示权威"维度也反映了中国社会特有的文化现象,比如高水平的权力距离,而且,这两个维度也印证了之前 Farh 和 Cheng(2000)等人提出的中国环境下的家长式领导行为。

1.2 中国企业高层管理者的领导风格

王辉、忻榕和徐淑英(2004)采用"构型法"(configuration approach)归纳出转型时期中国企业领导者的 4 种领导风格,分别称之为"先进型"、"任务导向型"、"员工导向型"和"隐匿型"。"先进型领导"是指在"展示权威"之外所有维度上的得分都超过平均分的领导者,他们富有创新意识,敢于冒险,善于沟通,传达愿景,关心员工,管理严格。这种领导所带领的企业或部门绩效最好,员工对组织的满意度最高;"任务导向型领导"指的是在"监控运营"和"展示权威"维度上的得分超过平均分,而其他维度都等于或低于平均分的领导者,他们喜欢独揽企业大权,独自做出重大决定,这种领导所带领的企业或部门绩效处于整体样本的第二位,员工对组织的满意度也次之;"员工导向型领导"是指在"关爱下属"和"协调沟通"两个维度上得分相对较高的领导者;"隐匿型领导"除了在"展示权威"维度上高于平均分之外,其他维度上的得分均大大低于平均分,也就是说,这些领导虽然在企业中担任领导者的职位,但却不行使领导者的责任,因此,在这种类型领导管理下的企业或部门绩效、员工满意度都处在最低的水平。同时,他们还分析了这 4 种领导风格在不同所有制形式下的分布情况。发现 4 种领导风格在不同所有制形式下具有不同的分布模式。具体而言，调查显示，52% 的民营企业 CEO 表现出"先进型"领导风格，38% 的国有企业 CEO 和 36% 的外商投资企业 CEO 都倾向于采用"员工导向型"领导风格，11% 的国有企业 CEO 和 14% 的外资企业 CEO 是"任务导向型领导"，26% 的国有企业 CEO 以及 26% 的外商投资企业 CEO 是"隐匿型领导"，而民营企业里则基本上没有"隐匿型领导"。

Tsui、Wang、Xin、Zhang 和 Fu（2004）的研究进一步指出中国企业家"百花齐放"式的领导风格受到诸多因素的影响，比如根深蒂固的儒家文化、共产主义思想、改革开放的环境等。通过收集新闻媒体、公司网页以及案例访谈等方面的数据，Tsui 等人用现实中的企业领导者对"先进型"、"任务导向型"、"员工导向型"和"隐匿型"这 4 类领导风格分别进行了案例分析。比如，海王集团的张思民就是典型的"先进型领导"，他积极为公司设定长期目标和愿景，勤于创新，敢于冒险，加强管理体系建设，强调以人为本的员工关怀；而远大集团的张跃则是典型的"任务导向型领导"，公司的一切决定都由他拍板，并且要求下属绝对地服从和执行，平日也鲜有与员工进行工作外的沟通交流。

1.3 中国企业高层管理者的领导行为对企业绩效和组织文化的影响

Wang、Tsui 和 Xin（2011）指出近年来有关战略型领导的研究大多集中于探讨高层管理者与企业经营业绩之间的关系，但是对于影响这类关系的机制方面的研究尚显不足。通过采用包括企业高层经理人员及员工在内的匹配资料，运用结构方程建模分析的方法，Wang 等人（2011）的研究表明，任务导向的高层管理者的领导行为直接与企业经营业绩正相关，而人际关系导向的领导行为与组织关怀、组织承诺、分配公平和程序公平等员工态度直接相关，并通过这些积极的员工态度影响企业的经营业绩。

学者们还探讨了 CEO 领导行为与组织文化之间的关系以及如何进而影响企业的经营业绩。Tsui、Zhang、Wang、Xin 和 Wu（2006）重点关注了冒险、协调沟通、关爱下属、设定愿景和监控运营等 5 个维度的领导行为与"员工发展"、"客户导向"、"勇于创新"、"规范管理"和"社会责任"等 5 个维度的组织文化之间的关系。他们发现更多的公司存在 CEO 领导行为与组织文化之间的契合关系，即优秀的领导往往能塑造良好的企业文化，平庸的领导所带领的企业具有弱势的企业文化，只有较少的公司，CEO 领导行为与组织文化之间没有关联。此外，企业所有制、企业规模和年龄等都会影响 CEO 领导行为，进而对组织文化产生影响，比如，由于国有企业存在根深蒂固的历史传统和强硬的政府控制，其 CEO 的领导自主权最为有限，使得领导行为与企业文化之间关联甚微。同样，年轻、小型的企业受到的企业惰性制约更少，领导者拥有的自主权更大，对企业文化的影响也就更为明显。Tsui 等人（2006）通过进一步的访谈，发现在中国 CEO 主要存在两种类型:绩效构建者(performance builder)和制度构建者(institution builder),这两种类型的领导在塑造组织文化的过程中扮演着不同的角色。前者直接强调企业的业务运营和绩效增长,而后者则强调通过构建组织文化来间接影响企业业绩。其中,一系列情境因素也会对 CEO 领导行为与企业文化之间的关系产生影响,比如,行业技术标准、法律条文等外部环境的制约以及企业发展阶段、历史传统等企业内部条件的限制。王辉、张文慧、忻榕和徐淑英(2011)进一步探讨了中国组织情境下战略型领导者的领导行为对企业绩效的影响以及组织文化在其中所起到的中介作用。组织文化在这里指的是组织在解决外部适应和内部整合问题时所习得的一系列价值观和基本信念。研究表明,战略型领导行为对员工态度和企业绩效具有正向作用,内部整合价值观和外部适应价值观在战略型领导行为与员工态度之间具有中介作用,战略型领导行为通过影响内部整合和外部适应的组织文化从而对员工态度产生影响,并进而影响组织绩效。

1.4 相关研究的理论和实践意义

以上这些研究具有理论和实践两方面的意义。从理论意义上来讲,首先,这些研究独创性地探讨了中国企业高层管理者的领导行为维度,为后续更多中国环境下的企业高管领导行为研究提供了理论基础。在转型时期的中国市场经济环境下,中国企业领导者逐渐呈现出多元导向并存的领导行为模式,相对于 20 世纪

80 年代中国领导行为的 CPM 理论而言，这些研究对中国企业高层管理者领导行为的认识有了进一步的拓展。其次，这些研究通过对中国企业高层管理者领导行为进行"构型"，将 4 种类型的领导风格与企业所有制联系起来，为我们认识不同所有制下的领导行为提供了一定的依据。同时，以上研究通过探讨 CEO 领导行为对企业业绩产生影响的作用机制，扩展了高层梯队理论。CEO 任务导向的领导行为直接对企业战略选择和财务业绩产生影响，关系导向的领导行为通过影响员工的态度反应，进而影响企业业绩。这些结果帮助我们加深了对 CEO 领导行为与企业业绩之间"黑箱"的了解，为进一步探讨 CEO 领导行为的作用机制奠定了基础。另外，这些研究也丰富了我们对中国企业高管领导行为所产生影响的认识。高管的领导行为不仅对企业业绩产生影响，还能推动组织文化等无形资源的构建，通过组织文化进一步强化对员工态度和企业绩效的影响。这些都加深了有关领导者如何影响组织运营的认识，一定程度上拓展了领导行为理论。

从实践上来讲，首先，这些研究能够帮助中国企业高层管理者调整自己的领导行为，做一个高度有效且与时俱进的领导者。在转型时期的中国企业环境下，作为企业的高层管理人员，既要全面了解企业未来发展方向并制定战略规划，又要表现出在技术、产品、服务方面不断地进行创新行为并勇于承担相应的风险；既要强调权威、有效监控、规范管理，又要注重沟通、和睦相处、关爱下属。其次，这些研究能够为不同所有制下的企业领导者在表现出何种领导风格方面提供一些思考的视角，比如，民营企业的领导不清楚应该以什么样的领导风格来带领企业往前发展时，不妨借鉴当前民营企业较为流行的"先进型"领导风格，至少可以确保企业的绩效和员工的认可。再次，这些研究可以说明领导者在推动组织文化方面发挥了作用。作为企业的高层管理者，不管是以"绩效倡导者"还是"制度构建者"的身份履责，都应该营造积极的企业文化，促使企业基业常青。

2 中国企业领导授权赋能行为的研究

20 世纪 80 年代，授权赋能方面的研究开始在组织行为学理论和企业管理实践中被广泛提及（Block，1987；Burke，1986）。授权赋能最初被认为是领导者一系列授予决策权的管理行为（Blau and Alba，1982；Mainiero，1986）。后来，Conger 和 Kanungo（1987）开始从心理学角度研究授权赋能。他们认为，授权赋能是一个动机性构念（motivational construct），它意味着权力的下放可以让下属体验到一个"使能够"（enable）的过程，进而提高下属的自我效能感（self-efficacy）。Thomas 和 Velthouse（1990）进而从认知的角度来探讨授权赋能的概念，在他们看来，权力意味着权威（authority）、能力（capacity）以及赋予能量（energize），而能力和能量正好表达了授权赋能作为一种动机的内涵，可以说是个体内在动机的日渐增强（intrinsic motivation）。接着有学者开始讨论

领导者对于授权的重要性。Konczak、Stelly 和 Trusty（2000）率
先探讨了授权赋能在领导行为方面的应用，提出了领导授权赋能
行为（empowering leadership behavior）这一概念，认为授权赋能
领导行为指的是领导授予员工权力并保证其实施的一系列管理行
为，并开发了测量工具。Srivastava、Bartol 和 Locke（2006）认
为授权赋能领导行为这一概念主要包括两方面的含义：一方面是
"授权"，领导者将权力授予下属或者说给下属分配更多的工作责
任和工作自主性；另一方面是"赋能"，领导者通过授权来提升下
属的内在工作动机，使下属感知到的工作效能感等心理能量更高。

2.1 中国企业领导授权赋能行为的维度

国外有关领导授权赋能行为概念及其测量的研究较多，比
如，Konczak、Stelly 和 Trusty（2000）开发了领导授权赋能行为
问卷（leader empowering behavior questionnaire，LEBQ），提出
了领导授权赋能行为的 6 个维度，包括授予权力（delegation of
authority）、承担责任（accountability）、自主决策（self-directed
decision making）、信息分享（information sharing）、技能发展（skill
development）和对创新绩效的指导（coaching for innovation
performance）。Arnold、Arad、Rhoades 和 Drasgow（2000）
也编制了授权赋能的领导行为量表（empowering leadership
questionnaire，ELQ），他们发现领导授权赋能行为包括 5 个维度：
指导（coaching）、提供信息（informing）、以身作则（leading by

example）、关心／团队互动（showing concern／interacting with the team）和参与决策（participative decision making）。

　　在中国特有的文化和经济背景下，领导授权赋能行为是否和西方情境下的领导授权赋能行为有所不同？为了探讨这一问题，王辉、武朝燕、张燕和陈昭全（2008）探讨了中国企业情境下领导授权赋能行为的维度及其测量工具。他们首先通过开放式问卷调查的方法得到领导授权赋能行为的典型表现后，经过编码、归类、探索性因子分析、验证性因子分析，最终发展出适用于中国情境下的领导授权赋能行为量表，共计 6 个维度，24 个题目。6 个维度分别是"个人发展支持"、"过程控制"、"权力委任"、"结果和目标控制"、"参与决策"以及"工作指导"。其中个人发展支持、权力委任、参与决策和工作指导这 4 个维度与西方领导授权赋能行为较为相似，过程控制以及结果和目标控制这两个维度则是在中国情境下所特有的。总而言之，中国企业领导授权赋能行为在因素结构上包括权力的分享（参与决策、权力委任等维度）、适当的监控（过程控制、结果和目标控制等维度）以及有力的支持（个人发展支持、工作指导等维度），三者共同构成了授权赋能领导行为的核心内容。其中，控制维度是中国情境下所特有的，一方面，由于受到层级制和家长作风等中国传统文化的影响，下属会认为控制是领导的一种职责，甚至是关爱下属的一种体现，因此中国企业的领导授权赋能行为里控制维度不可或缺；另一方面，权力的下放也会给下属带来一些顾虑，比如拥有更大的决策权却无法产生预期的绩效，这时候下属可能需要领导适当的指导和回馈，领导的控制行为则正好迎合了下属的这些需求（Zhang，Chen，and Wang，2007）。

2.2 中国企业领导授权赋能行为的前因变量

在中国企业环境下的领导授权赋能行为研究的基础上，张文慧和王辉（2009）基于管理者的长期结果考量和自我牺牲精神这两种个体特征，探讨了领导授权赋能行为的前因变量。其中，长期结果考量指的是人们在选择当前行为时对这些行为的长期结果及其影响的考虑程度。研究结果表明，相比长期结果考量倾向低的个体而言，长期结果考量倾向高的管理者更偏好授权，环境不确定性对这一关系具有调节作用，当环境不确定性较低时，长期结果考量与领导授权赋能行为之间的正相关关系更为显著。此外，在环境不确定性低的情况下，自我牺牲精神与领导授权赋能行为之间显著正相关，而在环境不确定性高的情况下，自我牺牲精神与领导授权赋能行为之间呈现负相关关系。

国内还有一些学者探讨了领导授权赋能行为的其他前因变量。杨英、龙立荣和周丽芳（2010）从授权风险的角度进行了探讨，研究发现，任务绩效授权风险和组织利益授权风险与领导授权赋能行为负相关，也就是说，当领导认为授权会导致工作任务不能按时、按质、按量完成以及授权之后会导致组织利益受损时，领导的授权赋能行为都会减少，而授权者的权力地位风险则对领导授权赋能行为没有显著影响。韦慧民和龙立荣（2011）则从信任视角出发，探讨了领导对下属的认知信任和情感信任与领导授权赋能行为之间的关系，研究发现领导对下属的认知信任和情感信任都与领导授权行为正相关，可以说，下属是否能够赢得领导的信任对领导授权行为具有一定的影响。

2.3 中国企业领导授权赋能行为的结果变量

学者对授权赋能行为研究的目的是通过领导行为的改善，提升员工态度和工作结果。王辉、张文慧和谢红（2009）的研究表明中国企业领导授权赋能行为对下属心理授权感知和工作满意度具有显著的正效应，通过领导的授权赋能行为，下属可以感知到更高水平的心理授权和工作满意度。Zhang 和 Bartol（2010）结合领导力、授权赋能、创造力等理论，提出了领导授权赋能与员工创造力之间关系的模型假设，并通过收集中国企业的资料，发现了领导授权赋能与员工心理授权感知正相关，进而影响其内在动机和创新过程投入，并最终对创造力产生影响。耿昕（2011）也探讨了领导授权赋能行为对员工创新行为的影响，并进一步探讨了两者之间的内在作用机制，发现领导授权赋能行为对员工创新行为具有显著的正向影响，同时创新自我效能感以及积极和消极情绪在领导授权赋能行为和员工创新行为之间起到了中介的作用。

2.4　中国企业领导授权赋能行为的调节作用

　　领导授权赋能行为存在高低差异性，有学者发现在领导授权赋能行为高低有别的情况下，其产生的作用也有所差异。Gao、Janssen 和 Shi（2011）通过收集中国电信行业的资料，研究发现，下属对领导的信任与下属谏言行为（voice）之间的正效应受到领导授权赋能行为的调节，当领导授权赋能行为较高时，领导信任与下属谏言之间的正效应相比领导授权赋能行为较低时更强。Hon、Bloom 和 Crant（2011）通过收集中国高科技行业、制造业以及服务业的数据，研究表明，下属对变革的抵制会对他们的创新性绩效产生负向影响。其中，领导授权赋能行为显著地调节了这一关系，当领导授权赋能行为较高时，下属的抵制变革对创新性绩效的负向影响会被削弱，当领导授权赋能行为较低时，下属的抵制变革对创新性绩效的负向影响会被强化。

2.5　相关研究的理论和实践意义

　　以上这些研究内容及结果具有理论和实践两方面的意义。从理论意义上来讲，首先，适用于中国情境下的授权赋能领导行为量表的产生，有利于丰富国外学者提出的授权赋能领导行为理论，增进对不同文化背景下领导授权赋能行为的相同点和独特性的了解以及对转型期经济环境下中国管理者的领导行为的认识，同时，为后续更多中国企业环境下的授权赋能领导行为研究提供了基础。

其次，目前对领导授权赋能行为的研究大多集中于探讨其积极影响，前因变量的研究相对较少，因此，对中国企业环境下领导授权赋能行为前因变量的研究，进一步丰富了授权赋能领导行为理论。再次，对领导授权赋能行为作为调节变量的研究，说明探讨了组织行为学相关研究成立的边界条件，同时也是对领导授权赋能行为理论的进一步拓展。

从实践意义上来讲，第一，可以为转型时期的中国企业领导者提供企业决策及管理的参考依据，例如，在领导下属时，不但要适当授予下属权力，同时也要注意对下属工作过程及结果进行适时的监控，这样可以很好地避免"一抓就死，一放就乱"现象的产生。第二，中国企业管理者授权赋能行为的测量可以为人力资源管理人员提供实际操作的手段及工具。第三，为领导者提供了一面反思的镜子，作为企业的核心领袖，领导者应该更多关注长期结果，考虑授权之后在任务完成和组织利益方面的风险，为授权行为营造可能的条件。第四，作为中国企业环境下的领导者，如果想让自己的下属工作表现更好，就应该恰当地通过"授权"来使他们感知到"赋能"，进而让下属工作满意度更高，创造力更强。

3 中国企业环境下领导—部属交换理论的研究

20 世纪 70 年代，Dansereau 和 Graen 等人提出了领导—部属交换理论（leader-member exchange，LMX），该理论引发了

学术界持久的研究热潮，吸引着大量学者进行相关的理论探讨和实证研究（Dansereau et al.，1975；Graen，1976；Graen and Cashman，1975）。领导—部属交换是指领导与下属之间形成的亲疏远近的交换关系，是一个由低质量到高质量的连续体。所谓低质量就是指领导与下属仅限于正式的工作关系范围内的上下级交换关系，此时部属占用领导的时间较少，得到的机会和关照也不多，被称为圈外交换（out-group exchange）。而高质量则是指超过正式工作说明书范畴之外的上下级交互作用，此时部属会得到更多的领导信任、关怀、特权等，被称为圈内交换关系（in-group exchange）（Dansereau et al.，1975；Graen and Uhl-Bien，1995）。领导—部属交换理论被提出来以后，学者们开始采用不同的视角和理论对其进行解释，根据任孝鹏和王辉（2005）对于领导—部属交换的研究综述可以发现，学术界大体上产生了三种解释领导—部属交换的观点，分别是角色扮演理论（role playing theory）、社会交换理论（theory of social exchange）、互惠理论（reciprocity）。关于领导—部属交换这一概念的结构问题，学术界也存在着不同的观点，比如，Graen（1976）、Graen 和 Scandura（1987）、Graen 和 Uhl-Bien（1995）等人认为领导—部属交换应该是单维的，反映的是领导和部属之间整体工作关系的好坏。而 Dienesch 和 Liden（1986）则认为领导—部属交换应该是多维的，包括情感（affect）、贡献（contribution）和忠诚（loyalty），Liden 和 Maslyn（1998）还增加了第四个维度—专业尊敬（professional respect）。

领导—部属交换理论在西方情境下的研究可谓成果丰硕，近年来，越来越多的学者也开始关注这一理论在中国情境下的运用。相比于西方情境，中国企业环境下的领导—部属交换关系是否存在一些不同的维度？哪些因素会影响中国企业环境下的领导—部属交换关系？领导—部属交换关系能够带来哪些影响？领导—部属交换关系的高低程度是否能够产生不同的作用？接下来，本文将从以上这些方面，对近年来中国情境下的领导—部属交换研究进行回顾。具体而言，本文将主要探讨中国企业环境下的领导—部属交换的概念维度、前因后果变量、中介以及调节作用。

3.1 中国企业环境下领导—部属交换的维度

中国与西方国家存在显著的文化差异，中国文化下的人际关系具有丰富且复杂的内涵，领导和下属的关系也必然与西方情境有所差异，在西方文化下开发的领导—部属交换量表很可能不适用于中国。因此，Wang、Liu 和 Law（2007）针对中国企业环境下领导—部属交换的概念结构、测量工具进行了探讨，发现了一些与西方有关研究不一致的地方。Wang 等人（2007）的研究表明中国情境下领导—部属交换的结构中包含了"互动"和"亲近"两个独特的中国维度，这表明西方领导—部属交换主要集中在工作范畴，而中国人将工作与生活分得不是很清楚，工作中有生活，生活中也有工作。更早之前，王辉、牛雄鹰和 Law（2004）在中国文化背景下对领导—部属交换的维度结构也进行过探讨，形成了适用于中国情境下的 16 个题目的多维度领导—部属交换测量工具，包括情感、忠诚、贡献和专业尊敬 4 个维度，对 Liden 和 Maslyn（1998）多维度领导—部属交换量表中的 12 个题目进行了本土化修订和拓展。同时，王辉等人（2004）的结果表明，尽管单维度领导—部属交换和多维度领导—部属交换都会对下属的工作绩效和情境绩效具有预测作用，但是多维度领导—部属交换的预测作用更强。Wang、Law 和 Chen（2008）进一步研究发现，领导—部属交换不同维度所产生的影响也不尽相同，领导—部属交换的情感维度与任务绩效和情境绩效正相关，贡献维度与情境绩效中的工作贡献正相关。

3.2 中国企业环境下领导—部属交换的前因变量

一些学者对中国情境下领导—部属交换的前因变量进行了研究。Law、Wang 和 Hui（2010）通过对两个不同的研究样本进行分析，发现代表了多维度领导—部属交换的情感、忠诚、贡献和专业尊敬 4 个维度与单维度的领导—部属交换正相关，而且，单维度领导—部属交换对情感、忠诚、贡献和专业尊敬这四个维度与工作绩效和组织公民行为之间的关系具有中介作用。Law 等人（2010）的研究表明单维度的领导—部属交换反映了领导—部属之间关系质量的总体水平，而多维度的领导—部属交换则是发展和维持这种关系的交换工具。马力和曲庆（2007）探讨了下属的公平敏感度对领导—部属交换的影响，研究表明下属在公平取向方面的个人差异会影响领导—部属交换，当下属是个倾向于惠及他人的仁慈者时，比计较者更容易与领导建立起密切的关系。Aryee和 Chen（2006）则从情境变量的视角，探讨了领导者对奖励的控制情况和小组工作氛围对领导—部属交换关系的影响，他们发现领导者对奖励的控制越大，领导—部属交换关系水平就越高，同样，小组工作氛围越好，领导—部属交换关系水平越高。

3.3 中国企业环境下领导—部属交换的结果变量

一些学者对领导—部属交换的结果变量进行了探讨。王震、孙健敏和赵一君（2012）的研究表明领导—部属交换会影响员工的积极性态度，包括工作满意度、情感承诺和留职意愿等，而且在对下属这些态度的影响上，领导—部属交换的作用最强，变革型领导次之，破坏型领导最弱。李燕萍和涂乙冬（2011）发现领导—部属交换对下属的职业成功具有显著的正向影响，而且下属的心理授权感知对这一影响起了中介作用，同时，以上关系还受到社会网络、人际影响、社会机敏性和外显真诚4种政治技能的调节。仲理峰、周霓裳、董翔和宋广文（2009）认为领导—部属交换不仅仅对员工的工作结果产生影响，对领导者的工作结果也存在影响，于是他们从领导和部属的双向视角提出了领导—部属交换对领导和部属工作结果的双向影响机制。当然，领导—部属交换也可能带来一些负面影响，比如，马力和曲庆（2007）的研究表明领导与部属之间的关系质量可能在组织中带来不公平的结果，在高质量的领导—部属交换关系下，一方面，领导会抬高对这些下属的绩效评价，另一方面这些下属对领导的互动公平也会给予更高的评价，尤其是在关系盛行的组织里，这种互惠现象可能显得更为严重。

3.4　中国企业环境下领导—部属交换的中介作用

学者们还对中国企业环境下的领导—部属交换所起的中介作用进行了研究。Wang、Law、Hackett、Wang 和 Chen（2005）等人探讨了领导—部属交换在变革型领导与员工工作绩效及组织公民行为之间所起的中介作用，结果表明领导—部属交换完全中介了变革型领导与下属工作绩效及组织公民行为之间的关系。王震、孙健敏和赵一君（2012）的研究同样表明领导—部属交换在变革型和破坏型领导与下属态度和行为之间的关系中起到了部分中介的作用。Walumbwa、Mayer、Wang、Wang、Workman 和 Christensen（2012）通过收集中国企业领导—部属的配对数据，运用跨层次分析模型，研究表明领导—部属交换在伦理型领导（ethical leadership）与下属任务绩效之间的关系中具有中介作用，伦理型领导通过影响下属感知到的领导—部属交换关系进而影响他们的工作绩效。李秀娟和魏峰（2006）发现领导—部属交换在变革型领导与员工绩效、满意度和组织承诺之间具有部分中介作用，另外，领导—部属交换在权变性奖励、放任性领导与员工绩效、满意度和组织承诺之间起到完全中介的作用。余琼和袁登华

（2008）的研究还表明领导—部属交换在管理者情绪智力与员工情境绩效和任务绩效之间的关系中起到中介作用。

3.5　中国企业环境下领导—部属交换的调节作用

　　学术界对中国情境下领导—部属交换的调节作用也进行了探讨。姚琦和乐国安（2011）通过纵向研究设计探讨了领导—部属交换对新员工工作期望与适应性之间关系的调节作用，研究表明，当领导—部属交换关系较低时，期望未实现对适应性有破坏作用，而当领导—部属交换关系较高时，期望未实现对适应性的破坏作用则会被抵消，此外，领导—部属交换关系的不同维度具有不同的调节作用，"贡献"维度调节工作责任期望落差与角色清晰之间的关系，"尊敬"和"情感"维度则对工作回报期望落差与组织理解之间的关系产生调节作用。王辉等人（2009）的研究表明领导—部属交换对授权赋能领导行为与下属心理授权感知以及工作满意度之间的关系具有调节作用，当领导—部属交换关系较低时，授权赋能领导行为对下属的心理授权感知以及工作满意度的正向影响相比高质量的领导—部属交换关系而言更为明显。杨英等人（2010）发现了领导—部属交换对于任务绩效风险以及组织利益风险与领导授权赋能行为之间关系的调节作用，当领导—部属交换较低时，感知到的任务绩效授权风险或组织利益风险对领导的授权行为影响较大，此时，当领导认为存在较大的授权风险时，他们的授权行为会急剧减少，而当领导—部属交换较高时，感知到的授权风险则对领导授权行为的影响不大。

3.6 相关研究的理论和实践意义

以上这些研究在理论和实践上都有一定的贡献。从理论上讲，首先，揭示了领导—部属交换在中国企业环境下的独特维度，看到了中国企业领导在与员工互动过程中与西方不一致的地方，初步形成了中国企业环境下领导—部属交换的理论，是对西方背景下发展起来的领导—部属交换理论的有力验证和充分补充。其次，对中国企业环境下领导—部属交换的前因后果变量进行了探讨，进一步丰富和完善了领导—部属交换理论，值得关注的是，领导—部属交换可能带来负面影响，尤其是在中国这样一个重关系的国家，领导—部属交换的过度互惠可能会带来组织不公平。再次，有关中国企业环境下的领导—部属交换中介机制和调节作用的研究，对现有的西方领导理论进行了一定的补充和拓展，尤其是变革型领导理论和领导—部属交换理论。

从实践上讲，这些研究对中国企业管理者的管理实践具有指导意义。首先，领导如果要想获得下属高水平的工作绩效和更积极的员工态度，那么，提升领导—部属交换水平是一个重要而有效的方式。其次，下属如果想要和领导建立高质量的领导—部属交换关系，可以从情感、忠诚、贡献和专业尊敬这几个方面不断提高，但是在中国这样一个注重集体主义的文化背景下，下属也要注意与领导建立良好工作关系的方式方法，比如，不顾一切地讨好、逢迎、拍马屁常常会适得其反，领导可能更愿与具有良好绩效、能够给企业或团队带来业绩的"好公民"关系密切。而且，领导和下属应该客观地评价对方的业绩表现，不能因为领导—部属交换质量的高低而抛弃组织的行事准则。再者，在评估员工的态度及行为表现时，或者在考虑采纳某些管理措施之前，有必要对领导—部属交换关系质量的高低水平进行考虑，从而让员工的态度和行为实现最优化，让管理举措的效用达到最大化。

4 总结

随着学术界对情境化研究的热切呼吁，组织行为学家在吸收西方理论的基础上，结合中国经济、社会、文化等背景，针对中国企业环境下的领导行为进行了很多研究。上文分别从中国高层管理者的领导行为、领导授权赋能行为以及领导—部属交换理论这三方面对近年来有关中国企业环境下领导行为方面涌现出的主要研究进行了综述。这些研究一方面体现了中国情境化的独特方面，比如，中国企业 CEO 的领导行为 6 维度中，"关爱下属"和"展示权威"就正好印证了中国环境下的家长式领导行为，中国企业领导授权赋能行为中的"过程控制"与"结果和目标控制"这两个维度也体现出层级制和家长作风等中国传统文化对企业领导者的影响以及中国企业领导者对处于发展阶段的，尚不成熟的企业管理方面的独特心态，同时，领导—部属交换中的"亲近"和

"互动"维度，体现了中国企业情境中领导与部属交换过程中不可避免的且超过工作范畴之外的个人交往内容。另一方面，中国企业环境下的领导行为研究也体现了西方理论在中国的完善与补充。由于中国企业所面临的政治、经济、文化、社会、劳动力结构等都具有转型期特征，所以，中国企业环境下系列研究的开展，不但是对自身管理经验的总结，无疑也是对西方理论和研究的进一步拓展。

Abstract

Western studies on leadership behaviors are numerous, while there are relatively few in the Chinese context. Recently, scholars have begun to explore this issue in the Chinese context. This paper reviewed the related studies conducted in the Chinese context from three aspects, i.e., CEO leadership behaviors, empowering leadership behaviors, and leader-member exchange theory. We summarized the emic and etic dimensions, antecedents and outcomes, mediating or moderating roles of the three leadership behaviors, and further discussed the widespread implications ranging from theory development and enhancement to practical application of these studies in the Chinese context.

参考文献

耿昕：《领导授权赋能行为对员工创新行为的影响研究——基于创新自我效能感、情绪及团队创新气氛的视角》，上海交通大学博士学位论文，2011 年。

李秀娟、魏峰："打开领导有效性的黑箱：领导行为和领导下属关系研究"，《管理世界》2006 年第 9 期，第 87–93 页。

李燕萍、涂乙冬："与领导关系好就能获得职业成功吗？一项调节的中介效应研究"，《心理学报》2011 年第 8 期，第 941–952 页。

凌文辁："中国的领导行为"，载杨中芳、高尚仁：《中国人·中国心——人格与社会篇》，远流出版社 1991 年版，第 409–448 页。

马力、曲庆："可能的阴暗面：领导—成员交换和关系对组织公平的影响"，《管理世界》2007 年第 11 期，第 87–95 页。

任孝鹏、王辉："领导—部属交换（LMX）的回顾与展望"，《心理科学进展》2005 年第 13（6）期，第 788–797 页。

王辉、牛雄鹰、Law："领导—部属交换的多维结构及对工作绩效和情境绩效的影响"，《心理学报》2004 年第 36（2）期，第 179–185 页。

第一章

战略领导的跨文化研究：理论、结果及未来研究方向

摘 要

对战略领导的研究越来越多地受到学者们的关注，但是长期以来，鲜有研究从跨文化视角对这一问题进行深入探讨。为填补这一空白，我们首先回顾了不同文化背景下关于战略领导的研究，然后在高层梯队理论（upper echelons theory）的基础上，总结了战略领导的个人特性（如个人经历、人格、价值观、认知方式和领导行为）对企业绩效的影响。进一步地，从概念、理论及方法几个方面，我们提出了未来跨文化战略领导的研究方向。我们考虑到了跨文化研究如何充实我们对战略领导的认识并揭开战略领导者为何以及如何影响企业绩效的"黑箱"。最后，我们也指出了本文对管理者的实践意义。

关键词：战略领导 跨文化 高层梯队理论 目前研究发现 未来研究方向

1. 前言

随着全球经济日趋复杂和富于挑战，企业面临着并努力处理着各种机遇与挑战。管理学领域的学者和实践者努力构建各种理论和方法来探讨组织如何适应这一现实状况。研究显示，战略领导（strategic leadership）能够帮助企业提高绩效以使其更好地在动态的和充满不确定性的环境中进行竞争（例如，Waldman，Ramirez，House，and Puranam，2001）。

同时，越来越多的学者意识到，现有的管理理论都是在西方情境下发展起来的，并不完全适用于其他国家（Hofstede，1993；Tsui，2006）。作为管理理论的重要组成部分，领导理论也不例外。House 和 Aditya（1997：109）指出"几乎所有流行的领导理论和约 98% 的实证证据"都源于美国。同时，为了确认是否存在某一特定文化中的领导行为或普遍存在于所有文化中的领导行为，学者们愈发注意到跨文化研究的重要（Fu and Yukl，2000；House，Hanges，Javidan，Dorfman，and Gupta，2004；Silverthorne，2001）。例如，Dorfman 和 Howell（1988）考量了两个国家中的魅力型领导对员工满意度的影响，并发现这一影响作用在美国比在墨西哥要大。在另外一项研究中，Shao 和 Webber（2006）发现了外向性格和变革型领导的正向联系（Judge and Bono，2000），这在西方情境中得到了验证，但在中国情境下却并不成立。

全球领导力和组织行为有效性（Global Leadership and Organizational Behavior Effectiveness，GLOBE）项目在 62 个国家中探索文化价值观对领导效果的影响。其目的在于发展具有实证基础的跨文化领导理论（House，Javidan，Hanges，and Dorfman，2002）。尽管其中大多数的实证数据验证了文化对塑造不同领导行为的重要作用并预测了领导有效性，但到目前为止 GLOBE 项目仅局限于中层而不包含高层管理者。

本文注重探讨不同国家中有效战略领导的本质，旨在总结不同文化背景下关于战略领导的研究发现并概述未来研究的可能方向。我们将澄清不同国家中战略领导的研究发现以及我们接下来应该在探索战略领导、企业效益和连接这两者的机制方面做出何种努力。然而，由于在高层管理者中搜集数据较为困难，尤其是进行跨文化研究时，相关的实证研究较为有限。因此，除了回顾跨文化战略领导研究，我们也会在接下来的部分对基于不同国家样本的研究结果进行比较。

我们文章的结构安排如下：第一，基于 Hambrick 和 Mason （1984）的高层梯队理论，对战略领导研究进行回顾。第二，我们将总结学者所发现的关于战略领导的个人特性（如个人经历、人格、价值观、认知方式和领导行为）对企业绩效的影响。第三，基于以上回顾，我们提出了跨文化战略领导研究在概念、理论和方法论方面的研究方向。

2. 高层梯队理论与战略领导

传统的领导研究以及战略管理理论都没有过多关注战略层面的领导者及其对企业的影响。正如 House 和 Aditya（1997）所注意到的，战略管理强调战略决策而不是决策制定或实施的过程，因此决策情境被过度简化了（例如，Yammarino 和 Dubinsky，1992）。

20 世纪 80 年代以来，领导及战略管理的研究者对战略层面的领导现象越发感兴趣。简而言之，越来越多的研究将高层梯队理论基础之上的战略领导作为研究对象（Hambrick and Mason，1984）。

根据 Hambrick 和 Mason（1984）的高层梯队理论，高管人员的个人经历、人格、价值观、认知方式和行为特点对企业的战略选择和决策都有重要的影响。在由高层梯队理论（Hambrick and Mason，1984）演化而来的战略领导理论（Finkelstein and Hambrick，1996）中，组织绩效，即效率、效益和利益相关者的需要（Hambrick，1989）是最关键的因变量。然而，研究者越发关注更广泛意义上企业层面的行为，而不仅仅是自身的财务状况。典型的例子包括中层管理者的态度和行为（Fu，Tsui，Liu，and Li，2010；Wang，Tsui，and Xin，2011）、企业战略和结构（Miller and Toulouse，1986）、战略一致性（Finkelstein and Hambrick，

1990; Keck and Tushman，1993）、社会责任的履行（Waldman，Siegel，and Javidan，2006）、外部支持（Flynn and Staw，2004）、管理实践（Young，Charns，and Shortell，2001）、组织学习（Crossan and Hulland，2002；McGill and Slocum，1993；Vera and Crossan，2004）以及企业的违法活动（Daboub，Rasheed，Priem，and Gray，1995）等。

对于关键的因变量，Hambrick 和 Mason（1984）提出了两类对上述提到的结果产生影响的高层管理者个人特征。第一类特征是心理属性，包括价值观、认知方式、个性等因素。这些心理特征能够更清晰地解释（Lawrence，1997）高层管理者如何过滤，并解释外部信息，从而做出选择（Hambrick and Mason，1984）。

然而，从实证角度上来看，评估这些特征并不容易。因此，研究者们对第二类特征，即可观测的个人经历（包括年龄、受正式教育程度、职能背景等其他相关因素）进行了更多的研究。与心理特征形成对比，这些特征可以通过充足的、可测量和更能够方便获得的人口统计学变量（demographic variable）进行研究，但缺点是"比起纯粹的心理测量，它们包含了更多的干扰因素"（Hambrick and Mason，1984: 196）。换句话说，人口统计学变量仅推测而不直接衡量能力或心理过程。

目前，大多数关于战略领导的研究都在西方尤其是美国情境下进行的。我们并不清楚在其他文化环境中的研究结果是否会有所不同。高层梯队理论在根本层面上是针对高层管理者信息过滤的过程（Hambrick，Finkelstein，and Mooney，2005）。人们会基于个人特征筛选信息并对这些信息做出解释。管理者的个人特征（包括诸如人格、价值观、认知方式和行为的心理因素）以及可观测到的经历（如年龄、工作年限、职能背景、接受正式教育的程度）将帮助其过滤甚至潜在地扭曲所面对的外部刺激。因此，随着文化背景的不同，个人特征也会千差万别。

我们认为高层梯队理论为在宏观层面认识领导现象提供了有益和令人信服的视角。但同时我们也承认该理论框架或许高估了个人在人与环境互动过程中的积极作用，因而忽视了人们被动地受文化等环境因素所影响的可能性。换句话说，这一理论框架并没有充分地考虑跨文化现象。尽管普遍有效的领导方式可能有许多方面，但由于受环境影响，不同文化中员工的反应会不同，有效领导力的表现方式也会有所不同（House et al.，2004）。

总而言之，以高层梯队理论作为逻辑基础，同时承认人在其所处环境中的作用，我们认为文化从以下五个方面影响了战略领导的形态或者领导有效性：（1）可观察到的背景经历，（2）人格，（3）价值观，（4）认知方式以及（5）领导行为。在以下部分我们分别讨论各个方面。

3. 可观察的背景经历

因为资料的搜集较为容易（Hambrick and Mason，1984），

并且已经有了与之相关的有趣发现（Finkelstein and Hambrick，1996），以人口统计学变量所代表的可观察背景经历是学者研究战略领导的主要手段。早期，通过简单的、描述性的分析，人口统计学变量被纳入了战略领导的研究（Child，1974）。随后，学者们意识到这样的简单统计资料在评估高层管理者的特征方面缺乏正确性或理论意义。人口学统计变量只能作为潜在的代理变量，因此，正如下面将进一步讲到的，学者们已经开始研究可观察经历的心理学基础。此外，学者们在衡量人口统计学变量与环境影响相适应的重要性时采用了战略权变的视角（例如，Wu，Levitas，and Priem，2005）。我们将着重研究可观察经历的三个因素：工作年限、职能背景和高层管理团队的异质性。

3.1 工作年限

年龄和工作年限会影响到一个管理者的态度和行为，进而影响到其决策和行为以及整个企业（Finkelstein，Hambrick，and Cannella，2009）。在实证研究中，管理者的工作任期包括职位任期、组织任期和行业任期。基于这些不同的定义，实证研究表明工作年限的长短对企业有利有弊。一方面，长时间担任某一职位容易产生惰性，因而任期长的管理者容易对变化表现出消极的态度（Musteen，Barker，and Baeten，2006），相应地，企业的创新能力也会下降（Young et al.，2001）。另一方面，任期长将带来更丰富的经验以及更高的威望，因而这些管理者能够较为容易地在组织内部获得支持。例如 Simsek（2007）试图通过和高层管理团队（top management team，TMT）的互动将 CEO 的任期和企业绩效联系在一起。他指出任期更长的 CEO 将在高层管理团队中树立起更多的信任，因而促成了更多的风险承担行为。

环境动态性是调节任期影响的关键因素。例如，在技术不断变革的环境下，任期短的 CEO 会加大投资，而在稳定的环境中却相反（Wu et al., 2005）。全面地来看，不同的国家，企业高层所面临的商业环境也各不相同。因此，尽管关于文化对任期影响的研究较少，我们有理由相信国家的差异会影响高层任期与企业层面结果之间的关系。这些差异不仅仅是经济活动方面的，也可能是源于不确定性规避、权力距离和其他文化维度等深层社会理念。

对待"老年人"的态度也是对这种跨文化差异的解释之一。在中国等亚洲国家中，尊老作为传统之一。由于任期长者的"经验"将得到更大的重视，较长的任期或对企业有益。然而，在其他创新和主动性更为盛行的社会中，任期较长反而会对企业不利，因为任期长所带来的"惰性"会更加凸显。

3.2 职能背景

职能背景通过若干机制与企业层面的结果相关联。其中最有说服力的机制是职能背景能够塑造高层管理者的认知视角和知识基础（Hambrick and Mason, 1984）。

Katz 和 Kahn（1978）认为有两种类型的职能：（1）产出职

能（output function），例如营销和研究与开发；（2）过程职能
（ throughout function），例如生产和财务。产出职能是外向型的，
因为拥有此项职能经验的高层管理者倾向于探索性的战略。而过
程职能是内向型的，因为拥有此项职能经验的高层管理者倾向于
保守性的战略（Finkelstein et al., 2009）。

基于以上讨论，植根于社会文化和环境的高层管理者的职能
背景会影响高层管理者的认知，上面提到的联系会因文化差异而
有所不同。例如，尽管 Katz 和 Kahn（1978）将财务定义为过程
职能，最近由于财务不仅旨在控制成本也要获得资本，使其变得更
加外向化。基于一个财富 500 强企业的样本，Jensen 和 Zajac（2004）
发现拥有财务背景的 CEO 倾向于多样化的战略。然而，Chen 和
Sun（2008）却在中国发现了截然相反的结果。对此的解释之一是
财务的职能在中国集中于控制成本，而在美国则注重获得资本。

对综合管理的强调是另一个可能的机制，并且也受文化差异的
影响。Finkelstein 等人（2009）提出，如果在更宽泛的文化环境中
注重综合管理，高层管理者的职能背景与其在制定战略时对外部因
素的诠释两者之间的关系较弱。Dearborn 和 Simon（1958）发现并
解释了商业问题中的职能偏见。然而，在此后 30 年，随着 MBA 项
目流行起来，Walsh（1988）却难以重现 Dearborn 和 Simon（1958）
的研究结果，因为 MBA 项目强调综合管理而不是职能的重要性。

总而言之，在不同文化背景下，有着相同职能知识基础的高
层管理者可能会有不同的认知模式，因而需要区别对待特定职能

的本质或重要性。

3.3 高层管理团队的异质性

Hambrick（2007）提出运用高层管理团队而不仅仅是 CEO 的特征来预测组织行为和结果更为有意义。除了高层管理者个人的特征，整个高层管理团队的特征也与企业层面的结果相关。高层管理团队的异质性（例如年龄、性别、背景等方面）受到了一些研究的重视，并作为认知多样性的替代变量（Milliken and Martins，1996）。认知多样性能够提高创新，尤其是在不断变化的环境中（Haleblian and Finkelstein，1993）。但另一方面，其可能会阻碍内部交流从而带来团队的不协调（Van Knippenberg and Schippers，2007）。此外，地位、薪酬等团队中的差异会导致内部竞争甚至是成员的背离（Harrison and Klein，2007）。

最近对于人口统计学变量断层（demographic faultlines）的研究对认识高层管理团队多样性的影响大有帮助。Lau 和 Murnighan（1998）提出了将相互联系的多样性的各个方面整合起来，为团队的差异提供了一个清晰的基础。断层指的是既有组间差异又有组内相似点（Van Knippenberg and Schippers，2007）。Harrison 和 Klein（2007）注意到断层带来的不一致性会减少多样性为组织带来的潜在有利之处。例如 Li 和 Hambrick（2005）运用年龄、任期、性别和种族等人口统计特征来显示合资企业中的断层引起了相当大程度的任务冲突、感情冲突和行为分化。这进而给派系分裂的团队带来了糟糕的绩效。

目前，直接将跨文化的高层管理团队的异质性及其对企业效益的影响相比较的研究较少。然而，我们认为这是一个非常重要和有趣的课题。例如，比起西方社会，在一些亚洲社会的高层管理团队中，多样性和异质性更少。这种内部差异的缺失会对高层管理团队有怎样的影响？

4.人格

从人格的视角研究领导现象源于 20 世纪 30 年代，是最初领导问题研究的主流。起初，这一范式探讨区分有效和非有效领导之间的人格特征。不幸的是，这一范式并没有继续发展起来。House 和 Aditya（1997）提出了其中的几个原因，其中最重要的是缺乏对"领导特征"的共识，尤其是考虑到环境的影响作用。

在战略管理文献中，研究高层管理人员的人格对组织层面结果的潜在影响的课题显得越发重要。例如，Finkelstein 等人（2009）考虑了自我概念，尤其是自我评估及相关的自恋性格（narcissism）对于组织层面结果的影响。尽管一些研究显示了两者之间负相关（例如，Resick，Whitman，Weingarden，and Hiller，2009），其他研究和理论则给出了更为复杂和动态的结果（Galvin，Waldman，and Balthazard，2010；Hiller and Hambrick，2005）。例如 Chatterjee 和 Hambrick（2007）指出，CEO 的自恋倾向同企业战

略的动态性、收购企业的数目和规模、企业绩效的极端值和波动
正相关。在另外一个例子中，Galvin 和 Waldman 等人（2010）使
用了来自中国的样本来探讨 CEO 的傲慢个性与企业风险承担之间
的关系，并发现管理自主性以及其他诸如目标市场环境、组织惰性、
CEO 和董事长的双重性等制度性因素对这一关系起着调节作用。

我们认为，进行战略领导个性对企业影响的跨文化研究十
分重要。在不同的文化中，人们对领导个性有着不同的重视程
度。例如，自恋性格主要在提倡个人主义的西方研究中进行讨论
（Chatterjee and Hambrick, 2007）。然而，中国社会植根于儒家思想、
注重集体主义，不太接受诸如自恋等个性特征。相应地，谦虚 [定
义为 "一种准确地看待自我的意愿和多角度地审视自己倾向的个
人取向"（Morris，Brotheridge，and Urbanski，2005：1331）或许
与东方文化更相契合也值得进一步的研究。

例如，研究者开始审视关于过分自信（Malmendier and Tate，
2008）和谦虚（Collins，2001; Ou，2011）的研究。Ou（2011）
的研究显示自恋和谦虚并不是强相关，或许研究两者的交互作用
上有更多的研究空间，即一名高层管理者实际上有可能既自大但
同时也保持一定程度的谦逊。这样的领导符合 Collins（2001）所
定义的 "从优秀到卓越" 的领导。

在中层管理者层面，现有的研究已经证明人格—领导联系因
文化而不同。例如 Silverthorn（2001）对三个国家（中国、泰国
和美国）的有效和非有效的中层领导做了跨文化研究。他发现，

在美国，有效领导者情绪更为稳定、更为外向、更为开放、更加和蔼同时也更尽责。然而在泰国只有情绪稳定和外向带来了有效和非有效领导的不同。在中国这一区别在两个方面尤其明显：情绪稳定与尽责，而在经验开放性上没有显著的区别。部分原因可能是由于中国的儒家思想非常重视社会秩序、一致性、协调性和人际关系（Redding and Wong，1986；Punnett，1994）。

除了以上分析，当前大多数对于领导人格的跨文化研究主要集中于中层（Silverthorn，2001；Shao and Webber，2006）而不是高层管理者。我们因而鼓励更多有关后者对企业影响的研究。

5.价值观

价值观代表了持续的信念，反映了采取与这些信念相关的行动倾向（Hambrick and Brandon，1988；Hofstede and Bond，1984）。持久性的特征使得价值观在预测人的行为时比态度甚至比情绪作用更大。England（1967）曾描述了价值观从以下几个方面影响管理者的机制：对情境和问题的认知、决策、解决问题、处理人际关系、对个人和组织成功的认知以及对组织压力的接受或抗拒。

在企业层面，对个人价值观和企业结果之间联系的研究得到了较为复杂的结果。Agle、Mitchell 和 Sonnenfeld（1999）发现CEO价值观和企业绩效之间没有显著关联。Akaah 和 Lund（1994）同样也指出尽管组织的价值观能够预示道德行为，但个人的价值观却不能。然而，Berson、Oreg 和 Dvir（2008）在对以色列的企业研究中，发现 CEO 的价值观能够通过发展组织文化来影响企业层面的结果。

一些跨文化研究已经涉及高层管理者的价值观。例如，Hood（2003）定义了四种价值观：个人主义的、社会的、基于能力的和基于道德的。在该研究中，变革型领导和这些价值观紧密联系，而交易型领导只与个人主义价值观相关。Fu 等人（2010）注意到在中国，高层管理者的变革型领导行为与中层管理者的情感认同或离职意向的关系取决于 CEO 的价值观。尤其当 CEO 有较高的自我超越价值观（self-transcendent）和较低的自我提升价值观（self-enhancement）时，这一关系最弱。进一步，Waldman、de Luque、Washburn、House 等人（2006）将社会文化、CEO 的愿景式领导和正直诚信等因素同社会责任感联系起来。总之，尽管一些研究集中于价值观的跨文化或者跨国家差异 [例如，Bateman、O'Neill 和 Kenworthy-U'Ren（2002）以及 Schwartz（1992）]，我们仍旧对这些差异"为何"以及"如何"影响组织效率不甚明确。我们需要更多的研究来比较领导者价值观以及考察这些不同价值观的成因与影响效果。

6.认知方式

高层梯队理论的核心理念之一是组织的战略反映了高层管

理者的认知基础（Hambrick and Mason，1984; Finkelstein et al.，2009）。因此战略领导文献给予高层管理者认知方式越来越多的关注。诸如心理地图、元学习、思维模式的构建都旨在研究引导决策者处理复杂问题的心理模型（March and Simon，1958; Simon and Barnard，1976）。根据有限理性（Simon，1991）和管理认知（Weick，1995）的文献，在信息筛选过程中，高层管理者的认知方式好比光学镜片，透过这一镜片定义情境（Dutton and Duncan，1987）找到问题并做出回应（Cyert and March，1963）。因此，有着不同认知方式的 CEO 们对具体的情况会做出不同的行动。

然而，认知方式并不是完全由内在因素决定的，大量研究显示了环境的重要影响。例如，Calori、Johnson 和 Sarnin（1994）发现在一个有若干不同业务的企业中，CEO 的认知地图更为全面而相互连接较少。这被称为情境认知研究，其源于俄罗斯心理学家 Lev Vygotsky（1896—1934）的首创研究。他对认知所处的文化、历史和环境背景给予了高度重视并强调了生态学方法在心理学中的使用（Barnett and Karson，1989）。在战略领导范围内，Geletkanycz（1997）指出文化在影响高层领导者的心态方面有重要作用，处在不同文化中的领导者对于战略变化不太会采取相同的态度。根据最近的研究，处在多元文化下的个人有多重认知系统和灵活的行动框架（Hong and Chiu，2001）。换句话说，不同文化中的人们将会表现出不同的认知系统和方式。例如，比起西方人常持有分析式的认知方式，中国人却经常展现出全面的、整体的和辩证的思维方式（Nisbett，Peng，Choi，and Norenzayan，2001；Peng and Nisbett，1999）。相应地，当处理复杂信息时，领导者能够使用看似矛盾的认知方式。换句话说，他们忍受、协调并整合相互冲突的因素（Smith and Tushman，2005）。

尤其在许多东亚国家，高层管理者常常都有辩证思维方式（Lloyd，1990；Zhang and Chen，1991），其特点为容忍矛盾、期待变化和认知上的统一性。这一认知方式根源于传统中国哲学——道家，这一传统指出任何矛盾都是相互对立的，但也相互联系，相互制约，并可以协调共处。

辩证思维可能会使得东西方社会的高层管理者表现出不同的行为，尽管直到现在与之相关的实证研究较为有限。Wang 和 Huang（2011）的一篇理论性文章（参看本书的第五章）指出，有着高水平辩证思维能力的领导者将会监控和授权并重，也会对开发和探索战略活动都给予重视。

尽管辩证思维很大程度上是从东方传统哲学演化来的，悖论的概念并没有完全脱离西方思想（Poole and Van de Ven，1989）。例如，Sagie（1997）提出宽严相济的原则，指的是领导既需要严格控制的机制（如规则或流程）也要对此机制做出一些改变（更"宽松"）以适应环境变化的需要。另一个例子是，Peters（1991）直接考察了悖论的作用。事实上，他特别指出将来有效领导的"前提条件"应该是处理悖论的能力。有趣的是，在过去二十年间管理"专家"以及管理理论家进一步地探讨了 Peters（1991）的最初想法，然而，直到最近（Smith and Lewis，2011），悖论的概念在管理学文献中也没有得到进一步的重视。或许现在正是在跨文化背景下更好地了解悖论的时机。

总之，认知活动与心理特性和社会特征紧密联系。因此不同文化中，高层管理者对于环境信息的认知并不总是相同的。基于这点，对高层管理者的认知方式进行跨文化研究是非常重要的。

7. 领导行为

依照 Hambrick 和 Mason（1984）的框架，许多学者考虑了高层管理者行为对组织绩效的影响。例如，House、Spangler 和 Woycke（1991）提出了魅力型领导理论并分析了美国总统的领导力。他们发现总统魅力与总统在危机时刻的表现相关。基于某一行业的样本，Waldman 等人（2001）同样指出 CEO 的魅力领导行为同企业绩效高度相关，特别是在高度不确定的环境下。

Waldman 和 Yammarino（1999）构建起一个模型以解释 CEO 魅力及其对企业层面结果的潜在影响。在其模型中，魅力领导者通过影响较低层的管理者对组织绩效产生了影响。他们提出魅力领导的关键行为包括清晰地构建愿景、赋予使命以意义、表达决心以及传递高绩效期望。魅力领导对下属的正面影响包括使其信任领导、在领导面前感觉良好以及从员工处获得较强的钦佩与尊重——甚至是牺牲自我利益来追随魅力领导者的理想和目标

（House et al.，1991；Waldman and Yammarino，1999）。最近的理论提出魅力领导者也通过代理人及构建人际网络来传递其行为和理念。

在这些西方的研究和理论之外，其他文化中也有相似的研究。例如，Fu 等人（2010）对 CEO 的变革型行为与中层管理者的情感认同和离职倾向之间的关系进行了研究。基于对 CEO 领导行为的研究，Wang 等人（2011）构建起了针对中国组织的战略领导行为的本土测量工具。他们同样考察这些领导行为对企业绩效的影响，员工对组织的态度对这一影响有中介作用。

然而，针对文化如何影响高层管理者行为的研究较少。有效的领导行为究竟是某一文化所特有的（emic）还是普遍性的（etic）一直是一个富有争议的问题。普遍接受的观点是文化特有的领导行为和普遍的领导行为都是存在的（Bass，1990；Dorfman et al.，1997），但越来越多的研究将注意力放在了文化特有的领导行为。

例如，学者们发现在中国的有效领导与西方文献中所提到的有效领导有所不同。Ling(1991)发现中国领导行为包括三种因素：C（品格）、P（绩效）、M（人际维持）。进一步地，Westwood（1997）和 Farh 和 Cheng（2000）研究了中国家长式的领导方式。基于来自中国大陆领导者的资料，Tsui、Wang、Xin、Zhang 和 Fu（2004）与 Wang、Xin 和 Tsui(2006)发现了六种领导行为和四种领导风格。Misumi 和 Peterson（1985）将 PM（绩效导向和人际维持）定义为日本社会中最有效的领导行为。Sinha（1980）注意到任务培育型领导（nurturing task leaders）在印度社会产生了有效的行为。

在进一步的研究中，Westwood 和 Chan（1992）在亚洲社会定义了一种如同父亲式的领导方式并称之为家长式领导。这种方式包含了三层意思：清晰而有力地表现权威，关心和体恤下属以及道德品行。此外，Rodrigues（1990）指出了几种可能存在的文化维度和领导行为的联系。例如，指令性领导（directive leadership）在高权力距离、集体主义和不确定性规避的社会中可能更为有效。然而，支持型领导（supportive leadership）在中度权力距离和集体主义的社会中可能更为有效。

最后，在一些"普遍适合的"领导行为中可能会受到文化这个权变因素的影响。例如，Bass（1997）指出变革型的领导行为可以是专制的、指令性的也可以是民主和参与式的。在美国等个人主义社会，变革型领导被期望为参与性的行为，而在中国等集体主义社会，变革型领导则被预期为指令性行为。

8. 未来研究方向

根据以上回顾，我们观察到跨文化的战略领导研究仍然处在发展早期，但前景广阔。这是一个能够产生新理论和新视角的研究领域。在实践上，商业全球化的速度加快，因而将文化列入考查范围之内对于战略领导者及其组织都是有益的。基于这一立场，了解跨文化的战略领导十分重要。

　　基于高层梯队理论,我们的研究大致通过以下五方面解释文化对战略领导类型或有效性的重要性:可观察到的背景经历、人格、价值观、认知方式和领导行为。文化可以作为前因变量或调节变量来影响高层管理者的不同方面。我们相信前面的回顾将提升我们对于战略领导的了解。但我们同时还留下了许多值得未来研究的问题。下面我们总结出未来可能的研究方向。

8.1文化的作用

　　首先,我们鼓励研究者探讨文化与战略领导的关系以及文化对组织层面结果的影响。然而,我们对于文化影响战略领导的机制仍缺乏了解。

　　为了弥补这一空白并作为先决条件,我们必须首先定义具体的文化维度。一些学者在这一方向上已经有所尝试。例如,Walumbwa和 Lawler(2003)选择集体主义这一重要维度。使用从三个新兴经济体(印度、中国和肯尼亚)的 577 名员工的资料,他们发现集体主义强化了变革型领导与诸如工作满意度、组织承诺和违纪行为等工作结果的关系。Jung、Bass 和 Sosik(1995)为认识这一现象提供了几个视角,例如领导者对共同目标和成就的强调以及追随者对其领导的尊重和顺从,两者都与集体主义的价值观相一致。

　　这些研究证明了文化的影响作用。然而,其中所使用的样本具有局限性,因为它们的主管不是高层管理者。在高层管理者中是否能得到相同的结果并不明确。此外,部分地由于"文化"的界限较为模糊，大多数现有研究并没有系统研究文化对战略领导的影响。在未来，我们需要一个跨文化的理论模型来引导战略领导研究，并缩小其范围。Hofstede（1980）的框架是一个非常基础的，也是非常有用的起点，但我们需要在这一方向上做更多的工作（House et al., 2004）。战略领导者参与的跨文化研究在其中非常重要。我们可以直接比较不同文化或国家的战略领导在可观察到的经历、人格、价值观、认知和行动方面的不同。我们也可以将文化视为一个调节变量以探讨战略领导对组织层面结果的影响，这一影响在不同文化中将会有所不同。

在单个研究中的跨文化常常将文化视为调节变量，这也会说明我们将文化特有的领导行为和普遍的领导行为区分开来。尽管学者越来越多地关注东方社会，由此发现了领导特征的不同表现，他们仍然没有解释文化的作用。例如，在西方学者对自恋这一特征作了较多研究 [例如，Finkelstein 等人（2009），Galvin 和 Balkundi 等人（2010）]，但谦虚这一特征在东方社会更为突出。学者们已经开始注意到谦虚这一特征 [例如，Morris 等人（2005）]。然而我们注意到还没有研究回答了是否西方领导者比起东方的领导者显示出了更多的自恋行为这一基本问题。此外，我们仍然需要知道在西方社会是否自恋型的领导比谦虚型领导更为有效。目前，我们对这些问题的回答缺乏实证支持。在未来，我们希望能够检验自恋和谦虚在不同文化背景下的影响作用，并且只有通过实际的跨文化比较才能准确地回答这些基本问题。

8.2 对战略领导的本土研究

另一与文化作用相关的研究领域是本土研究。在特定文化中进行本土研究以及进一步辨别新的重要的高层领导特点来了解文化的作用很有必要也很有发展前景。然而，在过去几十年中，学者们只注意到了西方社会中或者西方管理理论中显著的领导特征和行为。

例如，魅力型领导 [例如，House（1977）和 Simonton（1987）] 和变革型领导 [例如，Bass（1997）] 在长时间内主宰了领导力研究。这两种方式都依赖于个人魅力和感召力量。这种研究的流行深深植根于西方社会的领导原型。但在其他文化中人们如何定义以及认识一个领导或者其作用呢？ Menon、Sim、Fu、Chiu 和 Hong（2010）运用严格的实验研究，发现美国的领导者们更倾向于处在领先于群体的位置，而亚洲的领导者们则喜欢处在群体之中或之后。换句话说，美国领导通过"愿景"或"魅力"进行领导，而亚洲领导者们通过"控制"或"参与"进行领导。

该研究的结果并不一定意味着魅力型领导或变革型领导在东方社会无效，但强调了注意在不同文化中领导的不同定义和角色。在其他文化中进行本土研究是发现被忽视的领导特点、完善和充实领导理论的理想方式。在特定文化中的本土研究同样也能作为跨文化研究的基础 [例如，Avolio（2007）]。此外，这些本土研究也能引发对于特定领导特征或行为来源的深层次思考。例如，许多关于东方领导的研究基于儒家思想和孙子兵法（Feng，2007），这两者都能够帮助我们了解亚洲领导特点的产生。简而言之，从基于东方传统和思维方式的本土研究中我们或许会得到管理的新方式，这可以运用到西方情境之中。我们发现这一主题事实上正是《管理学会会刊》（*Academy of Management Journal*）即将出版的专刊所关注的焦点。

8.3 战略领导方式的出现和发展

为了更好地认识战略领导，研究战略领导如何从不同国家中产生和发展是有趣和有发展前景的。这种研究能够追溯影响战略领导产生的社会经济环境以及带来其成功和失败的因素。我们需要知道在不同国家中何种类型的人（如可观察到的经历以及个人特性变量）更有可能成为领导者，何种类型的领导更能生存下来并适应不同的环境以及更易被追随者认为是成功的战略领导类型。

例如，我们会将追随者的视角引入跨文化的战略领导研究中。Hollander（1978）曾将领导定义为领导者、追随者和环境的集合，从中我们可以看到追随者的重要性。文化不仅直接影响领导原型或领导有效性，也会间接地通过追随者产生影响。此外，不同文化中的追随者喜好的领导方式和对领导者的设想各不相同（Earley，1984），而这些会极大地塑造领导者的特征。例如，DeRue 和 Ashford（2010）提出没有集体支持就不可能有领导者的身份。

另一方面，领导力的权变模型包括有关追随者的大量调节变量，例如追随者的忠诚、支持、与领导者的协调（Fiedler，1967）、经验、技能、信心（House，1971）和成熟度（Hersey and Blanchard，1993）。跨文化中的追随者可能会展现出系统性差异，而这些差异会影响到领导有效性。例如，中国人尊重权威（Begley and Tan，2001），领导—部属交换关系（Leader–Member Exchange，LMX）中的追随者会展示出更多顺从行为。这一情况很有可能使得强制或控制的行为在中国更为有效。

未来对在不同社会和环境因素中形成和发展起来的战略领导以及不同的追随者进行研究，对于认识战略领导现象（尤其是从跨文化角度）十分重要。把在不同文化或国家中发现的这些因素构建在一起，这对于了解不同文化中的战略领导重点和关键因素十分有益。这对于揭开战略管理者的本质也有所帮助。在这类研究中所能使用的变量也很多，书籍、案例、有关成功的 CEO 的记载都可以是来源之一。我们可以使用内容分析来判别这些战略领导的发展模式。

8.4 对战略领导的多层次研究

未来可能的前沿研究是进行多层次战略领导的跨文化研究。这是充实现有领导理论的有效方式。例如，通过在三个不同层次考虑个性化关怀，Avolio 和 Bass（1995）成功地扩展了 Bass（1985）的变革型领导理论。对战略领导的多层次研究有利于我们了解战略领导影响组织层面结果的可能机制。

战略领导研究本质上是多层次的。尽管高层梯队理论最初着重于个人层面（单个高层领导者），随着时间的流逝，许多学者转而着眼于高层管理团队，将其在分析层面上作为一个整体 [例如 Cannella 和 Holcomb（2005）]。高层管理者或高层管理团队可以在高层梯队中产生多重影响。例如，Waldman 和 Yammarino（1999）以及 Galvin 和 Balkundi 等人（2010）所提出的模型显示，CEO 的魅力对远近的追随者都会产生影响，这一影响存在于提高个人及团队努力、团队凝聚力、员工态度、利益相关者的反应和企业的财务状况等多个层面。

多层次的战略领导研究，特别是注重战略领导和组织结果调节因素的研究在探索领导影响力的"黑箱"时十分重要。通过这样的研究，我们将会对战略领导者如何以及何时影响组织结果（例如财务状况、员工对于组织的态度和利益相关者的反应）的机制有更好的了解。

8.5　方法论问题

这一新兴领域将需要更多前沿的和更加严密的研究方法。长久以来，跨文化研究由于简单地用国家替代文化而受到质疑（Tsui, Nifadkar, and Ou, 2007），并且这一方法被大多数现有研究所采用。未来，我们提出两个或许能够解决这一问题的方向。第一，研究者可以使用文化维度而不是国家作为前提或调节变量。例如，我们可能会对一个高层管理团队成员来自不同文化的合资企业进行研究。第二，我们应该更多地关注中介过程，并明确影响机制到底是什么。这会帮助我们在这一过程中辨别哪种因素更有可能为文化所影响。例如，统计学技术已经较为成熟，能够同时研究中介和调节的综合作用。

在战略领导研究中，最大的挑战来源于资料的搜集和测量。目前，我们有两种方式从高层管理者获得数据。一种是基于问卷调查的方法，例如在 GLOBE 这样的大型项目中使用的方法。另一种是编码方法，依赖于媒体或其他公开材料。

在未来，我们建议使用更多样化的方法搜集数据和测量领导特征。例如研究中可以从其他诸如高层管理者的博客、微博等更及时和可信的信息来源获取其特征。另一个更富创意的方向是将领导理论同生物科学或神经科学联系起来。一些初期的研究已经显示出了这一方向的重要性。例如，基于女性双胞胎样本的研究中，Chaturvedi、Arvey、Zhang 和 Christoforou（即将发表）发现 49% 的变革型领导中的变量都可以通过基因得到解释。De Neve、Mikhaylov、Dawes、Christakis 和 Fowler（2011）的研究甚至展现出领导行为与 rs4950[一种属于乙酰胆碱神经元接收器基因 CHRNB3 的核苷酸多态性（SMP）]相联系。这是首个辨别出可能与领导行为相关的基因型的研究，在这一方向上还有很大的研究空间。

另一个例子中，Waldman、Balthazard 和 Peterson（2011）以及 Balthazard、Waldman、Thatcher 和 Hannah（2012）使用了定

量脑电图（qEEG）技术，发现了变革型和启发型领导（inspiring leaders）的大脑活动的差别。Arvey 及其同事和 Waldma 及其同事的研究从非常新颖的角度考察了领导现象，或许为我们了解跨文化战略领导提供了新的角度。

战略领导（特别是跨文化角度的战略领导）研究前景十分广阔并值得学者的进一步关注。值得探讨的课题不仅仅局限于上面所提到的研究。这类研究有利于我们认识战略领导影响组织结果的机制，然而，对战略领导的跨文化研究较为有限。我们呼吁学者在不同的文化或国家中进行对战略管理的研究以充实我们对有效领导的了解。

9. 实践意义

我们的研究同样与管理实践相关。这里所总结的研究发现和提出的未来研究方向对组织的战略领导（尤其是那些来自跨国企业的领导者）有重要意义。我们的研究为高层管理者在全球化加剧的背景下对领导行为进行再思考提供了视角。基于我们对现有研究的回顾，包括可观察到的和心理方面的战略领导的特征将对不同国家的企业产生不同的影响。

根据 Caligiuri 和 Tarique（2009），全球领导在建立竞争优势中发挥着重要的作用，跨国企业越来越多地聘用全球领导者来拓展海外业务。因此，对全球管理者的选拔和晋升成为一个重要的挑战。基于我们的发现，跨国企业的选拔和晋升系统应该处理与领导个体相关的众多因素，例如观察到的个人经历、人格、价值观和认知方式。判别那些擅长适应多样文化或者适合于特定文化的领导者的特征非常重要。

此外，战略层面的领导有效性因文化不同而异。因此，在面对不同的文化背景时，高层管理者应该调整其领导行为和模式。相应地，针对高层管理者的培训和发展计划应该旨在帮助其获得诸如文化差异和具体文化下的战略领导本质的知识。正如Waldman 等人（2011）提出的，在不久的将来，我们甚至会开始看到神经科学在塑造全球领导者中的应用。

最后，本文启发我们重新思考在东西方间如何传递"最佳管理实践"过程。迄今为止，东方（例如中国）领导者研究普遍采用的研究范式源于西方关于管理效率的理论。换句话说，对最佳实践方式的认识和传递是单向的——从西方到东方。然而，在更加全球化的环境中，西方管理者也有可能基于东方思想对其实践进行反思或再学习。例如，正像之前说到的，东西方的研究者都意识到，处理悖论对于管理来说是一个普遍性的挑战。然而，鉴于东方的传统和文化，接受悖论对于东方领导者更为自然，因而西方领导者有必要学习他们的东方同僚。总的来说，东西方之间双向的相互影响和对最佳管理方法的知识共享将会有益于组织在日益全球化的 21 世纪更好的发展。

Abstract

Research on strategic leadership has proliferated for a long time. However, very little work has been conducted to investigate this issue from a cross-cultural perspective. To fill this gap, we first review recent findings on strategic leadership in different cultural backgrounds. Then, based on the upper echelons theory, we summarize what researchers have found regarding the effects of personal characteristics of strategic leaders on firm performance in terms of observed personal experience, personality, values, cognitive style, and leadership behaviors. Furthermore, we generate some future research directions focusing on concepts, theories, and also methodological issues of strategic leadership across cultures. We consider how research across different cultures will enrich our understanding of strategic leadership and unfold the "black box" of why and how strategic leaders have positive effects on firm level performance. Finally, practical implications for managers are considered.

参考文献

Agle, B. R., Mitchell, R. K., and Sonnenfeld, J. A. (1999), "Who Matters to CEOs? An Investigation of Stakeholder Attributes and Salience, Corporate Performance, and CEO Values," *Academy of Management Journal*, 42: 507-525.

Akaah, I. P., and Lund, D. (1994), "The Influence of Personal and Organizational Values on Marketing Professionals' Ethical Behavior," *Journal of Business Ethics*, 13: 417-430.

Avolio, B. J. (2007), "Promoting More Integrative Strategies for Leadership Theory-Building," *American Psychologist*, 62 : 25-33.

Avolio, B. J., and Bass, B. M. (1995), "Individual Consideration Viewed at Multiple Levels of Analysis: A Multi-level Framework for Examining the Diffusion of Transformational Leadership," *Leadership Quarterly*, 6 : 199-218.

Balthazard, P. A., Waldman, D. A., Thatcher, R. W., and Hannah, S. T. (in press), "Differentiating Transformational and non-Transformational Leaders on the Basis of Neurological Imaging.," *Leadership Quarterly*.

Barnett, J. H., and Karson, M. J. (1989), "Managers, Values, and Executive Decisions: An Exploration of the Role of Gender, Career Stage, Organizational Level, Function, and the Importance of Ethics, Relationships and Results in Managerial Decision-Making," *Journal of Business Ethics*, 8 : 747-771.

Bass, B. M. (1985), *Leadership and Performance beyond Expectations*, New York: Free Press.

Bass, B. M. (1990), "From Transactional to Transformational Leadership: Learning to Share the Vision," *Organizational Dynamics*, 18 : 19-31.

Bass, B. M. (1997), "Does the Transactional Transformational Leadership Paradigm Transcend Organizational and National Boundaries?," *American Psychologist*, 52 : 130-139.

Bateman, T. S., O'Neill, H., and Kenworthy-U'Ren, A. (2002), "A Hierarchical Taxonomy of Top Managers' Goals," *Journal of Applied Psychology*, 87 : 1134-1148.

Begley, T. M., and Tan, W. L. (2001), "The Socio-Cultural

Environment for Entrepreneurship: A Comparison between East Asian and Anglo-Saxon Countries," *Journal of International Business Studies*, 32 : 537-553.

Berson, Y., Oreg, S., and Dvir, T. (2008), "CEO Values, Organizational Culture and Firm Outcomes," *Journal of Organizational Behavior*, 29 : 615-633.

Caligiuri, P., and Tarique, I. (2009), "Predicting Effectiveness in Global Leadership Activities," *Journal of World Business*, 44 : 336-346.

Calori, R., Johnson, G., and Sarnin, P. (1994), "CEOs' Cognitive Maps and the Scope of the Organization," *Strategic Management Journal*, 15 : 437-457.

Cannella, A. A. and Holcomb, T. R. (2005), "A Multi-Level Analysis of the Upper-Echelons Model," in Yammarino, F.J. and Dansereau, F. (Ed.), *Research in Multi-Level Issues: Multi-Level Issues in Strategy and Method* , Oxford: JAI-Elsevier Science.

Chatterjee, A., and Hambrick, D. C. (2007), "It's all about Me: Narcissistic Chief Executive Officers and Their Effects on Company Strategy and Performance," *Administrative Science Quarterly*, 52 : 351-386.

Chaturvedi, S., Arvey, R. D., Zhang, Z., and Christoforou, P. T. (in press), "Genetic Underpinnings of Transformational Leadership: The Mediating Role of Dispositional Hope," *Journal of Leadership and Organizational Studies*.

Chen, C. and Sun, J. H. (2008), "Entrepreneurs' Demographic Characteristics and Their Diversified Strategic Options," *Management World*, 5 : 124-138. (In Chinese)

Child, J. (1974), "Managerial and Organizational Factors Associated with Company Performance Part I," *Journal of Management Studies*, 11 : 175-189.

Collins, J. C. (2001), *Good to Great: Why Some Companies Make the Leap...and Others Don't*, New York: Jim Collins.

Crossan, M., and Hulland, J. (2002), "Leveraging Knowledge through Leadership of Organizational Learning," in Bontis, N. (Ed.), *The Strategic Management of Intellectual Capital and Organizational Knowledge*, New York: Oxford University Press.

Cyert, R. M., and March, J. G. (1963), *A Behavioral Theory of the Firm*, New Jersey: Prentice-Hall.

Daboub, A. J., Rasheed, A. M. A., Priem, R. L., and Gray, D. A. (1995), "Top Management Team Characteristics and Corporate Illegal Activity," *Academy of Management Review*, 20 : 138-170.

Dearborn, D. W. C., and Simon, H. A. (1958), "Selective Perception: A Note on the Departmental Identifications of Executives," *Sociometry*, 21 : 140-144.

DeRue, D. S., and Ashford, S. J. (2010), "Who will Lead and Who Will Follow? A Social Process of Leadership Identity Construction in Organizations," *Academy of Management Review*, 35 : 627-647.

De Neve, J., Mikhaylov, S., Dawes, C. T., Christakis, N. A., and Fowler, J. H. (2011), "Born to Lead? A Twin Design and Genetic Association Study of Leadership," Working paper series.

Dorfman, P. W., and Howell, J. P. (1988), "Dimensions of National Culture and Effective Leadership Patterns: Hofstede Revisited," in R.N. Farmer and E.G. McGoun (Ed.), *Advances in*

International Comparative Management, New York: JAI Press.

Dorfman, P. W., Howell, J. P., Hibino, S., Lee, J. K., Tate, U., and Bautista, A. (1997), "Leadership in Western and Asian Countries: Commonalities and Differences in Effective Leadership Processes Across Cultures," *Leadership Quarterly*, 8 : 233-274.

Dutton, J. E., and Duncan, R. B. (1987), "The Creation of Momentum for Change through the Process of Strategic Issue Diagnosis," *Strategic Management Journal*, 8 : 279-295.

Earley, P. (1984), "Social Interaction: The Frequency of Use and Valuation in the United States, England and Ghana," *Journal of Cross-Cultural Psychology*, 15 : 477-485.

Edwards, J. R., and Lambert, L. S. (2007), "Methods for Integrating Moderation and Mediation: A General Analytical Framework Using Moderated Path Analysis," *Psychological Methods*, 12 : 1-22.

England, G. W. (1967), "Personal Value Systems of American Managers," *Academy of Management Journal*, 10 : 53-68.

Farh, J. L. and Cheng, B. S. (2000), "A Cultural Analysis of Paternalistic Leadership in Chinese Organizations," in J. T. Li, Tsui, A. S. and E. Weldon (Ed.), *Management and Organizations in the Chinese Context*, London: Macmillan.

Feng, H. (2007), *Chinese Strategic Culture and Foreign Policy Decision-Making: Confucianism, Leadership and War*, New York: Routledge.

Fiedler, F. E. (1967), *A Theory of Leader Effectiveness*, New York: McGraw-Hill.

Finkelstein, S., and Hambrick, D. C. (1990), "Top-

Management-Team Tenure and Organizational Outcomes: The Moderating Role of Managerial Discretion," *Administrative Science Quarterly*, 35 : 484-503.

Finkelstein, S., and Hambrick, D. C. (1996), *Strategic Leadership: Top Executives and Their Effects on Organizations*, St. Paul, MN: West Publishing.

Finkelstein, S., Hambrick, D. C., and Cannella, A. A. (2009), *Strategic Leadership*, New York: Oxford University Press.

Flynn, F. J., and Staw, B. M. (2004), "Lend Me Your Wallets: The Effect of Charismatic Leadership on External Support for an Organization," *Strategic Management Journal*, 25 : 309-330.

Fu, P. P., Tsui, A. S., Liu, J., and Li, L. (2010), "Pursuit of Whose Happiness? Executive Leaders' Transformational Behaviors and Personal Values," *Administrative Science Quarterly*, 55 : 222-254.

Fu, P. P., and Yukl, G. (2000), "Perceived Effectiveness of Influence Tactics in the United States and China," *Leadership Quarterly*, 11 : 251-266.

Galvin, B. M., Balkundi, P., and Waldman, D. A. (2010). "Spreading the Word: The Role of Surrogates in Charismatic Leadership Processes," *Academy of Management Review*, 35 : 477-494.

Galvin, B. M., Waldman, D. A., and Balthazard, P. (2010), "Visionary Communication Qualities as Mediators of the Relationship Between Narcissism and Attributions of Leader Charisma," *Personnel Psychology*, 63 : 509-537.

Geletkanycz, M. A. (1997), "The Salience of Culture's

Consequences: The Effects of Cultural Values on Top Executive Commitment to the Status Quo," *Strategic Management Journal*, 18 : 615-634.

Haleblian, J., and Finkelstein, S. (1993), "Top Management Team Size, CEO Dominance, and Firm Performance: The Moderating Roles of Environmental Turbulence and Discretion," *Academy of Management Journal*, 36 : 844-863.

Hambrick, D. C. (1989), "Guest Editor's Introduction: Putting Top Managers Back in the Strategy Picture," *Strategic Management Journal*, 10 (S1) : 5-15.

Hambrick, D. C. (2007), "Upper Echelons Theory: An Update," *Academy of Management Review*, 32 : 334-343.

Hambrick, D. C., and Brandon, G. L. (1988), "Executive Values," in D. C. Hambrick and S. Finkelstein (Ed.), *The Executive Effect: Concepts and Methods for Studying Top Managers*, Greenwich: JAI Press

Hambrick, D. C., Finkelstein, S., and Mooney, A. C. (2005), "Executive Job Demands: New Insights for Explaining Strategic Decisions and Leader Behaviors," *Academy of Management Review*, 30 : 472-491.

Hambrick, D. C., and Mason, P. A. (1984), "Upper Echelons: The Organization as a Reflection of its Top Managers," *Academy of Management Review*, 9 : 193-206.

Harrison, D. A., and Klein, K. J. (2007), "What's the Difference? Diversity Constructs as Separation, Variety, or Disparity in Organizations," *Academy of Management Review*, 32 : 1199-1228.

Hersey, P., and Blanchard, K. H. (1993), *Management of Organizational Behavior: Utilizing Human Resources*, New York: Prentice-Hall.

Hiller, N. J., and Hambrick, D. C. (2005), "Conceptualizing Executive Hubris: The Role of (Hyper-) Core Self-Evaluations in Strategic Decision-Making," *Strategic Management Journal*, 26 : 297-319.

Hofstede, G. (1980), *Culture's Consequences*, Beverly Hills, CA: Sage.

Hofstede, G. (1993), "Cultural Constraints in Management Theories," *Academy of Management Executive*, 7 : 81-94.

Hofstede, G., and Bond, M. H. (1984), "Hofstede's Culture Dimensions," *Journal of Cross-Cultural Psychology*, 15 : 417-433.

Hollander, E. P. (1978), *Leadership Dynamics: A Practical Guide to Effective Relationships*, New York: Free Press.

Hong, Y., and Chiu, C. (2001), "Toward a Paradigm Shift: From Cross-Cultural Differences in Social Cognition to Social-Cognitive Mediation of Cultural Differences," *Social Cognition*, 19 : 181-196.

Hood, J. N. (2003), "The Relationship of Leadership Style and CEO Values to Ethical Practices in Organizations," *Journal of Business Ethics*, 43 : 263-273.

House, R. J. (1971), "A Path Goal Theory of Leader Effectiveness," *Administrative Science Quarterly*, 16 : 321-339.

House, R. J. (1977), "A 1976 Theory of Charismatic Leadership," in J. G. Hunt and L. L. Larson (Ed.), *Leadership: The Cutting Edge*, Carbondale: Southern Illinois University Press.

House, R. J., and Aditya, R. N. (1997), "The Social Scientific Study of Leadership: Quo Vadis?," *Journal of Management*, 23: 409-473.

House, R. J., Hanges, P. J., Javidan, M., Dorfman, P. W., and Gupta, V. (2004), *Leadership, Culture, and Organizations: The GLOBE Study of 62 Societies*, Beverly Hills, CA: Sage.

House, R., Javidan, M., Hanges, P., and Dorfman, P. (2002), "Understanding Cultures and Implicit Leadership Theories across the Globe: An Introduction to Project GLOBE," *Journal of World Business*, 37 : 3-10.

House, R. J., Spangler, W. D., and Woycke, J. (1991), "Personality and Charisma in the US Presidency: A Psychological Theory of Leader Effectiveness," *Administrative Science Quarterly*, 36 : 364-396.

Jensen, M., and Zajac, E. (2004), "Corporate Elites and Corporate Strategy: How Demographic Preferences and Structural Differences Shape the Scope of the Firm," *Strategic Management Journal*, 25 : 507-524.

Judge, T. A., and Bono, J. E. (2000), "Five-Factor Model of Personality and Transformational Leadership," *Journal of Applied Psychology*, 85 : 751-765.

Jung, D. I., Bass, B. M., and Sosik, J. J. (1995), "Bridging Leadership and Culture: A Theoretical Consideration of Transformational Leadership and Collectivistic Cultures," *Journal of Leadership and Organizational Studies*, 2 : 3-18.

Katz, D., and Kahn, R. L. (1978), *The Social Psychology of Organizations*, New York: Wiley.

Keck, S. L., and Tushman, M. L. (1993), "Environmental and Organizational Context and Executive Team Structure," *Academy of Management Journal*, 36 : 1314-1344.

Lau, D. C., and Murnighan, J. K. (1998), "Demographic Diversity and Faultlines: The Compositional Dynamics of Organizational Groups," *Academy of Management Review*, 23 : 325-340.

Lawrence, B. S. (1997), "The Black Box Of Organizational Demography," *Organization Science*, 8 : 1-22.

Li, J., and Hambrick, D. C. (2005), "Factional Groups: A New Vantage on Demographic Faultlines, Conflict, and Disintegration in Work Teams," *Academy of Management Journal*, 48 : 794-813.

Li, J., and Tang, Y. (2010), "CEO Hubris and Firm Risk Taking in China: The Moderating Role of Managerial Discretion," *Academy of Management Journal*, 53 : 45-68.

Ling, W. Q. (1991), "Leadership in the PRC," in Z. F. Yang and S. R. Gao (Ed.), *Chinese and Chinese Soul*, Taiwan: Yuan Liu (in Chinese).

Lloyd, G. E. R. (1990), *Demystifying Mentalities*, New York: Cambridge University Press.

Malmendier, U., and Tate, G. (2008), "Who Makes Acquisitions? CEO Overconfidence and the Market's Reaction," *Journal of Financial Economics*, 89 : 20-43.

March, J. G., and Simon, H. A. (1958), *Organization*, New York: Wiley.

McGill, M. E., and Slocum, J. W. (1993), "Unlearning the

Organization," *Organizational Dynamics*, 22, 67-79.

Menon, T., Sim, J., Fu, J. H. Y., Chiu, C., and Hong, Y. (2010), "Blazing the Trail versus Trailing the Group: Culture and Perceptions of the Leader's Position," *Organizational Behavior and Human Decision Processes*, 113 : 51-61.

Miller, D., and Toulouse, J. M. (1986), "Chief Executive Personality and Corporate Strategy and Structure in Small Firms," *Management Science*, 32 : 1389-1409.

Milliken, F. J., and Martins, L. L. (1996), "Searching for Common Threads: Understanding the Multiple Effects of Diversity in Organizational Groups," *Academy of Management Review*, 21 : 402-433.

Misumi, J., and Peterson, M. F. (1985), *The Behavioral Science of Leadership: An Interdisciplinary Japanese Research Program*, The University of Michigan Press.

Morris, J. A., Brotheridge, C. M., and Urbanski, J. C. (2005), "Bringing Humility to Leadership: Antecedents and Consequences of Leader Humility," *Human Relations*, 58 : 1323-1350.

Musteen, M., Barker III, V. L., and Baeten, V. L. (2006), "CEO Attributes Associated with Attitude toward Change: The Direct and Moderating Effects of CEO Tenure," *Journal of Business Research*, 59 : 604-612.

Nisbett, R. E., Peng, K., Choi, I., and Norenzayan, A. (2001), "Culture and Systems of Thought: Holistic versus Analytic Cognition," *Psychological Review*, 108 : 291-310.

Ou, A. Y. (2011), "CEO Humility and its Relationship with Middle Manager Behaviors and Performance: Examining the CEO-

Middle Manager Interface," Doctoral dissertation.

Peng, K., and Nisbett, R. E. (1999), "Culture, Dialectics, and Reasoning about Contradiction," *American Psychologist*, 54 : 741-754.

Peters, T. (1991), *Thriving on Chaos: Handbook for a Management Revolution*, New York: Harper-Perennial.

Poole, M. S., and Van de Ven, A. (1989), "Using Paradox to Build Management and Organizational Theory," *Academhy of Management Review*, 14 : 562-578.

Preacher, K. J., Rucker, D. D., and Hayes, A. F. (2007), "Addressing Moderated Mediation Hypotheses: Theory, Methods, and Prescriptions," *Multivariate Behavioral Research*, 42 : 185-227.

Punnett, B. J. (1994), "Preliminary Considerations of Confucianism and Needs in the PRC," *Journal of Asia-Pacific Business*, 1 : 25-42.

Redding, G., and Wong, G. Y. Y. (1986), "The Psychology of Chinese Organizational Behaviour," in M. H. Bond (Ed.), *The Psychology of the Chinese People*, New York: Oxford University Press.

Resick, C. J., Whitman, D. S., Weingarden, S. M., and Hiller, N. J. (2009), "The Bright-Side and the Dark-Side of CEO Personality: Examining Core Self-Evaluations, Narcissism, Transformational Leadership, and Strategic Influence," *Journal of Applied Psychology*, 94 : 1365-1381.

Rodrigues, C. A. (1990), "The Situation and National Culture as Contingencies for Leadership Behavior: Two Conceptual

Models," *Advances in International Comparative Management: A Research Annual*, 5: 51-68.

Rokeach, M. (1973), *The Nature of Human Values*, New York: Free Press.

Sagie, A. (1997), "Leader Direction and Employee Participation in Decision Making: Contradictory or Compatible Practices," *Applied Psychology: An International Review*, 46 : 387-452.

Schwartz, S. H. (1992), "Universals in the Content and Structure of Values: Theoretical Advances and Empirical Tests in 20 Countries," *Advances in Experimental Social Psychology*, 25 : 1-65.

Shao, L., and Webber, S. (2006), "A Cross-Cultural Test of the 'Five-Factor Model of Personality and Transformational Leadership'," *Journal of Business Research*, 59 : 936-944.

Silverthorne, C. (2001), "Leadership Effectiveness and Personality: A Cross Cultural Evaluation," *Personality and Individual Differences*, 30 : 303-309.

Simon, H. A. (1991), "Bounded Rationality and Organizational Learning," *Organization Science*, 2 : 125-134.

Simon, H. A., and Barnard, C. I. (1976), *Administrative Behavior: A study of Decision-Making Processes in Administrative Organization*, New York: The Free Press.

Simonton, D. K. (1987), *Why Presidents Succeed: A Political Psychology of Leadership*, New Haven: Yale University Press.

Simsek, Z. (2007), "CEO Tenure and Organizational Performance: An Intervening Model," *Strategic Management Journal*, 28 : 653-662.

Sinha, J. B. (1980), *The Nurturant–Task Leader: A Model of the Effective Executive*, New Delhi, India: Concept Publishing Company.

Smith, W. K., and Lewis, M. W. (2011), " Toward a Theory of Paradox: A Dynamic Equilibrium Model of Organizing," *Academy of Management Review*, 36: 381-403.

Smith, W. K., and Tushman, M. L. (2005), "Managing Strategic Contradictions: A Top Management Model for Managing Innovation Streams," *Organization Science*, 16 : 522-536.

Tsui, A. S. (2006), "Contextualization in Chinese Management Research," *Management and Organization Review*, 1: 1-13.

Tsui, A. S., Wang, H., Xin, K., Zhang, L., and Fu, P. P. (2004), "Variation of Leadership Styles among Chinese CEOs," *Organizational Dynamics*, 33 : 5-20.

Tsui, A. S., and Nifadkar, S. S., and Ou, A. Y. (2007), "Cross-National, Cross-Cultural Organizational Behavior Research: Advances, Gaps, and Recommendations," *Journal of Management*, 33 : 426-478.

Van Knippenberg, D., and Schippers, M. C. (2007), "Work Group Diversity," *Annual Review of Psychology*, 58 : 515-541.

Vera, D., and Crossan, M. (2004), "Strategic Leadership and Organizational Learning," *Academy of Management Review*, 29 : 222-240.

Waldman, D. A., Balthazard, P. A., and Peterson, S. J. (2011), "Leadership and Neuroscience," *Academy of Management Perspectives*, 25 : 60-74.

Waldman, D. A., de Luque, M. S., Washburn, N., House, R. J. et al. (2006), "Cultural and Leadership Predictors of Corporate Social Responsibility Values of Top Management: A GLOBE Study of 15 Countries," *Journal of International Business Studies*, 37 : 823-837.

Waldman, D. A., Ramirez, G. G., House, R. J., and Puranam, P. (2001), "Does Leadership Matter? CEO Leadership Attributes and Profitability under Conditions of Perceived Environmental Uncertainty," *Academy of Management Journal*, 44 : 134-143.

Waldman, D. A., Siegel, D. S., and Javidan, M. (2006), "Components of CEO Transformational Leadership and Corporate Social Responsibility," *Journal of Management Studies*, 43 : 1703-1725.

Waldman, D. A., and Yammarino, F. J. (1999), "CEO Charismatic Leadership: Levels-of-Management and Levels-of-Analysis Effects," *Academy of Management Review*, 24 : 266-285.

Walsh, J. P. (1988), "Selectivity and Selective Perception: An Investigation of Managers' Belief Structures and Information Processing," *Academy of Management Journal*, 31 : 873-896.

Walumbwa, F. O., and Lawler, J. J. (2003), "Building Effective Organizations: Transformational Leadership, Collectivist Orientation, Work-Related Attitudes and Withdrawal Behaviours in Three Emerging Economies," *International Journal of Human Resource Management*, 14 : 1083-1101.

Wang, H. and Huang, M. P. (2011), "The Dialectic Thinking Style of Chinese Strategic Leaders and its Effects on

Firm Performance," paper presented at the Annual Meeting of the Academy of Management, San Antonio.

Wang, H., Tsui, A. S., and Xin, K. R. (2011), "CEO Leadership Behaviors, Organizational Performance, and Employees' Attitudes," *Leadership Quarterly*, 22 : 92-105.

Wang, H., Xin, R., and Tsui, A. S. (2006), "The Effect of CEO Leadership on Firm Performance in China Enterprises," *Management World*, 4 : 87-96. (In Chinese)

Weick, K. E. (1995), *Sense Making in Organizations*, Beverly Hills, CA: Sage.

Westwood, R. (1997), "Harmony and Patriarchy: The Cultural Basis for Paternalistic Headship among the Overseas Chinese," *Organization Studies*, 18 : 445-480.

Westwood, R. I. and Chan, A. (1992), "Headship and Leadership," in R. I. Westwood (Ed.), *Organizational Behavior: A Southeast Asian Perspective*, Hong Kong: Longman.

Wu, S., Levitas, E., and Priem, R. L. (2005), "CEO Tenure and Company Invention under Differing Levels of Technological Dynamism," *Academy of Management Journal*, 48 : 859-873.

Yammarino, F. J., and Dubinsky, A. J. (1992), "Superior-Subordinate Relationships: A Multiple Levels of Analysis Approach," *Human Relations*, 45 : 575-600.

Young, G. J., Charns, M. P., and Shortell, S. M. (2001), "Top Manager and Network Effects on the Adoption of Innovative Management Practices: A Study of TQM in a Public Hospital System," *Strategic Management Journal*, 22 : 935-951.

Zhang, D., and Chen, Z. (1991), *Zhong Guo Si Wei Pian Xiang* (*The Orientation of Chinese Thinking Style*), Beijing: Social Science Press. (In Chinese) .

第二章

中国企业CEO 的领导行为及对企业经营业绩的影响

摘 要

　　本文采用定性及定量的方法，探讨了在转型经济环境下中国企业 CEO 的领导行为表现以及这些行为对企业业绩和员工态度的影响。本文首先归纳性地总结了现有经济环境下 CEO 领导行为的种类，然后通过探索性及验证性因素分析，建构了一个 6 维度的 CEO 领导行为测量工具，其中 3 个维度与 CEO 的任务管理行为密切相关，另外 3 个维度与人际关系管理相关。我们采用包括企业高层经理人员及员工在内的匹配数据检验了假设。结构方程建模分析的结果表明，任务导向的 CEO 领导行为直接与企业业绩相关，而人际关系导向的 CEO 领导行为与员工态度直接相关，并通过员工态度影响企业的经营业绩。

关键词：CEO　领导行为　员工态度　企业经营业绩

1. 前言

在众多影响企业经营业绩的因素中，一个非常重要的变量就是首席执行官（CEO）在企业经营管理过程中所表现出来的领导行为。人们经常将美国通用电器的成功归结于杰克·韦尔奇的出色领导；中国海尔集团的神话，起决定性作用的是张瑞敏的务实管理。在学术界，很多系统的研究探讨了 CEO 的领导行为与企业业绩的关系 [参见 Bass（1990）、Cannella 和 Monroe（1997）、Hunt（1991）等人的回顾性文章]。有些研究表明，CEO 对于企业获得高水平的经营业绩是至关重要的 [如，Finkelstein 和 Hambrick（1996）、Katz 和 Kahn（1978）、Thomas（1988）、Waldman、Ramirez、House 和 Puranam（2001）]，然而，其他学者则认为，CEO 的领导行为与企业业绩之间并没有必然的因果关系，企业所拥有的技术，所处行业的特点以及社会、政治、经济制度，法律规范等直接影响了企业的经营与业绩 [如，Hannan 和 Freeman（1984）、Meindl、Ehrlich 和 Dukerich（1985）、Pfeffer（1977）]。因此，CEO 的领导行为是否对企业经营业绩产生影响，CEO 领导行为的哪些方面对企业业绩产生作用以及 CEO 的领导行为如何影响企业业绩等问题还缺乏一致的结论。

在国内，企业业绩及其影响因素一直是一个热门的话题（于东智，2003；张军、王祺，2004），引起众多学者的关注。然而，这些学者较多地从公司治理、财务监管等角度进行分析论述，缺乏从企业经营管理的主要负责人——CEO 的行为角度对这一问题进行深入的研究。尽管在 20 世纪 80 年代，有关学者开始探讨企业领导的行为表现及对企业经营业绩的影响作用 [如，凌文辁（1991）、Xu（1989）]，并发展了 CPM 领导理论。然而，21 世纪的经济环境以及社会规范、法律制度与 80 年代相比发生了巨大的变化。随着社会的变迁，中国企业的高层领导行为是否也发生了改变，或者说发生了什么样的变化以及这些变化如何影响到企业的经营与发展等问题都是值得深入探讨的。

本文的目的就是在国内外已有学术研究的基础上，探讨中国企业 CEO 的领导行为以及这些行为对企业业绩产生的影响。中国传统上是一个关系导向的社会，注重关系、人情、面子，等等（Yang，Yu，and Yeh，1989），然而，随着经济的发展与现代化进程的不断深入，人们的价值观念与行为也发生了很大的改变。以 CEO 的领导行为为例，在中国转型式经济条件下，CEO 被赋予了更大的自主性，其行为表现对企业的经营管理具有直接的影响作用。尤其重要的是，市场经济的转化要求企业不断完善现代企业制度，引入西方先进的管理制度与手段。在这种情况下，CEO 如何既要关注人情，又要强调法制规范是管理者非常关注的现实问题，也是研究者应该探索的课题。因此，在这一转型式经济的背景下，CEO 领导行为及其对企业业绩影响的研究具有很强的理论意义及实践价值。

2. 理论和假设

2.1 CEO的领导行为对企业业绩的影响

在组织管理领域，对企业经营管理效果的解释很长一段时间集中在经济、技术因素上。信息、技术、经济制度等因素被认为是企业经营管理过程中的主要变量（Pfeffer，1977）。直到1984年，Hambrick 和 Mason 提出了上层梯队理论（upper echelon theory），认为企业的经营成果（战略上的和业绩上的）只是企业高层管理者的价值观和认知的反映，高层管理人员的特质（characteristics）与企业经营效果的联系是密不可分的（Hambrick and Mason，1984）。自此，研究者开始实证性地探讨企业高层管理者（以及高层管理团队）的行为表现与企业业绩的联系。

企业的高层领导（如 CEO）不得不处理一系列来自企业内部和外部环境的复杂事务。与内部事务相关的 CEO 活动主要包括制订战略决策、创建并沟通愿景、发展组织结构、监测并控制生产和经营系统等。这些活动还包括挑选和培养下一代领导者以及维系有效的企业文化等 [如，House 和 Aditya（1997）、Hunt（1991）]。这些职能任务要求 CEO 同时扮演不同的角色和展开广泛的社交行为（Mintzberg，1973）。Hart 和 Quinn（1993）提出，一位 CEO 的领导行为是一个广泛的任务角色组合体，这些角色包括愿景制定、激励、决策分析和任务实施。愿景制定角色主要指定义并阐明企业的根本目标和未来方向。为了完成这一角色，CEO 必须花费大量时间来了解和研究当前的社会、经济和技术趋势，在这个过程中，CEO 从环境中挑选相关信息并为组织制定一个合适的目标。激励角色指 CEO 将企业的愿景和战略与员工的个人利益及需要结合起来，激励员工为实现组织的目标而努力工作。要完成这一角色，CEO 必须在组织中创造一种生机勃勃及团结和谐的氛围来激励员工达成组织目标。决策分析的角色要求 CEO 关注企业内部管理系统的有效运行，分析所遇到的经营管理问题，系统地决策并控制整个管理过程。最后，为了完成任务实施的角色，CEO 需要关注企业业绩和社会责任。狭义地理解，这一角色与企业经济业绩和资本市场的要求有关，广义地理解就是产生社会效益和承担相应的责任。

这些角色行为是每位 CEO 所应该表现或必须完成的，除此之外，CEO 对企业业绩影响的另一重要因素，也是受到学术界广泛关注的一个变量就是领导者的个人魅力（charisma），或称魅力型领导行为（charismatic leadership behavior）（Conger and Kanungo, 1987; House, Spangler, and Woycke, 1991）。魅力是指领导通过果断的行为、坚定的信念、强有力的亲和行为等表率作用来实施对追随者的价值观、态度和行为等产生直接影响的能力（Conger and Kanungo, 1987）。这种影响力仅仅通过完成上述多重角色行为是达不到的。魅力领导对追随者的影响包括对领导产生信心，使员工对他的表现满意和获得强烈的钦佩和尊敬等。

员工从而愿意追随该领导，沿着领导所指引的方向努力工作。魅力领导的关键行为包括阐明愿景、明确使命、显示决心和表达对下属的高绩效期望等行为（Conger and Kanungo，1987，1998；Waldman et al.，2001）。具有高魅力水平的CEO通过有效的激励和沟通技巧来引发员工强烈的组织认同感，对领导产生信任，对组织表现忠诚和积极的态度。

西方一些实证研究的结果表明，出色扮演多重角色的领导比其他领导具有更高的企业绩效（Denison，Hooijberg，and Quinn，1995; Hart and Quinn，1993）。业绩表现好的经理具有高水平的认知复杂性（Streufert and Swezey，1986）、行为复杂性（Hart and Quinn，1993；Hooijberg and Quinn，1992），并能在处理问题时使用多种参考框架（Dreyfus，Dreyfus，and Athanasion，1986）。尤其是Hart和Quinn（1993）的研究结果表明，高行为复杂性的CEO能使企业产生良好的业绩。同样，对魅力型领导的研究表明，魅力对下属的业绩和满意度有积极的影响（Bryman，1992；Chen and Farh，1999；House et al.，1991；Howell and Avolio，1993；Podsakoff，MacKenzie，Moorman，and Fetter，1990）。

2.2　中国文化背景下有关领导行为的研究

中国企业环境下的领导行为同样也受到研究者的关注。尤其是在20世纪70年代，由于亚洲四小龙经济的飞速发展，人们更加关注这些具有儒家传统文化的企业是如何经营与管理的。

Silin（1976）、Redding（1990）、Westwood 和 Chan（1992）等学者进行了定性和定量的研究，探讨中国企业领导的行为表现及对企业业绩的影响。这一系列的研究都十分关注"家长式领导"（paternalistic leadership）的行为及对企业的影响。在此基础上，Farh 和 Cheng（2000）研究总结了家长式领导的三个要素，即权威（authoritarianism）、施恩（benevolence）和道德领导（morality）。他们还探讨了每一个要素深刻的文化基础以及这些要素与企业业绩的相关性。

中国大陆的一些学者也研究了企业领导行为在中西方文化上的差异以及这些领导行为对企业管理效果的影响。Xu（1989）和凌文辁（1991）的研究发现，工作绩效、人际维系和个人品格是解释中国领导管理效果的三个维度。他们提出的 CPM（Character，Performance，Maintenance）理论，拓展了 Misumi（1985）提出的 PM 领导理论。

无论是家长式领导，还是改革开放之初的 CPM 理论，都反映了东西方文化背景下领导行为的差异。一些跨文化研究表明了中国社会存在着比西方国家更大的权力距离（Hofstede，1980）。这些文化的差异，加之政治、经济、法律等规范的不同，必然导致在中国企业环境下，CEO 的领导存在着与西方企业管理者不同的行为。同时，随着时代的变化，中国企业在当前经济环境下，CEO 的行为表现与 80 年代相比有着什么样的不同？这是本文所要解决的第一个问题。随之而来的另外一个问题，就是这些领导行为如何对企业的经营业绩产生影响。

2.3 CEO领导行为对企业业绩产生影响的作用机制

如果 CEO 的领导行为会对企业的经营业绩产生影响，那么，其影响作用产生的机制是什么呢？也就是说，在 CEO 领导行为与企业业绩之间会存在哪些可能的联系？我们认为，员工对企业的态度可能是其中的一个中介变量（mediator）。在学术界，员工态度或满意度与工作绩效的相互关系一直都是研究者很感兴趣的课题。大量的研究表明，员工态度和绩效之间存在正向的关系（Hater et al.，2002；Koys，2001；Ostroff，1992；Ryan，Schmitand Johnson，1996）。员工的整体态度与企业的财务业绩存在正相关关系，与员工流动率存在负相关关系。现在人们普遍认为，拥有更多"满意的"员工的企业比员工不满意的企业经营管理的要好，赢利性也更高。

Ryan 等人（1996）认为，员工态度在 CEO 领导行为与企业业绩之间起中介作用的一种可能的解释是，如果企业中的员工都对企业有积极的态度，他们就会有合作的规范，这一规范对整合员工行为、激励员工都会有积极作用，因此会改进企业的整体绩效。CEO 的领导行为可以使员工认识到，为了群体的目标和愿景而超越自身利益的重要性。通过建立员工的自信、自我效能（self-efficacy）和自尊，领导会对员工的认同、激励和目标的实现有一个长期的积极影响（Shamir et al. ，1993），并鼓励员工超越他们眼前的需要而追求企业的长远利益（Avolio and Bass，1987）。

Bryman（1992）在多个组织中研究发现，领导行为与员工满意度之间存在正向的相关关系。在 Podsakoff、MacKenzie 和 Bommer（1996）的研究中，领导行为是员工满意度、组织承诺（organizational commitment）、信任（trust）和组织公民行为（organizational citizenship behavior）的决定因素。

在本文中，我们假设，中国企业的 CEO 在经营管理的过程中会表现出特定的领导行为，这些领导行为会导致员工对企业的积极态度，这些积极的态度又导致了企业高水平的业绩。

3. 研究方法

本文由三个实证研究组成。包括两个阶段：第一阶段是确认（identify）中国企业 CEO 的领导行为并建构量表对这些行为进行测量。我们首先采用关键事件（critical incidents）归纳的方法来确认中国企业 CEO 的领导行为所包含的内容，在对这些领导行为进行分类的基础上，我们开发出一套量表来测量 CEO 的领导行为。在第二阶段，我们用结构方程建模的分析方法来检验我们的假设。

量表的建构

我们首先采用归纳的方法确认在中国环境下被认为对企业业绩非常重要的领导行为特征。这种方法需要收集回答者对具体事件的描述，然后按照内容分析的方法把收集到的条目分成类别（Kerlinger，1986）。

条目产生和类别整理

量表开发采用了两个样本。第一个样本用来生成条目，它包括来自不同企业的 65 位经理，这些企业涉及高科技、服务和制造等多个行业。他们中 50% 是中层经理，49% 是高级经理。回答者的平均年龄是 37 岁，在组织中的任期平均是 10 年。每个回答者完成含有一个开放式问题的问卷，这个问题是：你们公司 CEO 表现出何种领导特征？我们留出 5 个空白行以便回答者提供多达 5 个对于这个问题的答案。

65 名回答者一共产生了 312 条陈述（大约每个回答者 4.8 条）。参照 Eisenhardt（1989），Farh、Earley 和 Lin（1997），Xin、Tsui、Wang、Zhang 和 Chen（2002）等人的研究，我们使用同样的分类程序来分析这 312 个条目。

第一轮编码

在现有文献的基础上，我们提供对行为复杂性（包括愿景设定、激励、决策分析和任务实施）和魅力的一系列定义，每个定义之后，我们列出三个典型条目。三个工商管理专业的博士生按照类别定义，独立对 312 条陈述进行分类，当现有类别不适合某个条目时，他们也可以提出新的类别，第一轮编码结束时，我们得到 11 个类别。在这 11 个类别中，5 个已经存在于前面的文献中，它们是"愿景设定"、"激励"、"决策分析"、"任务实施"和"魅力领导"，6 个新的类别是"适应性"、"人际关系"、"创新和冒险"、"表现爱心"、"有权威"和"道德领导"。

第二轮编码

三个分类者和作者一起讨论了第一轮编码中提出的分类框架。我们剔除具有很少条目(数目小于 3)的类别(即"任务实施"和"适应性")。三个分类者根据新的分类系统对所有的条目重新分类。这轮编码结束时,与 CEO 领导行为相关的 9 个类别被确定下来。它们是(1)"对环境敏感",(2)"激励",(3)"监控经营",(4)"人际关系",(5)"魅力领导",(6)"创新和冒险",(7)"表现爱心",(8)"有权威"和(9)"道德领导"。

我们计算了三个分类者在两轮编码中的一致性程度。在第一轮编码中,三个分类者的一致程度(即三个人的分类完全一致)是 57.7%,两两之间的一致程度是 84.3%。三个分类者在第二轮编码中的一致程度是 87.2%,两两之间的一致程度是 92.6%。这些一致性程度的结果表明,分类过程是稳定的和可靠的。

样本与程序

为了建构一套具有信度和效度的中国企业 CEO 领导行为的测量工具,我们邀请 542 名在职 MBA 学生参加了本文的第二个调查。这些调查对象的平均年龄是 31 岁,在企业中平均任期是 8 年。其中 346 名是男性(占 63.8%)。

我们从上述 9 类条目中的每个类别里各选出 5 个最经常被提到的条目来代表那个类别,一共 45 个条目被用来测量 CEO 领导行为。每个条目用一个 5 点的 Likert 式量表测量。 这些回答者要求判断每一条目用来描述其所在企业 CEO 领导行为的符合程度，从 1（强烈不同意）到 5（强烈同意）。

结果分析

使用 SPSS（11.0 版本）对来自 542 名回答者的数据进行探索性因素分析（exploratory factor analysis，EFA），运用主成份分析和斜交旋转法（Oblimin）来确定 CEO 领导行为的多维结构。采用特征值（Eigen value）大于 1、因素负荷不低于 0.50 等标准抽取出了 6 个因素。去除那些交叉落在不同维度上的题目后，得到了一个具有 24 个题目、6 个维度的因素结构。这 6 个维度解释了 62.35% 的总变异，它们分别被记为"开拓创新"、"协调沟通"、"关爱下属"、"设定愿景"、"展示威权"和"监控运营"。表 1 列出了每个题目在 6 个维度上的因素负荷值。

6 个维度的内部一致性系数均在 0.70 以上，我们同时用重测信度（test-retest reliability）来评估该量表的信度。在两个月的时间间隔内，我们又调查了 40 位上述管理人员，计算出重测信度是 0.76，表明该测量工具的信度较好。

这 6 个维度对于中国企业的 CEO 具有一定的意义。具体来说，"设定愿景"、"监控运营"和"开拓创新"这 3 个维度与 CEO 制订战略决策、发展组织结构、监测和控制生产等经营管理的角色密切相关，这些活动以经营管理的任务业绩为导向。"协调沟通"、"关爱下属"和"展示威权"这 3 个维度关注的是 CEO 维持和谐的人际关系，更好激励员工等角色行为。通过这些行为，CEO 与

表1：CEO领导行为的探索性因素分析

变量	因素 1	因素 2	因素 3	因素 4	因素 5	因素 6
开拓创新						
愿意承担风险	0.84	-0.02	-0.05	0.08	0.05	0.06
敢于创新	0.83	0.02	-0.04	-0.01	-0.06	-0.05
希望尝试新的计划和想法	0.82	0.01	-0.06	-0.04	-0.02	-0.05
充沛的企业家精神	0.78	-0.03	0.07	-0.06	0.02	-0.05
有创造力	0.67	0.02	0.02	-0.13	-0.03	-0.13
协调沟通						
有妥善处理人际关系的技巧	0.01	-0.90	0.13	-0.02	0.03	-0.05
能很好地与员工沟通	0.10	-0.79	-0.00	-0.04	-0.05	0.03
善于平衡人际关系	0.01	-0.77	-0.03	-0.04	0.01	0.04
与员工相处融洽	-0.05	-0.67	-0.11	-0.06	-0.00	-0.08
能够促进人际关系	-0.04	-0.66	-0.16	0.08	-0.05	-0.01
关爱下属						
关心员工家庭成员	0.09	0.02	0.84	-0.05	0.05	0.13
关心员工个人生活	-0.01	-0.00	0.81	0.01	0.02	-0.13
像关心家人一样对待员工	0.00	-0.12	0.75	-0.07	-0.01	-0.05
爱护和关心下属	0.04	-0.17	0.68	-0.06	-0.17	-0.05
设定愿景						
能清楚地沟通他或她对公司未来的愿景	-0.05	-0.01	0.00	-0.95	0.04	0.06
为员工阐明一个光明的未来	0.05	-0.01	-0.04	-0.72	-0.10	-0.10

（续表）

变量	因素 1	因素 2	因素 3	因素 4	因素 5	因素 6
清楚公司未来 5 年的发展	0.07	0.02	-0.02	-0.70	-0.14	-0.13
强调公司的长期计划	0.06	-0.06	-0.05	-0.60	-0.10	0.05
展示权威						
个人可以控制大多数事件	0.06	-0.02	0.10	0.00	0.82	0.14
自己集权决策	0.01	0.10	-0.02	0.03	0.69	-0.10
单方面决策并采取个人行动	-0.06	-0.00	-0.07	-0.01	0.65	-0.10
监控运营						
能很好地控制不同的项目和计划	0.11	-0.10	0.03	0.01	-0.03	-0.68
监控组织的经营	-0.00	0.04	-0.09	-0.03	0.04	-0.56
能有效控制组织的运营环境	0.10	-0.10	0.05	-0.11	0.13	-0.53
特征值	8.71	2.86	1.93	1.44	1.17	1.12
可解释变异的百分比	34.87	10.34	6.26	4.61	3.58	2.69
可解释变异的累积百分比	34.87	45.21	51.47	56.08	59.66	62.35
内部一致性系数（α 系数）	0.92	0.89	0.87	0.87	0.75	0.70

注：提取方法：Principal Component；
　　旋转方法：Oblimin with Kaiser Normalization。

员工互动并直接影响员工的态度，进而通过它来影响企业业绩。有趣的是，"关爱下属"和"展示威权"的维度印证了中国环境下家长式领导行为研究的发现（Farh and Cheng，2000；Silin，1976；Redding，1990；Westwood，1997）。这两个维度支持了他们的观点，即在中国的企业中，领导行为既体现在关系特质上（如营造和谐、维持关系和道德领导等），也体现在结构特质上（比如集权化和低形式化）（Farh and Cheng，2000；Redding，1990；Westwood，1997）。

假设检验的样本及程序

用于检验假设的样本包括两部分。第一部分来自 125 个企业的高层经理（包括 CEO、副总裁或高级经理），这些企业包括电信、信息技术、化学制药、银行投资、电子制造业、房地产业、贸易和服务等不同行业。每位受访者填写高层经理问卷，内容包括企业绩效、企业背景情况等内容。

同时，上述每家企业的 7 位员工（包括中层经理人员、专业技术人员及一般员工等）被邀请填写员工问卷，请他们对该企业 CEO 的领导行为进行评估，同时也包括员工对企业的态度测量。研究者提供带有回信地址及邮票的信封以便他们直接把问卷寄回。共有 739 名员工完成并寄回了有效问卷，回复率是 84.46%。这些人组成了本文的第二部分样本。在这些回答者中，483 位（65.4%）是男性，平均年龄 33.7 岁，平均具有 4 年的高等教育经验，在企业中平均有 5 年任期。

测量工具

CEO 领导行为　这一构念采用在量表建构阶段中确认的 24 个条目来进行测量。回答者被要求在 5 点量表上标出所给条目能描述他们企业 CEO 领导行为特征的程度，分值从 1（强烈不同意）到 5（强烈同意）。我们首先进行了验证性因素分析（confirmatory factor analysis，CFA）。在 CFA 模型中，24 个条目被相应地赋值到 6 个维度上。此外，"设定愿景"、"开拓创新"、"监控运营"的维度被赋值到一个高阶因素（high-order factor）上，即任务导向的领导行为。"协调沟通"、"关爱下属"和"展示威权"的维度被赋值到另一个高阶因素上，即关系导向的领导行为。结果表明，所有条目的因素负荷都是可以接受的，模型的总体卡方值是 839.45，自由度是 245，RMSEA 是 0.059，GFI 是 0.91，CFI 是 0.94，NNFI 是 0.93，IFI 是 0.94。说明模型与数据拟合得非常好。6 个维度（开拓创新、协调沟通、关爱下属、设定愿景、展示权威和监控运营）的内部一致性系数分别是 0.89、0.89、0.87、0.87、0.69 和 0.70。

企业业绩　由于缺乏可靠的企业财务资料，我们只能依靠企业高层主管对企业经营业绩的主观评价来对样本中的企业经营业绩进行评定。在 Wang、Tsui、Zhang、Ma（2003）等人研究的基础上，我们采用以下 5 个指标，（1）纯利润增加额，（2）销售增加额，（3）资产增加值，（4）员工士气和（5）市场份额来测量企业的绩效。高层经理根据这 5 个标准，与同一行业、处于同一发展阶段的企业相比,评判他们的企业表现如何。该量表的内部一致性系数是 0.70。

尽管有人质疑主观测量企业业绩的准确性,研究者(Dess and Robinson,1984;Venkatraman and Ramanujam,1987)认为,在无法得到准确的企业财务数据的情况下,可以而且能够使用主观测量代替客观评估,二者之间存在显著的相关。在我们的样本中,我们从 69 个企业获得了关于企业资产、销售和利润的信息。主观测量与 ROA(资产收益率)和 ROS(销售收益率)的相关系数分别是 0.26(p<0.05)和 0.37(p<0.01),这增强了主观测量有效性的结论。

员工态度 员工对企业的态度反映在方方面面,如员工对报酬、对工作的满意程度、组织承诺等。在本文中,我们从 4 个方面测量员工对企业的态度,包括知觉到的组织支持(perceived organizational support,POS)、组织承诺(organizational commitment)以及分配公平(distributive justice)和程序公平(procedural justice)等。

知觉到的组织支持这一结构由 8 个题目来测量。这些题目最早由 Eisenberger、Cummings、Armeli 和 Lynch(1997)发展而成。中译版本的信度是比较好的(Chen,Aryee,and Lee,2005)。在本文中,这一测量工具的内部一致性系数是 0.87。

尽管有适合中国被试的组织承诺测量工具(凌文辁、张治灿、方俐洛,2001),由于问卷长度所限,本文采用 9 个题目来测量员工的组织承诺。这些题目由 Mowday、Porter 和 Steers（1982）开发并在 Wang、Law 和 Chen（2002）的研究中应用于中国被试。这一测量工具的内部一致性系数是 0.88。

在 Farh、Earley 和 Lin（1997）研究中使用的中文量表被用来测量感知到的程序公平和分配公平。每个构念分别采用 8 个题目来测量，这两个测量工具的内部一致性系数分别为 0.93 和 0.88。

控制变量　在本文中，我们也纳入了一些可能影响企业业绩和员工态度的控制变量。我们用每个企业的员工总数来代表企业规模，用企业成立的时间代表企业发展阶段，同时也对行业进行了编码。CEO 的年龄、性别、教育水平和在企业的任期等人口统计学变量在这项研究中也得到了控制：CEO 的教育水平用所受高等教育的年限来表示，性别被编码为"1"（代表女性）或"2"（代表男性），企业任期用他们在组织中工作的年限来表示。

4. 分析与结果

按照组织水平（organization level）研究的通用方法（Ostroff，1992；Ryan et al.，1996），我们先将个体水平的变量加总到组织水平。在此之前，为比较组内变异与组间变异的大小，我们采用 Rwg(James,Demaree,and Wolf,1984)、ICC(1)和 ICC(2)(James, 1982；Ostroff，1992）等指标检验我们的数据是否可以加总到组织水平。结果发现，领导行为和员工态度变量 Rwg 值的平均数为

0.95。ICC（1）和 ICC（2）的值也在可接受范围内。这些指标表明企业内的差异小于企业间的差异，表明了员工个体水平的数据加总到组织水平的合理性。另外，由于 CEO 领导行为和员工态度的数据来自同一样本，我们进一步随机地将每个企业的员工分成两组，以避免由共同方法带来的偏差（common method bias）。来自第一随机组的数据用来计算 CEO 领导行为的得分，第二随机组的数据用来计算员工态度的得分。

我们用方差分析的方法（ANOVA）检测了不同行业间企业业绩的差异。结果表明 8 个行业之间没有显著性差异 [F（7，114）=0.61，p<0.77]。我们也检查了其他控制变量对企业业绩和员工态度的影响，只有公司规模和 CEO 年龄与 CEO 领导行为有部分相关（CEO 年龄与"开拓创新"以及"监控运营"行为负相关，r 为 -0.21；公司规模与"关爱下属"以及"监控运营"行为负相关，r 分别是 -0.24 和 -0.21）。所有这些变量在组织水平上的平均值、标准偏差和 Person 相关系数都列在表 2 中。

我们采用结构方程建模（structure equation modeling）（Bollen，1989）的方法来检验假设。在模型中，任务导向和关系导向的 CEO 领导行为是两个潜变量：前者表现为设定愿景、开拓创新、监控运营，后者表现为协调沟通、关爱下属和展示权威。员工态度表现为感知到的组织支持、组织承诺和公平感（程序公平和分配公平）。

我们采用 LISREL8.30 程序来检验模型。图 1 显示了领导行为

结果变量			1	2	3	4	5	6	7	8	9	10	11	12	13	14	15	16	17
1. 企业业绩	3.63	0.54	(0.70)																
员工态度																			
2. 感知到的组织支持	3.53	0.44	0.18+	(0.87)															
3. 组织承诺	3.80	0.45	0.31*	0.78**	(0.88)														
4. 程序公平	3.41	0.48	0.20*	0.80**	0.79**	(0.93)													
5. 分配公平	3.56	0.42	0.23*	0.70**	0.68**	0.87**	(0.88)												
CEO领导行为																			
6. 开拓创新	3.93	0.49	0.21*	0.29**	0.28**	0.26**	0.21*	(0.89)											
7. 协调沟通	3.87	0.49	0.13	0.44**	0.43**	0.46**	0.44**	0.55**	(0.89)										
8. 关爱下属	3.56	0.46	0.11	0.50**	0.43**	0.46**	0.45**	0.57**	0.72**	(0.87)									
9. 设定愿景	3.94	0.46	0.34**	0.35**	0.39**	0.30**	0.32**	0.64**	0.60**	0.63**	(0.87)								
10. 展示权威	3.13	0.47	-0.13	-0.31**	-0.25*	-0.28**	-0.27*	0.01	-0.32**	-0.26**	-0.21*	(0.69)							
11. 监控运营	3.97	0.44	0.26**	0.44**	0.38**	0.40**	0.40**	0.62**	0.69*	0.60**	0.68**	-0.18+	(0.70)						
12. CEO年龄	43.52	7.56	0.06	-0.05	-0.13	-0.09	-0.10	-0.21*	-0.10	-0.02	-0.10	-0.12	-0.21*						
13. CEO性别	1.94	0.24	-0.03	0.09	0.03	0.08	0.15	08	0.10	0.11	0.07	-0.08	0.02	0.03					
14. CEO教育水平	2.24	1.67	0.09	-0.00	0.06	0.01	0.03	0.12	0.10	0.04	0.12	-0.07	0.10	-0.04	0.14				
15. CEO职务任期	8.23	6.42	0.13	-0.12	-0.18+	-0.13	0.01	-0.17+	-0.11	-0.13	-0.13	-0.09	-0.13	-0.02	-0.19+	0.16			
16. 企业年龄	15.79	20.96	0.07	-0.05	-0.08	-0.15	-0.08	0.01	-0.19+	-0.13	-0.07	-0.03	-0.14	0.50**	0.01	-0.10	0.15		
17. 企业规模	7996.5	30148.9	0.24+	-0.17	-0.07	-0.11	-0.05	-0.17+	-0.16	-0.24*	-0.20*	-0.10	-0.21*	0.48**	0.28*	0.14	-0.07	0.44**	

注：① 括号中的数字为该量表的内部一致性系数。

② +，p<0.10；*，p<0.05；**，p<0.01。

对企业业绩的直接影响及通过员工态度的间接影响估计的路径系数。模型的总体卡方值为 92.16（p<0.01），自由度为 60，RMSEA 是 0.073，IFI 是 0.96，CFI 是 0.96，NNFI 是 0.94。这些结果和路径系数的显著性表明这些数据与假设的中介模型（mediating model）匹配得很好。

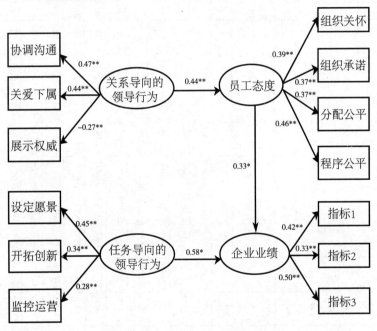

图1：CEO领导行为对员工态度及企业业绩的影响

图 1 显示了显著性水平在 0.05 的路径系数。结果表明，企业业绩能很好地被员工态度和任务导向的领导行为解释（R^2=0.27）。具体地说，员工表现更为积极的企业，其业绩也更好（β=0.33，p<0.05）。任务导向的领导行为也直接与企业业绩相关（β=0.58， p<0.05）。至于员工态度，它受到关系导向的CEO领导行为的强烈影响（β=0.44，p<0.01）。CEO们可以通过这些关系导向的行为来维持更加积极的员工态度。关系导向的领导行为对企业业绩没有显著的直接影响。

5. 讨论

在这项研究中，我们首先归纳总结了在转型式经济环境下中国企业CEO的领导行为，并在此基础上建构了一套测量CEO领导行为的测量工具。探索性因素分析和验证性因素分析以及其他分析结果表明，该量表有可接受的信度和效度。我们用包括来自相同公司的高层经理及其下属的样本来检验假设。结构方程建模分析的结果表明，任务导向的CEO领导行为直接与企业业绩相关；关系导向的CEO领导行为与员工态度相关。同时，员工对企业的态度在关系导向的CEO领导行为与企业业绩之间起中介作用，表明CEO可以通过引导员工的积极态度来达到高水平的企业业绩。

近年来，虽然有很多学者探讨CEO领导行为与企业业绩之间的"黑箱"（black box）（Hambrick et al.，1996；Hartand Quinn，1993；Smith et al.，1994；Waldman et al.，2001），然而如同"盲人摸象"一样，每项研究只触及到CEO特质的某一方面。例如，Hambrick等（1996）关注的是人口统计学变数，Waldman等（2001）关注的是魅力型领导行为；而Hart和Quinn（1993）只注意了高层领导行为的复杂性。由于现有的理论并采用归纳的方法，我们建构了测量中国企业 CEO 领导行为的比较全面的测量工具。其中，"设定愿景"的维度对于 CEO 根据企业内外环境设立组织目标并通过影响员工一起完成目标是至关重要的。尤其是在企业从计划经济向市场经济转变、现代企业制度不断建立的今天，企业的最高领导层为企业描画一个引人入胜的前景更能起到引导、整合的作用。"开拓创新"维度和"监控运营"维度与组织管理与经营的具体实践密不可分。尤其是"开拓创新"更反映出新的时代对 CEO 提出的更高要求。"协调沟通"行为和"关爱下属"行为印证了中国环境下人际和谐的重要性（Yang, Yu, and Yeh, 1989），表明以人为本、注重人力资源的管理理念已经深入人心。"展示权威"的维度反映了中国社会的特定文化现象，如，高水平的权利距离，但这种行为是否在西方企业中扮演类似的角色将会是跨文化研究的主题。在本文中我们发现，该维度与领导行为其他维度的相关为负值，同时，该维度与企业绩效，员工态度的各个维度也是负相关。也就是说，员工"看"到 CEO 在经营管理过程中表现出展示权威的行为，但这一行为对企业的业绩及员工对组织的态度并没用积极的影响。对这一结果的可能一个解释是，在民营企业中，CEO 更需要有展示权威的行为，而在国有或独资企业中，这样的行为可能就不是很有帮助了。该维度的作用需要在今后的研究中作进一步深入的探讨。

与 80 年代领导行为的 CPM 理论相比，本文所揭示的领导行为有了进一步的发展。改革开放之初，员工对领导的期望只是要完成任务（P），维系一个和谐的人际环境（M），并能够公正、公平地进行资源分配（C）。而现在，企业的高管人员不但要全面了解企业未来的发展方向并制定战略规划，同时还要经常在技术、产品、服务上展示出不断的创新行为；既要规范管理、不断提升执行力，也要与下属和谐相处，关心他们的工作甚至个人生活。这些行为表明，市场经济环境不但赋予了企业领导更大的自主权，同时更为重要的是，他们也承担了更大的职责与义务。为了管理好企业，他们必须具备多种多样的行为表现，既要有人际导向的行为表现，维系和谐的人际环境，也要展示规范管理，严格监控的现代企业制度行为，确保企业任务的完成，因此，中国企业的CEO呈现出多元导向并存的领导行为模式。

　　同时，本文通过探讨CEO领导行为对企业业绩的影响，扩展了上层梯队理论。CEO的行为不仅影响企业战略选择和企业的财务业绩，还影响员工的态度反应。"协调沟通"和"关爱下属"的CEO会在追随者中产生较高水平的组织承诺、感知的组织支持和公平感，并通过这些积极的态度来增强企业业绩。这些结果使我们对"黑箱"略有了解，为进一步探讨CEO领导行为的作用机制奠定了基础。

　　本文是在转型经济环境下的中国企业中进行的。在高不确定性和不断变化的环境中，CEO能为组织指明未来发展方向并通过具体的行动来管理企业，这样的行为就显得尤其的重要。中国正经历着从计划经济向市场经济的重大转变，这些转变导致了环境的高度不确定性。由于环境的不确定性，CEO 的领导行为对企业业绩有明显的影响，这一结果与 Waldman（2001）等人的发现一致。

6. 本文的局限

本文也有一定的局限。第一个局限是采用了横断面（cross-section）的研究设计。虽然我们认为 CEO 领导行为影响员工态度、员工态度影响企业业绩，但也可以提出相反的观点，即高水平的企业业绩导致积极的员工态度，或者高水平的企业业绩会导致员工对 CEO 领导行为的积极评价。这种归因无疑是可能的，因此设计一个追综（longitudinal）研究来建立 CEO 领导行为、员工态度和企业业绩之间的因果关系是非常必要的。然而，通过使用多源数据（高层经理和员工）并把员工分成两个随机组，我们至少排除了由于相同的方法导致结果偏差的可能性。

第二个局限在于对企业业绩的评估。由于在中国获得企业（包括上市公司）的财务业绩资料极其困难，我们不得不请高层经理主观地评估他们的业绩，这种主观评估可能增加测量误差以及降低可靠性。未来研究应该采用客观的或多重的测量方法来补充主观测量，或者采用多个评估者的主观评定来增加可靠性。

7. 结论

尽管存在局限，本文还是对 CEO 领导行为，尤其是在转型式中国经济环境下领导行为的研究做出了一定贡献。首先，本文证实了 CEO 领导行为确实影响企业业绩，尤其是证实了 CEO 对企业的影响表现为企业业绩和员工的积极态度。第二，揭示了 CEO 影响企业业绩的机制之一，即员工态度的中介作用，从而丰富了上层梯队理论的内容。第三，中国的企业处在一个变革的时期，经营管理这样的企业，CEO 必然要有与西方企业家不同的行为表现，这些表现不但具有中国传统文化的特点，同时更应适合中国企业管理的现实。随着时代的变迁，CEO 的领导行为也应有所改变。最后，我们希望有更多的实证研究来探讨中国企业的领导行为以及这些行为对企业业绩和员工态度影响的机制。

Abstract

This study explores the links between CEO leadership behaviors, firm performance and employee attitudes, using a sample of 125 firms in China. We first inductively identified categories of CEO leadership behaviors in the Chinese context. Through a factor analysis, we developed a six-dimension measure of CEO leadership behaviors, with three dimensions on a task focus and three dimensions on a relationship focus. The hypotheses were tested with a matched data set including 739 middle managers and their supervisors (top managers) in the 125 firms. Results from the structural equation modeling analysis show that the CEO's task-focused behaviors are directly linked to firm performance. The CEO's relationship-focused behaviors are related to employee attitudes and, through these attitudes, to firm performance. Limitations and implications for future research are discussed.

参考文献

凌文辁 :"中国的领导行为",见杨中芳、高尚仁主编 :《中国人·中国心》人格与社会篇,台北 :远流出版社 1991 年版。

凌文辁、张治灿、方俐洛 :"中国职工的组织承诺研究",《中国社会科学》2001 年第 2 期,第 90 — 102 页。

于东智 :"董事会、公司治理与绩效——对中国上市公司的经验分析",《中国社会科学》2003 年第 3 期,第 29 — 40 页。

张军、王祺 :"权威、企业绩效与国有企业改革",《中国社会科学》2004 年第 3 期,第 106 — 116 页。

Avolio, B. J., and Bass, B. M. (1987), "Charisma and Beyond," in J. G. Hunt (ed.), *Emerging Leadership Vistas*, Elmasford, N. Y.: Pergamon Press.

Baren, R. M., and Kenny, D. A. (1986), "The Moderator-Mediator Variable Distinction in Social Psychological Research: Conceptual, Strategic, and Statistical Consideration," *Journal of Personality and social Psychology*, 51: 1173-1182.

Bass, B. M. (1990), *Stogdill's Handbook of Leadership: Theory, Research, and Managerial Application*, New York: Free Press.

Bollen, K. A. (1989), *Structural Equation with Latent Variables*, New York: Wiley.

Bryman, A. (1992), *Charisma and Leadership in Organization*, Newbury Park, CA: Sage.

Cannella, A. A. Jr., and Monroe, M. J. (1997), "Contrasting Perspectives on Strategic Leaders: Toward a more Realistic View of Top Managers", *Journal of Management*, 23: 213-238.

Carpenter, M. A., and Fredrickson, J. W. (2001), "Top Management Teams, Global Strategic Posture, and the Moderating Role of Uncertainty", *Academy of Management Journal*, 44: 533-545.

Chen, Z. X., Aryee, S., and Lee, C. K (2005), "Test of a Mediation Model of Perceived Organizational Support", *Journal of Vocational Behavior*.

Chen, X., and Farh, J. L. (1999), "The Effectiveness of Transactional and Transformational Leader Behaviors in Chinese Organizations: Evidence from Taiwan", AOM Conference paper, 1999, Chicago.

Conger, J. A., and Kanungo, R. N. (1987), "Toward a Behavioral Theory of Charismatic Leadership in Organizational Settings", *Academy of Management Review*, 12: 637-647.

Conger, J. A., and Kanungo, R. N. (1998), *Charismatic Leadership in Organizations*, Thousand Oaks: Sage Publications.

Dess, G., and Robinson, R. (1984), "Measuring Organizational Performance in the Absence of Objective Measures: The Case of the Privately-Held and Conglomerate Business Unit", *Strategic Management Journal*, 5: 265-273.

Denison, D. R., Hooijberg, R., and Quinn, R. E. (1995), "Paradox and Performance: A Theory of Behavioral Complexity in Managerial Leadership", *Organization Science*, 6: 524-540.

Dreyfus, H., Dreyfus, S., and Athanasion, T. (1986), *Mind over Machine: The Power of Human Intuition and Expertise in the Era of the Computer*, New York: Free Press.

Eisenberger, R., Huntington, R., Hutchison, S., and Sowa, D. (1986), "Perceived Organizational Support", *Journal of Applied Psychology*, 71: 500-507.

Eisenberger, R., Cummings, J., Armeli, S., and Lynch, P. (1997), "Perceived Organizational Support, Discretionary Treatment, and Job Satisfaction", *Journal of Applied Psychology*, 82: 812-820.

Eisenhardt, K. (1989), "Building Theories from Case Study Research", *Academy of Management Review*, 14: 532-550.

Farh, J. L., and Cheng, B. S. (2000), "A Cultural Analysis of Paternalistic Leadership in Chinese Organizations", in J. T. Li, A. S. Tsui, and E. Weldon (Eds.), *Management and Organizations in the Chinese Context*, London: Macmillan Press Ltd..

Farh, J. L., Early, P.C., and Lin, S. C. (1997), "Impetus for Action: A Culture Analysis Justice and Organizational Citizenship Behavior in Chinese Society", *Administrative Science Quarterly*, 42: 421-444.

Finkelstein, S. (1992), "Power in Top Management Teams: Dimensions, Measurement, and Validation", *Academy of Management Journal*, 35: 505-538.

Finkelstein, S., and Hambrick, D. C. (1996), *Strategic*

Leadership: Top Executives and Their Effects on Organizations, St. Paul, MN: West Publishing Company.

Fiol, L. L. (1989), "A Semiotic Analysis of Corporate Language: Organization Boundaries and Joint Venturing", *Administrative Science Quarterly*, 34: 277-303.

Hambrick, D. C. (1983), "High Profit Strategies in Matures Capital Goods Industries: A Contingency Approach", *Academy of Management Journal*, 26: 687-707.

Hambrick, D. C., Cho, T. S., and Chen, M. J. (1996), "The Influence of Top Management Team Heterogeneity on Firm's Competitive Moves", *Administrative Science Quarterly*, 41: 659-684.

Hambrick, D.C., and Finkelstein, S. (1987), "Managerial Discretion: A Bridge Between Polar Views of Organizational Fates", in B. Staw and L. L. Cummings (Eds.), *Research in Organizational Rsearch*, 9 : 369-406, Greenwich, CT: JAI Press.

Hambrick, D. C., and Mason, P. A. (1984), "Upper Echelons: The Organization as a Reflection of its Top Managers", *Academy of Management Review*, 9: 193-206.

Hannan, M., and Freeman, J. (1984), "Structural Inertia and Organizational Change", *American Sociological Review*, 49: 149-164.

Hart, S. L., and Quinn, R. E. (1993), "Roles Executives Play: CEOs, Behavioral Complexity, and Firm Performance", *Human Relations*, 46: 543-574.

Harter, J. K., Schmidt, F. L., and Hayes, T. L. (2002), "Business-Unit Level Belationship between Employee Satisfaction,

Employee Engagement, and Business Outcomes: A Meta-Analysis", *Journal of Applied Psychology*, 87: 268-279.

Hickson, D. J., Hinings, C. R., Lee, C. A., Schneck, R. E., and Pennings, J. M. (1971), "A Strategic Contingency Theory of Intraorganizational Power", *Administrative Science Quarterly*, 16: 216-229.

Hofestede, G. H. (1980), *Culture's Consequences: International Differences in Work Related Values*, Beverly Hills, CA: Sage.

Hooijberg, R., and Quinn, R. E. (1992), "Behavioral Complexity and the Development of Effective Managers," in R. L. Phillips, and J. G. Hunt (Eds.), *Strategic Leadership: A Multi-Organizational-Level Perspective*, London: Quorum Books.

House, R. J. (1977), "A 1976 Theory of Charismatic Leadership", in J. G. Hunt and L. L. Larson (Eds.), *Leadership: The Cutting Edge*, Carbondale: Southern Illinois University Press.

House, R. J., and Aditya, R. (1997), "The Social Scientific Study of Leadership: Quo Vadis?" *Journal of Management*, 23: 409-474.

House, R. J., Spangler, W. D., and Woycke. J. (1991), "Personality and Charisma in the U.S. Presidency: A Psychological Theory of Leader Effectiveness", *Academy of Management Journal*, 36: 364-396.

Howell, J. M., and Avolio, B. J. (1993), "Transformational Leadership, Transactional Leadership, Locus of Control, and Support for Innovation: Key Predictor of Consolidated Business Unit Performance", *Journal of Applied of Psychology*, 78: 891-902.

Hunt, J. G. (1991), *Leadership: A New Synthesis*, Newbury Park, Calif: Sage Publication.

James, F. R. (1982), "Aggregation Bias in Estimates of Perceptual Agreement", *Journal of Applied Psychology*, 67: 219-229.

James, F. R., Demaree, R. G., and Wolf, G. (1984), "Estimating within-Group Interrater Reliability with and without Response Bias", *Journal of Applied Psychology*, 68: 85-98.

Katz, D., and Kahn, R. L. (1978), *The Social Psychology of Organizations*, New York: John Wiley and Sons Ltd.

Kerlinger, F. N. (1986), *Foundations of Behavioral Research*, Fort Worth: Holt, Rinehart and Winston.

Koys, D.J. (2001), "The Effects of Employee Satisfaction, Organizational Citizenship Behavior, and Turnover on Organizational Effectiveness: A Unit-Level, Longitudinal Study", *Personnel Psychology*, 54: 101-114.

Lowe, K. B., Kroeck, K. G., and Sivasubramaniam, N. (1996), "Effectiveness Correlates of Transformational and Transactional Leadership: A Meta-Analytic Review of the MLQ Literature", *Leadership Quarterly*, 7: 385-425.

Mathieu, J. E., and Farr, J. L. (1991), "Further Evidence for the Discriminant Validity of Measures of Organizational Commitment, Job Involvement, and Job Satisfaction", *Journal of Applied Psychology*, 76: 127-133.

Meindl, J. R., Ehrlich, S. B., and Dukerich, J. M. (1985), "The Romance of Leadership", *Administrative Science Quarterly*, 30: 78-102.

Mintzberg, H. (1973), *The Nature of Managerial Work*, New York: Harper and Row.

Misumi, J. (1985), *The Behavioral Science of Leadership*, Ann

Arbor, ML: University of Michigan Press.

Mowday, R. T., Porter, L. W., and Steer, R. M. (1982), *Employee-Organization Linkages: The Psychology of Commitment, Absenteeism, and Turnover*. New York: Academic Press.

Nalder, D. A., and Tushman, M. L. (1990), "Beyond the Charismatic Leader: Leadership and Organizational Change", *California Management Review*, 32: 77-97.

Ostroff, C. (1992), "The Relationship between Satisfaction, Attitudes, and Performance: An Organizational Level Analysis", *Journal of Applied Psychology*, 77: 963-974.

Ostroff, C. (1993), "Comparing Correlations Based on Individual-Level and Aggregated Data," *Journal of Applied Psychology*, 78: 569-582.

Pfeffer, J. (1977), "The Ambiguity of Leadership", *Administrative Science Review*, 2: 104-112.

Pfeffer, J., and Salancik, G. (1978), *The External Control of Organizations*, New York: Harper and Row.

Pitcher, P., Chreim, S., and Kisfalvi, V. (2000), "CEO Succession Research: Methodological Bridges over Trouble Waters", *Strategic Management Journal*, 21: 6254-648.

Podsakoff, P. M., MacKenzie, S. N., Moorman, R. H., and Fetter, R. (1990), "Transformational Leader Behaviors and their Effects on Followers' Trust in Leader, Satisfaction, and Organizational Citizenship Behavior", *Leadership Quarterly*, 1: 107-142.

Podsakoff, P. M., MacKenzie, S. N., and Bommer, W. H. (1996), "Transformational Leader Behaviors and Substitutes for Leadership as Determinants of Employee Satisfaction, Commitment, Trust, and Organizational Citizenship Behavior", *Journal of Management*, 22: 259-298.

Priem, R. L., Lyon, D. W., and Dess, G. G. (1999), "Inherent Limitations of Demographic Proxies in Top Management Team Heterogeneity Research", *Journal of Management*, 25: 935-953.

Quinn, J. B. (1988), *Beyond Rational Management: Mastering the Paradoxes and Competing Demands of High Performance*, San Francisco: Jossey-Bass.

Quinn, J. B., and Cameron, K. (1988), *Paradox and Transformation*, Cambridge, MA: Ballinger.

Redding, S. G. (1990), *The Spirit of Chinese Capitalism*, New York: de Gruyter.

Ryan, A. M., Schmit, M. J., and Johnson, R. (1996), "Attitudes and Effectiveness: Examining Relations at an Organizational Level", *Personnel Psychology*, 49: 853-882.

Shamir, B., House, R. J., and Arthur, M. B. (1993), "The Motivational Effects of Charismatic Leadership: A Self Concept Based Theory", *Organization Science*, 4: 1-17.

Schneider, B. (1987), "The People Make the Place", *Personnel Psychology*, 40: 437-453.

Schneider, B., Goldsten, H. W., and Smith, D. B. (1995), "The ASA Framework: An Update", *Personnel Psychology*, 48: 747-774.

Schneider, B., White, S., and Paul, M. (1998), "Linking Service Climate and Customer Perceptions of Service Quality: Test of a Casual Model", *Journal of Applied Psychology*, 83: 150-163.

Silin, R. H. (1976), *Leadership and Value: The Organization of Large-Scale Taiwan Enterprises*, Cambridge, MA: Harvard University Press.

Simon, H. A. (1957), *Administrative Behavior*, 2nd edition, New York: The Macmlillan Company.

Smith, K. G., Smith, K. A., Olian, H. P., Sims, H. P., O' Bannon, D. P., and Scully, J. A. (1994), "Top Management Team Demography and Process: The Role of Social Integration and Communication", *Administrative Science Quarterly*, 39: 412-438.

Thomas, A. B. (1988), "Does Leadership Make a Difference to Organizational Performance?", *Administrative Science Quarterly*, 33: 388-400.

Thomas, J. B., Clark, S. M., and Gioia, D. A. (1993), "Strategic Sense-Making and Organizational Performance: Linking among Scanning, Interpretation, Action, and Outcomes", *Academy of Management Journal*, 36: 239-270.

Thompson, J. D. (1967), *Organizations in Action*, New York: McGraw-Hill.

Tompkins, N. C. (1992), "Employee Satisfaction Leads to Customer Service", *HR Magazine*, 93-95.

Tsui, A. S. (1990), "A Multiple-Constituency Model of Effectiveness: An Empirical Examination at the Human Resource Subunit Level", *Administrative Science Quarterly*, 35: 458-483.

Tsui, A. S., and Lau, C. M. (Eds.) (2002), *Management of Enterprises in the People's Republic of China*, Kluwer Academic Press.

Venkartraman, N., and Ramanujam, Y. (1987), "Measurement of Business Performance in Strategy Research: A Comparison of Approaches", *Academy of Management Review*, 13: 109-122.

Waldman, D. A., Ramirez G. G., House, R. J., and Puranam, P. (2001), "Does Leadership Matter? CEO Leadership Attributes and Profitability under Condition of Perceived Environmental Uncertainty", *Academy of Management Journal*, 44: 134-143.

Waldman, D. A., and Yammarino, F. J. (1999), "CEO Charismatic Leadership: Level-of-Management and Level-of-Analysis", *Academy of Management Review*, 24: 266-285.

Wang, D., Tsui, A. S., Zhang, Y., and Ma, L. (2003), "Employment Relationship and Firm Performance: Evidence from the People' s Republic of China", *Journal of Organizational Behavior*, 24 : 511-535.

Wang, H., Law, K. S., and Chen, G. (2002), "A Structural Equation Model on Leader-Member Exchange, Task and Contextual Performance, and Work Outcomes", paper presented at the Annual Conference of the Society of Industrial and Organizational Psychology. Toronto.

Wang, H., Zhong, C. B., Farh, J. L. (2002), "Perceived Organizational Support in the People's Republic of China: An Exploratory Study," Asia Academy of Management Conference, Singapore.

Westwood, R. I. (1997), "Harmony and Patriarchy: The Cultural Basis for Paternalistic headship among the overseas Chinese", *Organization Studies*, 18: 445-480.

Xin, K., Tsui, A.S., Wang, H., and Zhang, Z.X. (2002), "Corporate Culture in State Owned Enterprises: An Inductive Analyses of Dimensions and Influences", in Tsui, A. S. and Lau, C. M. (Eds.), *Management of Enterprises in the People's Republic of China*, Kluwer Academic Press,

Xu, L. C. (1989), "Comparative Study of Leadership between Chinese and Japan Ness Managers based upon PM theory", in B.J. Fallon, H.P. Pfister, and J. Brebner (Eds.), *Advanced in Organizational Psychology*, Amsterdam: Elsevier.

Yang, K. S., Yu, A. B., and Yeh, M. H. (1989), "Chinese Individual Modernity and Traditionality: Construct Definition and Measurement", *Proceedings of the Interdisciplinary Conference on Chinese Psychology and Behavior*, p.287-354 (in Chinese).

Yukl, G. A. (1989), "Managerial Leadership: A Review of Theory and Research", *Yearly Review of Mangaement*, 15: 251-289.

第三章

战略型领导行为与组织经营效果：组织文化的中介作用

摘　要

　　研究者对战略型领导（strategic leadership）对企业经营效果的影响作用争论已久，尚无定论。本文采用实证研究的方法探讨中国组织情境下战略领导者的领导行为对企业经营效果的影响作用，并检验组织文化的中介作用。研究结果表明：（1）战略型领导行为，如阐述愿景、开拓创新、人际沟通、监控运营和关爱下属5个维度对员工态度和企业绩效具有正向作用。（2）战略型领导行为的关爱下属和监控运营两个维度与组织文化的内部整合价值观正相关，而战略型领导行为的阐述愿景和开拓创新维度与外部适应的价值观正相关，人际沟通维度对内部整合和外部适应价值观均有正向影响。（3）战略型领导行为通过内部整合与外部适应的价值观影响企业经营效果，即经由员工态度对企业绩效产生正向影响。

关键词：战略型领导行为　组织文化　员工态度　企业绩效

1.引言

对于战略型领导（strategic leadership）与组织产出之间的关系的广泛关注始于学者们争论战略型领导者在组织运营过程中是否具有重要作用（Chu and Spires，2003；Katz and Kahn，1979；Pfeffer，1977）。反对者强调技术、制度等方面的因素对组织战略和绩效的影响更大。他们忽视了决策者对组织建构和信息处理的影响，认为战略型领导对于组织的影响无足轻重（Porter，1980）。而支持者基于高层梯队理论（Upper Echelon Theory，Hambrick and Mason，1984），在大量实证研究的基础上，逐渐得出较为一致的结论：战略型领导会对组织经营效果产生实质性的影响（Hambrick and Mason，1984；Finkelstein and Hambrick，1996）。特别是在不确定性环境中，战略型领导的作用将更重要，甚至会成为决定组织成败的关键因素（Ireland and Hitt，1999；Waldman，Ramírez，House，and Puranam，2001）。

关于战略型领导是否重要的争论逐渐平息，但在企业经营全球化的背景下，探讨另外两个问题显得尤为迫切：其一，战略型领导是通过何种机制和过程影响组织经营效果（House and Adytia，1997；Phills，2005）。从目前的研究来看，我们对领导者影响组织经营效果的机制所知有限（Boal and Hooijberg，2000）。特别是组织文化的中介作用。组织文化一直被认为是领导者塑造和保持组织竞争优势的重要途径之一（Schein，1985），而相关的研究问题却很少得到探讨。

其次，跨文化研究领域的学者们一直呼吁要重视通过比较研究来检验相关结论的普适性以及探索在特定文化中是否存在独特的影响要素（Brockner，2003；Tsui，2004）。因为我国文化和国情的特殊性，探讨在中国组织情境下战略型领导及其影响机制的普适性和独特性具有更为重要的实践和理论意义。首先，我国无论是文化传统还是社会经济现状，都与以美国为代表的西方国家存在巨大的差异，然而现有的关于战略型领导效果的结论大多是基于西方样本做出的，国内关于战略型领导的理论探索及实证研究相对较少。因此，到底在中国情境下，战略型领导的哪些特征会对组织经营效果产生影响及其影响途径并不清晰。其次，当前我国经济是转型式经济，其典型特征是复杂、多变、难测，属于高不确定性环境。在中国，由于高层管理者面对着持续的组织重组、不断加剧的全球竞争、劳动力成本增加及流动性增强，以及技术的迅猛发展，战略管理比过去更为复杂。企业不但长期面对复杂和支离破碎的制度环境，而且构成这种复杂性和缺乏系统性的多重任务环境、多元化制度、复杂的资源供应者以及多样化的股权结构等要素，还处在动态难测的变化中。在这种情境中企业要想生存和进行有效的竞争，根据高层梯队理论，战略型领导具有决定性的作用。

总之，在全球竞争、独特的东方文化以及转型经济等特征的中国组织情境背景下，探讨战略领导者影响组织经营效果的途径和机制，无论从理论意义还是实践意义上，都是值得关注和研究的重要问题。

2. 文献综述和假设推理

2.1 战略型领导行为与组织文化

2.1.1 战略型领导行为

战略型领导的研究主要关注战略型领导者（strategic leaders，即组织的高管，如 CEO、董事长等人）的个人特征、行为方式、认知风格等因素是如何影响组织经营效果的（Finkelstein and Hambrick，1984）。其研究对象可以是领导者个人（比如首席执行官）、广义的高层管理团队或者是所有者群体（比如董事会）（Hambrick，1989）。

战略型领导成为研究人员关注的焦点起源于高层梯队理论。为了回答"为什么组织能成为一个组织"这个问题，Hambrick 和 Mason（1984）提出了高层梯队理论。该理论指出，环境中各种现象的数量和复杂程度远远超出了人们所能理解和处理信息的范围，决策者必须对信息进行取舍。信息处理过程呈现出的这种选择性，如有限理性、选择性知觉、选择性解释等，无不受到决策者处理信息时的个人认知基础的影响。因而，组织的结构和战略，不仅依赖于环境中的资源和机会，更取决于决策者的认知特点。最终，组织的行为和产出既反映了组织的外部环境特征和组织的价值观，更反映了组织中战略型领导者的个人特征。

为了检验高层梯队理论，探讨战略型领导与组织运营之间的关系，研究者最先关注的是人口统计学变量（Hambrick and Mason，1984）。随后，学者们认为战略型领导的认知框架虽受人口统计学变量影响（Hambrick，Cho，and Chen，1996），但更多地受到社会心理变量影响（Waldman et al.，2001），比如高层管理者的价值观、认知结构、动机、领导行为等（Denison，Hooijberg，and Quinn，1995；Jansen，Vera，and Crossan，2009；Vera and Crossan，2004）。

国内的一些学者根据高层梯队理论，也对战略型领导与组织经营效果的关系进行了检验（陈建勋、傅升和王涛，2008；蒋天颖、张一青和王俊江，2009）。如陈国权及其合作者（陈国权和李兰，2009；陈国权和周为，2009）检验了企业领导人个人学习能力、领导行为对组织创新的积极影响；蒋天颖等人（2009）检验了变革型和交易型领导行为与组织创新的关系。但是，这些研究大多采用高管的某种特质或领导行为以及国外开发的操作化概念和量表，很难反映出在中国组织环境中战略型领导的典型行为特征及其对企业绩效的影响。为了探讨中国组织环境下战略型领导的典型行为特征，王辉、忻榕和徐淑英（2006）综合了高层梯队理论观点、行为复杂性（Hooijberg，Hunt，and Dodge，1997）和家长式领导（Farh and Cheng，2000）等研究，从访谈开始，采用归纳性研究方法，确认了中国情境下战略型领导行为的构成，包括"开拓创新"、"人际沟通"、"关爱下属"、"阐述愿景"、"监控运营"，以及"展示威权"等6个维度。本文关注战略型领导的行为特征对组织经营效果的影响，探讨中国组织情境下战略型领导的典型行为对企业经营效果的影响机制——组织文化的中介作用。

组织文化一直被认为是领导者塑造和保持组织竞争优势的重要途径之一（Schein，1985），却很少得到实证的检验。根据组织解释观点（organizational interpretive perspective），我们认为战略型领导行为会经由组织的战略、结构、创新模式、技术类型等硬件系统来影响组织运作（Finkelstein and Hambrick，1996），但是作为组织意义系统的提供者（Smircich and Morgan，1982），战略型领导行为更有可能通过塑造组织的软件系统——组织文化来影响组织的运营效果（Schein，1985）。

2.1.2 组织文化

现在管理学领域广为接受的组织文化定义来自Schein（1992）。根据Schein（1992）的定义，组织文化是"团队在解决外部适应和内部整合的过程中，团队成员习得的一套价值观和基本信念。它运行良好、可靠，所以被传递给新成员。当新成员处理相关问题时，这些基本信念就是他们感知、思考和解决问题的基础。"（p.12）已有的实证研究证明，组织文化在组织和个人层面上都与组织的运行相关，对组织的业绩和长期运营效果有强大的影响力（Denison and Mishra，1995；O'Reilly，Chatman，and Caldwell，

1991；Wilkins and Ouchi，1983）。

有关组织文化的测量方法，研究人员提出了许多模型，比如Schein（1990，1992）的7维度模型、Hofstede等人（1990）的6维度模型以及O'Reilly等人（1991）的7维度模型。基于中国文化的特殊性，如尊敬威权、孝行、崇拜前辈、大男子主义等（杨国枢，余安邦和叶明波，1989），学者们也以台湾或大陆样本探讨了中国企业组织文化的构成要素，如郑伯埙（1990）和Xin等人（2001）的研究。Tsui等人（2006）在深入分析和比较以往组织文化模型的研究之后，通过探索性和验证性因子分析，得到了更简约的5维度组织文化模型，分别是"人际和谐"、"顾客导向"、"勇于创新"、"员工发展"以及"社会责任"。这5个维度分为2个内部整合导向价值观（人际和谐和员工发展）和3个外部适应导向价值观（顾客导向、开拓创新和社会责任）。

Tsui等人（2006）确定的这5类价值观，不仅仅是国内外相关研究中共同的维度，而且涵盖了中国企业应对目前环境的重要核心价值观。具体表现为，根据Schein（1992）的定义，组织文化是在处理外部适应和内部整合的过程中建立起来的，那么这些核心文化必然反映组织应对内外部问题的基本理念。中国的企业目前正面临着从计划经济到市场经济的转型时期。为了生存并且在变化中的环境中保有竞争力，他们必须使用最先进的技术去创造新产品（勇于创新），提供高质量的产品和服务以使顾客满意（顾客导向），并做到企业与社会的共同发展（社会责任）。为了组织能够顺利发展，企业还需要良好的内部整合职能。人际和谐是在 Xin 等人（2001）的研究中被高度评价的一个维度。如 Yang（1993）所言，它反映了人际导向的文化根基以及中国社会的和睦传统。它不仅是社会价值观在组织行为上的反映，而且是组织在生存和发展的过程中必须处理的问题。而员工发展维度则反映了关心员工、信任员工、注重员工潜能发挥的现代企业管理制度与规范。因此我们采用 Tsui 等人（2006）的 5 因素模型来探讨组织文化的中介作用。

2.1.3 战略型领导行为与组织文化

组织解释观点持有两个基本假定：（1）人们的理解和行动依赖于他们赋予自己所历信息和事件的解释（interpretation）或意义（meaning，意义涉及是什么、意味着什么、应该是什么等问题）（Rabinow and Sullivan，1979）；（2）组织作为开放的社会系统，其价值就是创造和维持一套意义体系，用来指导成员解读环境和采取行动（Weick，1993；1995）。因此，如果某个人成功地建构或定义了组织成员的现实，个体提供的意义系统就成了组织的意义系统，他/她就会成为组织的领导者（Smircich and Morgan，1982）。一般而言，为众人所接受的意义系统指愿景、使命、价值观、行为准则等（Gioia and Chittipeddi，1991；Weick，1993），实质上就是组织文化（Schien，1995）。可见战略型领导行为主要通过组织文化来影响组织运作（Davis，1984；Schein，1992）。正如 Schein（1985：2）所言"领导人从事的唯一的重要工作就是创造和管理文化"。

关于领导者如何影响组织文化，Sashkin（1992）给出了更为具体的分析。他指出战略领导能力若有助于领导者明确组织的愿景和经营哲学，以独特的观点和创造性的思维提出或应用政策与项目，或通过施展强大的影响力建构价值观系统，都会有益于领导者塑造组织文化。从定义来看，战略型领导行为的 6 个维度都比较满足 Sashkin 所描述的特征。

具体而言，具有高水平阐述愿景和开拓创新行为的战略型领导会更敏感于环境的变化、组织与环境之间的动态互动关系，更愿以新思想、新观念和新视角来审视、反思和建构组织与环境的意义（王辉等，2006）。他们因而会识别出环境中的挑战和机遇，并能够采取果断措施，以新产品、新服务、新观念等来回馈顾客的需要和意见，以社会责任来强调组织与社会的共同发展，从而促进组织形成适应环境的价值观。如 Gioia 和 Chittipeddi（1991）发现，决策者在察觉环境变化之后，倾向于以使命和愿景来响应组织与外部环境互动质量的问题，关注诸如组织为什么存在、应满足外部的何种期望以及如何满足这些期望等问题。其次，以往的研究发现，如 Hart 和 Quinn（1993）以及 Farh 和 Cheng（2000），具有高水平的监控运营、关爱下属和展示威权等行为的战略型领导会更重视实现愿景和使命的内部运作、互动过程及其效率，如设置严格的内部管理运营机制，整合不同职能部门的争议，培养组织内部的和谐关系，并以家长式的行为聚合众人的努力和认同等。这些行为有助于组织成员分享信息、团队合作和互相关心，从而促进内部整合价值观的形成和维系。

战略型领导的高效人际沟通行为有助于战略型领导建构良好的人际关系网络和组织的社会资本以及获取关键的信息（Carmeli，Ben-Hador，Waldman，and Rupp，2009；Luo，2003；Peng and Luo，2000）。在信息化、全球化和转型式经济的综合背景下，拥有关键的信息会让战略型领导更敏感地感知环境，更透彻地解读环境以及更可能开发出具有针对性的解决方案。比如 Bourgeois 和 Eisenhardt（1988）发现在高变动的环境中竞争，若组织全面而彻底地分析行业、竞争对手、自身的优劣势和目标市场，并倾向于搜索和寻找多种替代方案，会有更好的绩效。换言之，在动态而激烈的环境中竞争，对环境的敏感和全面分析，使得领导者更可能侦知到环境结构、环境的动态性和变动趋势。在此情形下，领导者会强调创新，关注结果，注重提高质量以飨顾客，因而更可能在组织中构建出外部适应价值观。同时，Carmeli 等人（2009）发现，在组织内重视维持和谐关系的领导者，会非常爱惜和信任员工，鼓励成员间的合作、信任和信息交换与整合。内部的沟通、信任和合作最终会在组织内培养出崇尚内部整合的价值观。

综上所述，得到假设1：

H1a：战略型领导的人际沟通、关爱下属、展示威权和监控运营等行为有助于提高组织内部整合的价值观。

H1b：战略型领导的开拓创新、阐述愿景和人际沟通等行为有

助于提高组织外部适应的价值观。

2.2 组织文化和组织经营效果

2.2.1 组织经营效果：员工态度和组织绩效

　　Thompson（1967）、Huselid（1995）和 Tsui（1990）等学者指出，对组织经营效果的衡量应兼顾利益最大化和员工的态度两方面。他们认为在组织层面的研究中，财务业绩显然是最重要的，但获取员工对组织的积极态度同样不容忽视。支持这一观点的主要逻辑是：使员工满意的企业是更富成效的，也是有利可图的（Ostroff，1992）。本文遵循这一观点，将从企业业绩和员工态度两个方面来衡量企业的组织经营效果。

　　有许多方法可以衡量员工对组织的积极态度。本文将采用组织承诺（organizational commitment）、组织支持感（perceived organizational support）、公平感（justice）和离职意向（turnover intention）来衡量员工对组织的积极态度，因为员工对组织的积极态度可从员工对组织的依恋（组织承诺）（Meyer and Allen，1984），感知到的组织支持（Eisenberger，Huntington，Hutchison，and Sowa，1986）、公平感（Konovsky and Pugh，1994）和留任意向等工作态度上反映出来。

2.2.2 组织文化、员工态度和组织绩效

　　组织文化一直被认为是决定社会组织职能的重要因素（Weber，1930；Meade，1934）。它不仅是调整社会互动的关键

性机制，还是人类社会与其社会生态环境相契合行为的传递系统（Keesing，1974）。基于如是观点，研究人员始终强调组织文化和组织职能之间的联系（Deal and Kennedy，1982；Wilkins and Ouchi，1983）。一些学者认为，组织文化的强度与组织效果正相关（Kotter and Heskett，1992；Wilkins and Ouchi，1983）。例如，Deal 和 Kennedy（1982）认为强势文化在大多数情况下是美国企业成功的驱动力，Kotter 和 Heskett（1992）进一步分析了强势文化作用的机制，发现强势文化有助于组织成员建构身份，明确努力方向以及拥有高水平的激励和承诺，即强势组织文化，无论是强调外部适应还是内部整合，都将有助于组织成员形成对组织的积极态度。由此得到假设 2：

H2：内部整合价值观和外部适应价值观会提高员工对组织的积极态度。

组织经营效果里包含组织绩效和员工态度这两项，但是它们之间并非简单的平行关系。积极的员工态度经常会引发员工对组织目标的投入。员工态度等诸因素会影响组织绩效的理由如下：对组织的积极态度会促使员工产生互惠倾向和社会认同心理，因而对组织态度积极的员工更愿意关心组织的利益，甘于全心全意地为实现组织目标而工作，最终会促进组织的业绩（Eisenberger et al.，1986；Farh，Hackett，and Liang，2007）。如 Ostroff（1992）与 Harter、Schniler 和 Hayes（2002）证明了员工满意度和企业绩效之间有正相关关系，Farh 等（2007）

验证了组织支持感与员工工作绩效之间的积极关系。由此得到假设 3：

H3：员工对组织的积极态度有助于提高组织绩效。

工作场所中，积极的情感和态度非常重要，因为任何组织目标的实现，最终都要经过员工的认同和投入。比如 Ashkanasy（2003）指出积极情感是组织经营措施和员工绩效之间的中介变量。据此观点，组织文化很可能会经由员工态度而最终影响到企业绩效。如果组织具有高度外部适应性和内部整合性的文化，必然可为其成员提供解读环境的构架和有效的行为准则，从而提高他们与内外部环境互动的有效性（Schein，1985），而后者将引发员工的积极态度。积极态度会让员工在认知和行为上都更投入和更有效地去完成任务，因而促进工作绩效（Carmeli et al.，2009）。由此得到假设 4：

H4：员工态度是外部适应和内部整合价值观与组织绩效之间的中介变量。

2.3 组织文化的中介作用

根据组织解释观点和高阶管理理论，信息处理过程及其结果，如意义系统、解释、战略等，是战略型领导行为影响组织运行效果的主要机制（Hambrick and Mason，1984；Weick，1993）。例如 Smircich 和 Morgan（1982）指出，领导者之所以成为领导者，在于如下过程：领导者通过建构和传递愿景、使命、价值观等因素勾画出组织现实（organizational reality），组织成员接受其所提供的组织现实，并依恃这一组织现实来指导自己的认识和行动。Weick（1993）指出领导者提供的这些观念和意义，必须能够丰富组织成员的社会关系，促进他们的有效行动和与他人一起生活的幸福。这样的意义系统，显然提高了组织成员对环境的掌控力和积极心理状态，必然会提高组织成员对组织的积极态度。根据Schein（1985）对组织文化的定义，上述可供组织成员共享的组织现实正是组织文化的核心内容。可见，战略型领导行为会通过组织文化来影响组织运行效果。

具体而言，领导者清晰阐述愿景来明确组织发展方向，促进新思想、新观点和新方法来应对环境挑战等强调外部适应价值观的行为以及重视员工的利益、和谐关系、高效操作系统和展示权威等促进内部整合价值观的行为，可以激发组织成员积极态度，如提高他们的组织认同和情感承诺（Shamir，House，Arthur，1993；Avolio，Zhu，Koh，and Bhatia，2004），激发员工对领导的信任和支持（郑伯埙，1993；1995），促进员工的公平感（Pillai，Schriesheim and Williams，1999）等。由此得到假设5：

H5a：内部整合价值观是人际沟通、关爱下属、展示威权和监控运营等战略型领导行为与员工态度之间的中介变量。

H5b：外部适应价值观是开拓创新、人际沟通和阐述愿景与员工态度之间的中介变量。

本文的假设关系概括如下图所示：

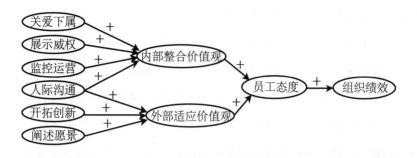

图1：组织文化中介作用示意图

3.研究方法

3.1 研究程序

　　本文的样本由两组参与者组成。一组是来自 125 个企业的战略型领导者（CEO、董事长或副总），另外一组是来自战略型领导者所在企业的 739 名员工（他们中的大多数是中层管理者）。在这 125 家企业中，44 家（34.4%）是国有企业，42 家（32.8%）属于合资或外商独资企业，23 家（18%）是私营企业。这些企业分属不同的行业，包括通信、信息、化工和制药业、银行及投资行业等。这些企业在规模(员工数量)和所处的发展阶段方面也有较大差异。

　　样本中的战略型领导者是在职 EMBA 培训班的成员。他们是在自愿原则的基础上参与此项调查的。他们通过在课堂上分发的问卷来评估自己所在企业的绩效、企业的背景信息和自己的人口统计学变量，包括企业规模、所在行业、个人的年龄、性别、教育程度和在企业的任职时间等内容。

此外，每一位战略型领导者会邀请 6—8 名所在组织的中层管理者完成另外一份问卷。问卷内容包含测量战略型领导行为、组织文化和员工态度的量表以及参与者的年龄、性别与教育程度等信息的调查。为提高所填信息的真实性，这些中层管理者完成问卷后，通过研究人员提供的写好地址的信封将其寄回给研究人员。

3.2 研究变数

战略型领导行为 本文采用王辉等（2006）开发的量表测量战略型领导行为，共 24 个题目。中层管理者被要求用 5 点量表来描述他们组织中最高决策者的领导行为。我们通过验证性因子分析（CFA）检验了这一测量工具的结构效度。CFA 的结果显示，所有条目的因子载荷是可以接受的。拟合优度指针显示，模型的卡方值是 768.55，自由度是 237，RMSEA 是 0.06，CFI 是 0.94，NNFI 是 0.94，而 IFI 是 0.95。这些结果证明数据与模型匹配得很好。6 个维度（开拓创新、人际沟通、关爱下属、阐述愿景、展示威权以及监控运营）的信度系数分别是 0.89、0.89、0.87、0.87、0.69 和 0.70。

组织文化 我们采用 Tsui 等（2006）发展的 5 维度 24 项题目量表测量组织文化价值观。这 5 个维度包括人际和谐、顾客导向、勇于创新、员工发展以及社会责任。回答者被要求在一份 5 点量表上说明每一项条目描述他们组织现行文化价值观的程度，量表的范围从 1（非常不同意）到 5（非常同意）。我们采用二阶的验证性因子分析（CFA）检验了结构效度。在 CFA 模型中，24 项题目被载荷到相应的 5 个维度，而 5 个维度又被载荷到两个二阶因素—内部整合（人际和谐以及员工发展）和外部适应（顾客导向、社会责任和勇于创新）。CFA 的结果表明所有题目的因子载荷都是可以接受的。拟合指数表明，模型的卡方值是 1013.11（p<0.001），自由度是 246，RMSER 是 0.07，CFI 是 0.91，NNFI 是 0.90，而 IFI 是 0.91。这些结果表明数据与模型匹配得很好。5 个维度的信度系数（人际和谐、顾客导向、勇于创新、员工发展和社会责任）分别是 0.90、0.90、0.75、0.76 和 0.75。

组织绩效　根据先前的研究（Dess and Robinson，1984），战略型领导对企业绩效的主观估计与客观测量有很强的联系。企业绩效的财务数据与主观测量之间存在着高度的正相关。西方 [如，Dess 和 Robinson（1984）] 和东方 [如，Peng 和 Luo（2000）] 的研究都证明主观感知的绩效可以作为客观企业绩效的替代性测量。通过归纳性方法，Wang、Tsui、Zhang 和 Ma（2003）发展了拥有 7 项指标的量表，来测量中国情境下企业的主观绩效。这 7 项指标分别是（1）盈利性、（2）总收入、（3）收入增长、（4）市场份额、（5）资产增长、（6）员工士气、（7）竞争地位。采用上述研究思路，我们利用 5 项条目来测量企业绩效，而省略了上述量表的"总收入"和"市场份额"两项指标。这样选择的理由是,"收入增长"是比"总收入"更显著的企业绩效指标,而"市场份额"在某些行业的企业中不是很明确。依据问卷的要求,企业高管采用上述 5 项条目评估他们所在企业的绩效,其评估时的比较对象是那些同行业中的相似企业。此外,我们还要求部分高管提供他们企业的资产、收入以及利润的信息。研究结果表明,在回收的 77 份问卷中,主观测量和 ROA(资产回报率)以及 ROS(收入回报率)的相关性分别是 0.26(p<0.25)和 0.37(p<0.01)。这些结果进一步表明主观估计可以用于评估企业层面上的绩效。主观测量的信度系数是 0.66。

组织支持感 这一变量采用 Eisenberger 等人(1986)发展并由 Eisenberger、Cummings、Armeli 和 Lynch(1997)修订的量表来测量,该量表已经翻译成了中文,共 8 个题目,有较好的心理测量学特征(Hui,2004)。该量表的信度系数是 0.87。

组织承诺 这一变量采用由 Mowday、Porter、Streers(1982)发展的量表进行测量,共 6 个题目。该量表的中文版本也显示了很好的心理测量学特征(Farh,Tusi,Xin,and Cheng,1998)。该量表的信度系数是 0.88。

公平感 我们采用 Farh、Earley 和 Lin(1997)研究中使用过的量表来评估员工的结果公平和程序公平感。每一内容都用 8 项条目来测量。这 8 项条目反映了员工对不同种类公平的感知,如工资、升职和评估过程等。这两个量表的信度系数分别是 0.93 和

0.88。

离职意向　这一变量是由 4 项条目测量的。这 4 项条目首先是由 Bluedorn（1982）发展的，之后由 Wang、Law 和 Chen（2002）进行了中文修订。该量表的信度系数是 0.86。

控制变量　在这项研究中要考虑几个控制变量，它们影响着战略型领导行为和组织经营效果的关系，它们包括：

企业规模　大企业与小企业有许多的不同。大企业比小企业受到更多来自政府的干预。与小企业相比，他们可能拥有更少的自治权和灵活性。另外，大企业往往比小企业有更多的员工和层级。战略型领导很难在整个组织中传播和推广他们的观点和价值体系。因此，参考其他研究 [如，Fredrickson 和 Mitchell（1984）]，在本文中将控制企业规模这一变量。

行业　根据制度理论，社会的制度框架通过建立游戏规则而成为经济活动的约束（North，1990）。这一制度框架的组成因素是：围绕着个人和集体行为的正式或非正式约束。正式的约束包括政策和经济制度；非正式约束包括做事规则、行为标准和蕴含在文化和意识形态中的习惯。在具体的行业中，行业赋予组织一定的规则。例如，在高科技行业中，快速的技术进步促使组织注重创新。然而，在服务性行业中，顾客导向是组织生存和成功的关键。因此，不同的行业强调不同的组织文化价值观。在本文中，这个变量也应该得到控制。

战略型领导的人口统计学变量　根据高阶梯队理论，高层管理者的人口统计变量将会影响诸如企业绩效和战略选择等变量（Hambrick and Mason，1984）。Pfeffer 还认为"人口统计学变量作为重要的前因变量，会影响许多中间变量和过程，进而对很多组织经营效果都有影响。"（Pfeffer，1983：348）。在本文中，战略型领导者的年龄、性别、教育程度和在组织中的任职年限等人口统计学变量也将得到控制。

4. 数据分析和结论

4.1 数据分析

在本文中，由于战略型领导行为，组织文化价值观的数据来源相同，可能会带来同源误差（Common Method Bias）。为避免同源数据误差，我们将中层管理者样本分成两组。第一组用来评估战略型领导行为，第二组用以评定组织文化。同时，在本文中，我们使用了几个指标来证明将个体层面的变量合并为组织层面的变量是合理的。在合并为组织层面之前，我们首先对 6 个领导行为维度和 5 个组织文化维度使用了 R_{WG}（James，Demaree，and Wolf，1984）、ICC（Intraclass Correlation）（1）和 ICC（2）等指标，来评估是否可以将个体变量合理地汇总到组织层面上。具体结果如表 1。

由表 1 可知，两个分样本的战略型领导行为的 结果范围都是从 0.00 到 1.00，平均值分别是 0.93 和 0.91；组织文化维度的 结

表1: 战略型领导行为和组织文化的R_{WG}、ICC（1）和ICC（2）

变量	总样本 R_{WG} 最小值	最大值	均值	ICC（1）	ICC（2）	分样本1 R_{WG} 最小值	最大值	均值	ICC（1）	ICC（2）	分样本2 R_{WG} 最小值	最大值	均值	ICC（1）	ICC（2）
战略型领导行为															
开拓创新	0.85	1.00	0.98	0.37	0.72	0.00	1.00	0.95	0.50	0.59	0.00	1.00	0.86	0.44	0.54
人际沟通	0.00	1.00	0.91	0.40	0.76	0.00	1.00	0.98	0.48	0.56	0.00	1.00	0.96	0.51	0.65
关爱下属	0.63	1.00	0.99	0.36	0.71	0.00	1.00	0.98	0.49	0.58	0.00	1.00	0.92	0.46	0.58
阐述愿景	0.00	1.00	0.95	0.34	0.68	0.00	1.00	0.84	0.46	0.52	0.00	1.00	0.90	0.46	0.55
展示威权	0.36	1.00	0.93	0.30	0.62	0.00	1.00	0.78	0.36	0.27	0.00	1.00	0.80	0.44	0.53
监控运营	0.60	1.00	0.96	0.33	0.68	0.00	1.00	0.93	0.47	0.55	0.00	1.00	0.93	0.40	0.44
组织文化															
人际和谐	0.30	1.00	0.96	0.35	0.71	0.00	1.00	0.72	0.47	0.55	0.00	1.00	0.83	0.47	0.59
顾客导向	0.31	1.00	0.96	0.37	0.73	0.00	1.00	0.90	0.49	0.59	0.00	1.00	0.92	0.49	0.63
勇于创新	0.00	1.00	0.91	0.31	0.65	0.00	1.00	0.73	0.45	0.51	0.00	1.00	0.78	0.38	0.42
员工发展	0.00	1.00	0.93	0.34	0.69	0.00	1.00	0.78	0.46	0.53	0.00	1.00	0.74	0.42	0.50
社会责任	0.00	0.99	0.93	0.35	0.71	0.00	1.00	0.81	0.50	0.61	0.00	1.00	0.85	0.50	0.65
员工态度															
组织支持感	0.60	1.00	0.97	0.35	0.74	0.20	1.00	0.83	0.47	0.55	0.30	1.00	0.93	0.47	0.60
组织承诺	0.41	1.00	0.98	0.30	0.64	0.00	1.00	0.91	0.47	0.55	0.00	1.00	0.88	0.41	0.47
程序公平	0.52	1.00	0.91	0.31	0.64	0.00	1.00	0.85	0.48	0.57	0.17	1.00	0.79	0.42	0.51
结果公平	0.23	1.00	0.94	0.29	0.61	0.00	1.00	0.86	0.51	0.62	0.00	0.99	0.83	0.41	0.48
离职意向	0.13	1.00	0.97	0.28	0.59	0.00	1.00	0.91	0.32	0.16	0.00	1.00	0.72	0.47	0.58

表2: 各变量的均值、标准差和相关系数

变量	Mean	SD	1	2	3	4	5	6	7	8	9	10	11	12	13	14	15	16	17	18	19
1. 组织绩效	3.63	0.54																			
2. 组织支持感	3.53	0.44	0.18+																		
3. 组织承诺	3.80	0.45	0.31*	0.78**																	
4. 程序公平	3.41	0.48	0.20*	0.80**	0.79**																
5. 结果公平	3.56	0.42	0.23*	0.70**	0.68**	0.87**															
6. 离职倾向	2.59	0.29	-0.20*	-0.44**	-0.51**	-0.44**	-0.43**														
7. 开拓创新	3.93	0.49	0.21*	0.29*	0.28*	0.26*	0.21*	-0.23*													
8. 人际沟通	3.87	0.49	0.13	0.44**	0.43**	0.46**	0.44**	-0.44**	0.55**												
9. 关爱下属	3.56	0.46	0.11	0.50**	0.43**	0.46**	0.45**	-0.39**	0.57**	0.72**											
10. 阐述愿景	3.94	0.46	0.34**	0.35**	0.39**	0.30**	0.32*	-0.36**	0.64**	0.60**	0.63**										
11. 展示威权	3.13	0.47	-0.13	-0.31**	-0.25*	-0.28**	-0.27*	0.29*	0.01	-0.32**	-0.26**	-0.21*									
12. 监控运营	3.97	0.44	0.26**	0.44**	0.38**	0.40**	0.40**	-0.41**	0.62**	0.69**	0.60**	0.68**	-0.18+								
13. 内部整合价值观	3.77	0.37	0.25*	0.74**	0.65**	0.71**	0.67**	-0.44**	0.50**	0.71**	0.71**	0.58**	-0.33**	0.66**							
14. 外部适应价值观	3.86	0.33	0.28**	0.65**	0.63**	0.62**	0.55**	-0.37**	0.61**	0.62**	0.66**	0.64**	-0.26*	0.62**	0.78**						
15. 高管年龄	43.52	7.56	0.06	-0.05	-0.13	-0.09	-0.10	0.14	-0.21*	-0.10	-0.02	-0.10	-0.12	-0.21*	-0.02	-0.02					
16. 高管性别	1.94	0.24	-0.03	0.09	0.03	0.08	0.15	0.08	0.08	0.10	0.11	0.07	-0.08	0.02	0.14	0.14	0.03				
17. 高管教育	2.24	1.67	0.09	-0.00	0.06	0.01	0.03	-0.06	0.12	0.10	0.04	0.12	-0.07	0.10	-0.11	-0.11	-0.04	0.14			
18. 高管任期	8.23	6.42	0.13	-0.12	-0.18+	-0.13	0.01	-0.08	-0.17+	-0.11	-0.13	-0.13	-0.09	-0.13	-0.00	0.02	0.16	-0.02	-0.19+		
19. 企业成立年限	15.79	20.96	0.07	-0.05	-0.08	-0.15	-0.08	-0.06	0.01	-0.19+	-0.13	-0.07	-0.03	-0.14	-0.12	-0.04	0.15	0.01	-0.10	0.50**	
20. 企业规模（人数）	7996.5	301489	0.24+	-0.17	-0.07	-0.11	-0.05	0.15	-0.17+	-0.16	-0.24*	-0.20*	-0.10	-0.21*	-0.06	-0.03	0.28*	0.14	-0.07	0.48**	0.44**

注：+，$p<0.1$；*，$p<0.05$；**，$p<0.01$。

果范围是 0.00 到 1.00，平均值分别是 0.79 和 0.82。战略型领导行为的 ICC（1）从 0.30 到 0.40，平均值是 0.35；ICC（2）的范围从 0.62 到 0.76，平均值是 0.69。对于员工态度，ICC（1）的范围是 0.28 到 0.35，平均值是 0.31；ICC（2）是从 0.61 到 0.74，平均值是 0.67。这些指标说明企业间的差异是同质的，为将中层管理者的评估整合为企业层次的评估提供了统计支持。我们采用方差分析（ANOVA）测量了不同行业内的企业绩效差异。结果表明在 8 个行业中不存在明显的差异。因此，在以下的路径分析中，我们将不包括行业变量，以便在结构方程中保留更多的自由度。

4.2　描述性统计分析

表 2 中给出了各变数的均值、方差和相关系数。其中 3 个领导行为，即开拓创新、阐述愿景和监控运营、组织文化的内部整合和外部适应价值观等变量与组织绩效的相关关系显著；而领导行为的 5 个维度，即开拓创新、人际沟通、关爱下属、阐述愿景和监控运营与内部整合导向和外部适应导向的价值观正相关。人口统计变量与组织文化和企业绩效无显著关系。此外，战略型领导行为各维度之间以及组织文化各维度之间有较高的相关性。

此外，由于组织支持感、组织承诺、程序公平、分配公平和离职率等员工态度变量高度相关，我们对这 5 个变量进行了 EFA 分析，结果发现这 5 个变数负荷于同一个因素。在俭省的原则上，为了更好地解释员工态度，我们通过计算这 5 个变量的一般要素值(即根据因素负载加权平均而得)来统一度量员工态度(Harman，1976)。

4.3 假设检验

综合本文的假设，战略型领导行为通过建构和保持具有内部整合和外部适应功能的组织文化，影响员工态度，并最终提高企业绩效。我们采用路径分析方法来检验本文的假设。在我们的模型中，人际沟通、关爱下属、展示威权和监控运营等维度经由内部整合价值观，阐述愿景、开拓创新和人际沟通经由组织文化的外部适应价值观，促进积极的员工态度，最终对组织绩效产生了积极影响。我们采用LIRSEL8.5程序对模型中的路径进行检验。

图2列示了该假设模型的路径系数。模型的卡方值是95.27，自由度是17（p<0.10），GFI是0.85，IFI是0.87，CFI是0.86，标准RMR是0.09。这些结果表明数据与假设模型匹配程度虽然不是非常理想，但在可接受的范围内。具体而言，关爱下属、监控运营和人际沟通与内部整合价值观之间正相关关系显著（系数分别为β=0.25，p<0.01；β=0.23，p<0.01和β=0.19，p<0.05），与假设1a一致。但是展示威权与内部整合价值观之间在p<0.1的水平上存在显著的负相关关系（β=-0.10），与假设1a相反。而人际沟通、开拓创新和阐述愿景与外部适应价值观之间存在显著的正相关关系（系数分别为β=0.18，p<0.05；β=0.13，p<0.05和β=0.18，p<0.05），与假设1b一致。内部整合价值观和外

部适应价值观可带来积极的员工态度（β=0.50，p<0.01 和
β=0.22,p<0.01），与假设 2 一致。综合假设 1 和假设 2 的结果可知，
内部整合价值观和外部适应价值观对于战略型领导行为和员工态
度具有中介作用。而员工态度有助于提高企业绩效（β=0.47，
p<0.01），也支持了假设 3。综合假设 2 和 3 可知，员工态度对于
组织文化和企业绩效的中介作用也得到数据的支持。

　　综上所述，除了展示威权，研究中所有假设都得到了数据的
支持。

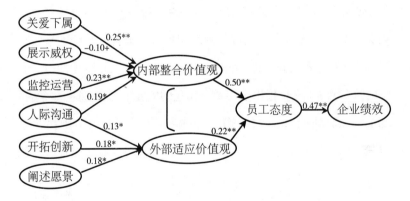

图2：内部整合和外部适应价值观在战略型领导行为和企业绩效间的中介变量

5. 讨论

　　本文的结果在一定程度上呼应了"战略型领导行为会对组织
经营效果产生显著影响"这一观点并检验了组织文化的中介作用。
路径分析的结果支持了中介作用模型。除了展示威权维度，战略

型领导行为的其余 5 个维度要么通过外部适应价值观（顾客导向、勇于创新、社会责任），要么通过内部整合价值观（人际和谐、员工发展），激发了员工对组织的积极态度，并进而提高了企业的绩效水平。

本文的主要理论贡献是探讨了组织文化对于战略型领导行为和组织效果的中介作用。正如有些学者所言，探讨"战略型领导行为如何影响组织效果"要比探讨"战略型领导行为是否重要"要有意义得多（Phills，2005）。虽然很多研究论述了组织文化可能是战略型领导行为影响组织效果的主要机制，如信息解释观点强调战略型领导行为是通过勾画组织愿景（即意义系统）来实现对组织的领导（Smircich and Morgan，1982），Davis（1984）和 Schein（1985）直接指出领导者是文化的主要来源；另外一些学者，如 Denison 和 Mishra（1995）、O'Reilly 等人（1991）则提出强势的组织文化有助于提高组织效果，但是却很少有研究检验组织文化的中介作用。本文为战略型领导行为—意义系统—组织效果这一逻辑链条提供了实证支持，企业的战略型领导者会通过定义组织的意义系统，来形成注重外部适应和内部整合的价值观，最终促进员工积极的态度和良好的企业业绩。

本文的第二个贡献是为战略型领导行为的跨文化研究提供了新知识。得益于采用本土开发的量表，战略型领导行为（人际沟通、展示威权和关爱下属）和组织文化（人际和谐）中都含有独特的中国因素，因而本文的结果在一定程度上反映了中国组织情境中战略型领导行为的特殊性，即具有典型中国特征的战略型领导行为更有助于建构内部整合价值观，并经由后者对企业运营效果产生积极影响。同时，人际沟通这一特有行为在关系型社会中具有独特的优势，还会经由外部适应价值观来促进企业运营效果。这与以往的研究中发现企业高管的关系管理能力有助于企业获取竞争优势是一致的（Peng and Luo，2000）。

展示威权是家长式领导的主要维度，同时也是国内战略性领导者习惯采用的领导行为，但是它对组织的价值观有微弱的负面影响。Farh 和 Cheng（2000）提出在目前的中国社会，人们已经不再对服从威权这一社会价值观抱有积极态度（甚至是持否定态度），因为当代中国社会的现代化进程在一定程度上动摇了传统的威权观念。展示威权在国内组织中的地位和作用值得进一步探讨。

综上所述，本文结果为战略型领导与组织关系的研究提供了新的知识。在过去的有关文献中，解释战略型领导如何影响组织运营的研究并不多见。本文通过检验组织文化的中介作用，验证了战略型领导行为—意义系统—组织效果这一影响链条，该结果将为探索战略型领导行为的机制开辟一条新的道路，也有助于我们进一步理解战略型领导作用的机制。

6. 局限性和未来的研究

本文采用了截面数据（Cross Sectional）调查方法，这是我们的第一个局限。虽然我们认为是战略型领导行为在影响组织文化和企业绩效，但也同样可以认为是组织文化和高水平的企业绩效塑造了战略型领导行为。未来还需要进行纵向追踪的研究来确定战略型领导行为、组织文化和组织经营效果这三者之间的因果关系。

第二个局限在于本文是公司层面上的数据特征。个体水平上的随机误差、分组程序或不可测量的干扰变量等可能夸大在汇总数据基础上得出的相关关系（Ostroff，1992；Richard，Gottfredson，and Gottfredson，1991）。此外，为避免同源数据误差，我们将数据分为两个部分来测量战略型领导行为、组织文化和员工态度。因此，被测者的数量减少可能会影响数据的代表性。最后，我们采用主观评估的公司业绩，未来的研究可采用客观测量的公司业绩来检验战略型领导行为的影响。

7. 结论

本文发现，在中国组织环境下战略型领导行为可促进企业经营效果。战略型领导行为的 5 个维度，包括开拓创新、人际沟通、阐述愿景、监控运营和关爱下属，会对组织效果产生正向影响。这一结果说明提高企业绩效既需战略型领导通过愿景来指引组织存在的意义和发展方向，同时又要强调内部控制和整合来提高效率。其次，我们发现，战略型领导行为的 3 个维度（开拓创新、人际沟通和阐述愿景）会通过外部适应价值观对组织效果产生影响，而监控运营、人际沟通和关爱下属 3 个维度会通过内部整合价值观对组织效果产生影响。最后，内部整合及外部适应的价值观会通过积极的员工态度产生高水平的组织绩效。

Abstract

Based on the upper echelon theory, the study explores empirically the effect of strategic leadership behaviors on firm effectiveness, especially the mediating role of organizational culture. The results showed, (1) strategic leadership behaviors such as articulating a vision, being creative and risk-taking, and relating and communicating, monitoring operation, and showing benevolence are positively related to firm performance and employees' attitude to firms; (2) the dimensions of showing benevolence and monitoring are positively related to internal integration values of organizational culture, and dimensions of articulating a vision and being creative and risk-taking are positively related to external adaptation values of organization, while relating and communicating is positively related to both internal integration and external adaptation values; (3) the effect of strategic leadership on firm performance is mediated by organizational culture including both internal integration and external adaptation values.

参考文献

陈建勋、傅升、王涛："高层领导行为与技术创新的关系"，《经济管理》2008 年第 30 卷第 23-24 期。

陈国权、李兰："中国企业领导者个人学习能力对组织创新成效和绩效影响研究"，《管理学报》2009 年第 6 卷第 5 期。

陈国权、周为："领导行为、组织学习能力与组织绩效关系研究"，《科研管理》2009 年第 30 卷第 5 期。

蒋天颖、张一青、王俊江："战略领导行为、学习导向、知识整合和组织创新绩效"，《科研管理》2009 年第 30 卷第 6 期。

王辉、忻榕、徐淑英："中国企业 CEO 的领导行为及对企业经营业绩的影响"，《管理世界》2006 年第 4 期。

杨国枢、余安邦、叶明华："中国人的传统性和现代性：概念与测量"，见杨国枢主编：《中国人的心理与行为》，台北：桂冠图书公司 1989 年版。

郑伯埙："组织文化价值观的数量研究"，《中华心理学报》1990 年第 32 卷第 1 期。

郑伯埙："家长权威价值与领导行为之关系探讨"，《国科会专题研究报告》，台湾：台湾大学，1993 年。

郑伯埙："家长威权与领导行为之关系：一个台湾民营企业主持人的个案研究"，《民族学研究所集刊》1995 年第 79 卷第 1 期。

Ashkanasy, N, M. (2003), "Emotions in Organizations: A Multi-Level Perspective", *Research in Multi-Level Issues*, 2 : 9-54.

Avolio, B. J., Zhu, W. C., Koh, W., and Bhatia, A. P. (2004), "Transformational Leadership and Organizational Commitment: Mediating Role of Psychological Empowerment and Moderating Role of Structural Distance", *Journal of Organizational Behavior*,

25：951-968.

Bluedorn, A. (1982), "A Unified Model of Turnover from Organizations", *Human Relations*, 35：135-153.

Boal, K. B., and Hooijberg, R., (2000), "Strategic Leadership Research: Moving on", *Leadership Quarterly*, 11：515-549.

Bourgeois, L. J. Ⅲ., and Eisenhardt, K. M. (1988), "Strategic Decision Processes in High Velocity Environments: Four Cases in the Microcomputer Industry", *Management Science*, 34：816-835.

Brockner, J. (2003), "Unpacking Country Effects: On the Need to Operationalize the Psychological Determinants of Cross-National Differences", in R. I. Sutton and B. M. Staw (Eds.), *Research in Organizational Behavior*, 25：335-369, Greenwich, CT: JAI Press.

Burns, J. M. (1978), *Leadership*, New York: Harper and Row.

Carmeli, A., Ben-Hador, B., Waldman, D. A., and Rupp, D. E., (2009), "How Leaders Cultivate Social Capital and Nurture Employee Vigor: Implications for Job Performance", *Journal of Applied Psychology*, 94：1553-1561.

Chu, P., and Spires, E. E. (2003), "Perceptions of Accuracy and Effort of Decision Strategies", *Organizational Behavior and Human Decision Process*, 91：203-214.

Davis, S. M. (1984), *Managing Corporate Culture*, Cambridge, Mass.: Ballinger.

Deal, P., and Kennedy, A. (1982), *Corporate Cultures*, Reading, MA: Addison-Wesley.

Denison, D. R., Hooijberg, R., and Quinn, R. E. (1995),

"Paradox and Performance: A Theory of Behavioral Complexity in Managerial Leadership", *Organization Science*, 6 : 524-540.

　　Denison, D. R., and Mishra, A. K. (1995), "Toward a Theory of Organizational Culture and Effectiveness", *Organization Science*, 6 : 204-223.

　　Dess, G.. G., and Robinson, R. B. Jr. (1984), "Measuring Organizational Performance in the Absence of Objective Measures: The Case of the Private-Held Firm and Conglomerate Business Unit", *Strategic Management Journal*, 5 : 265-273.

　　Eisenberger, R., Cummings, J., Armeli, S., and Lynch, P. (1997), "Perceived Organizational Support, Discretionary Treatment, and Job Satisfaction", *Journal of Applied Psychology*, 82 : 812-820.

　　Eisenberger, R., Huntington, R., Hutchison, S., and Sowa, D. (1986), "Perceived Organizational Support", *Journal of Applied Psychology*, 71 : 500-507.

　　Farh, J. L., and Cheng, B. S. (2000), "A Cultural Analysis of Paternalistic Leadership in Chinese Organizations", in J. T. Li, A. S. Tsui, and E. Weldon (Eds.), *Management and Organizations in the Chinese Context*, London: Macmillan Press Ltd.

　　Farh, J. L., Earley, P. C., and Lin, S. C. (1997), "Impetus for Action: A Culture Analysis Justice And Organizational Citizenship Behavior in Chinese Society", *Administrative Science Quarterly*, 42 : 421-444

　　Farh, J. L., Hackett, R. D., and Liang, J. (2007), "Individual-Level Cultural Values as Moderators of Perceived Organizational Support-Employee Outcome Relationships in China: Comparing the Effects of Power Distance and Traditionality", *Academy of Management Journal*, 50 : 715-729.

Farh, J L., Tusi, A. S., Xin, K., and Cheng, B. S. (1998), "Organizational Citizenship Behavior in the People's Republic of China", *Organizational Science*, 2 : 241-253.

Finkelstein, S., and Hambrick, D. C. (1996), *Strategic Leadership: Top Executives and their Effects on Organizations*, St. Paul, MN: West Publishing Company.

Fredrickson, J., and Mitchell, T. (1984), "Strategic Decision Process: Comprehensiveness and Performance in an Industry with an Unstable Environment", *Academy of Management Journal*, 27 : 399-423.

Gioia, D. A., and Chittipeddi, K. (1991), "Sensemaking and Sensegiving in Strategic Change Initiation", *Strategic Management Journal*, 12 : 433-448.

Hambrick, D. C. (1989), "Guest Editor's Introduction: Putting Top Managers back in the Strategy Picture", *Strategic Management Journal*, Special issue, 10 : 5-15.

Hambrick, D. C., Cho, T. S., and Chen, M. J. (1996), "The Influence of Top Management Team Heterogeneity on Firm's Competitive Moves", *Administrative Science Quarterly*, 41 : 659-684.

Hambrick, D. C., and Mason, P. A. (1984), "Upper Echelons: The Organization as a Reflection of its Top Managers", *Academy of Management Review*, 9 : 193-206.

Harman, H. H. (1976), *Modern Factor Analysis*, Chicago and London: The University of Chicago Press.

Hart, S. L., and Quinn, R. E. (1993), "Roles Executives Play: CEOs, Behavioral Complexity, and Firm Performance", *Human Relations*, 46 : 543-574.

Harter, J. K., Schmidt, F. L., and Hayes, T. L. (2002), "Business-Unit Level Relationship between Employee Satisfaction, Employee Engagement, and Business Outcomes: A Meta-Analysis", *Journal of Applied Psychology*, 87 : 268-279.

Hofstede, G. H., Neuijen, B., Ohayv, D. D., and Sanders, G. (1990), "Measuring Organizational Culture: A Qualitative and Quantitative Study across Twenty Cases", *Administrative Science Quarterly*, 35 : 286-316.

Hooijberg, R., Hunt, J. G., and Dodge, G. E. (1997), "Leadership Complexity and Development of the Leaderplex Model", *Journal of Management*, 23 : 375-480.

House, R. J., and Aditya, R. N. (1997), "The Social Scientific Study of Leadership: Quo Vadis?", *Journal of Management*, 2 : 409-473.

Hui, C., Lee, C., and Rousseau, D. M. (2004), "Employment Relationships in China: Do Workers Relate to the Organization or to People?", *Organization Science*, 15 : 232-240.

Huselid, M. A., (1995), "The Impact of Human Resource Management Practices on Turnover, Productivity, and Corporate Financial Performance", *Academy of Management Journal*, 38 : 635-672.

Ireland, R. D., and Hitt, M. A. (1999), "Achieving and Maintaining Stratgic Competitiveness in the 21st Century: The Role of Strategic Leadership", *Academy of Management Executive*, 13 :

43-57.

James, F. R., Demaree, R. G., and Wolf, G. (1984), "Estimating within-Group Interrater Reliability with and without Response Bias", *Journal of Applied Psychology*, 68 : 85-98.

Jansen, J. J. P. Vera, D., and Crossan, M., 2009, "Strategic Leadership for Exploration and Exploitation: The Moderating Role of Environmental Dynamism", *The Leadership Quarterly*, 20 : 5-18.

Katz, D., and Kahn, R. L. (1978), *The Social Psychology of Organizations*, New York: John Wiley and Sons Ltd..

Keesing, R. M. (1974), "Theories of Culture", *Annual Review of Athropology*, 3 : 3-97.

Konovsky, M. A., and Pugh, S. D. (1994), "Citizenship Behavior and Social Exchange", *Academy of Management Journal*, 37 : 656-669.

Kotter, J. P., and Heskett, J. L. (1992), *Corporate Culture and Performance*, New York: Free Press.

Luo, Q. (2003), "Industrial Dynamics and Managerial Networking in an Emerging Market: The Case of China", *Strategic Management Journal*, 24 : 1315-1327.

Meyer, J. P., and Allen, N. J. (1984), "Testing the 'Side-Bet Theory' of Organizational Commitment: Some Methodological Consideration", *Journal of Applied Psychology*, 69 : 372-378.

Meade, G. H. (1934), *Mind, Self and Society*, Chicago, IL: University of Chicago Press.

Mowday, R. T., Porter, L. W., and Steer, R. M. (1982), *Employee-Organization Linkages: The Psychology of Commitment, Absenteeism, and Turnover*, New York: Academic Press.

North, D. C. (1990), *Institutions, Institutional Change and Economic Performance*, Cambridge, MA: Harvard University Press.

O'Reilly, C. A., Chatman, J., and Caldwell, D. F. (1991), "People and Organizational Culture: A Profile Comparison Approach to Assessing Person-Organization Fit", *Academy of Management Journal*, 34 : 485-516.

Ostroff, C. (1992), "The Relationship Between Satisfaction, Attitudes, and Performance: An Organizational Level Analysis", *Journal of Applied Psychology*, 77 : 963-974.

Peng, M. M., and Luo, Y. (2000), "Managerial Ties and Firm Performance in a Transition Economy: The Nature of a Micro-Macro Link", *Academy of Management Journal*, 43 : 486-501.

Pfeffer, J. (1977), "The Ambiguity of Leadership", *Administrative Science Review*, 2 : 104-112.

Pfeffer, J. (1983), "Organizational Demography", in L. L. Cummings, and B. M. Staw (Eds.), *Research in Organizational Behavior*, 5: 299-357, Greenwich, CT: JAI press.

Phills, J. A. (2005), "Leadership Matters – or does it", *Leader to Leader*, 36 : 46-52.

Pillai, R., Schriesheim, C. A., and Williams, E. S. (1999), "Fairness Perceptions and Trust as Mediators for Transformational and Transactional Leadership: A Two-Sample Study", *Journal of Management*, 25 : 897-933.

Porter, M. E., (1980), *Competitive Strategy*, New York: Free Press.

Rabinow, P., and Sullivan, W. M. (1979), *Interpretive Social Science*, University of California Press, Berkeley, CA.

Richard, J. M. Jr., Gottfredson, D. C., and Gottfredson, G. D. (1991), "Unites of Analysis and the Psychometric Properties of Environmental Assessment Scales", *Environment and Behavior*, 23 : 423-437.

Sashkin, M. (1992), "Strategic Leadership Competencies", in R. L. Phillips and J. G. Hunt (Eds.), *Strategic Leadership: A Multiorganizatinal-Level Perspective*, London: Quorum Books.

Schein, E. H. (1985), *Organizational Culture and Leadership: A Dynamic View*, San Francisco: Jossey-Bass.

Schein, E. H. (1990), "Organizational Culture", *American Psychologist*, 45 : 109-119.

Schein, E. H. (1992), *Organizational Culture and Leadership: A Dynamic View* (2th edition), San Francisco: Jossey-Bass.

Shamir, B., House, R. J., and Arthur, M. B. (1993), "The Motivational Effects of Charismatic Leadership: A Self Concept Based Theory", *Organization Science*, 4 : 1-17.

Smircich, L., and Morgan, G. (1982), "Leadership: The Management of Meaning", *The Journal of Applied Behavioral Science*, 8 : 257-273.

Thompson, J. D. (1967), *Organizations in Action*, New York: McGraw-Hill.

Tsui, A. S. (1990), "A Multiple-Constituency Model of Effectiveness: An Empirical Examination at the Human Resource Subunit Level", *Administrative Science Quarterly*, 35 : 458-483.

Tsui, A. S. (2004), "Contributing to Global Management Knowledge: A Case for High Quality Indigenous Research", *Asia Pacific Journal of Management*, 21 : 491-513.

Tsui, A.S., Zhang, Z, Wang, H., Xin, K. R. and Wu, J. B. (2006), "Unpacking the Relationship between CEO Leadership Behavior and Organizational Culture", *The Leadership Quarterly*, 17 : 113-117

Vera, D., and Crossan, M. (2004), "Strategic Leadership and Organizational Learning", *The Academy of Management Review*, 29 : 222-240.

Waldman, D. A., Ramírez G. G., House, R. J., and Puranam, P. (2001), "Does Leadership Matter? CEO Leadership Attributes and Profitability under Condition of Perceived Environmental Uncertainty", *Academy of Management Journal*, 44 : 134-143.

Wang, D. X., Tsui, A. S., Zhang, Y. X., and Ma, L. (2003), "Employment Relationships and Firm Performance: Evidence Form an Emerging Economy", *Journal of Organizational Behavior*, 24 : 511-535.

Wang, H., Law, S., and Chen, Z. (2002), "A Structural Equation Model of the Effects of Multidimensional Leader-Member Exchange on Task and Contextual Performance", paper presented at 17th annual meet of SIOP, Toronto.

Weber, M. (1930), *The Protestant Ethic and the Spirit of Capitalism*, (Trans. By Talcott Parsons), New York: Scribners.

Weick, K. E. (1993), "The Collapse of Sensemaking in Organizations: the Mann Gulch disaster", *Administrative Science Quarterly*, 38 : 628-652.

Weick, K. E. (1995), *Sensemaking in Organizations*, Sage, Thousand Oaks, CA.

Wilkins, A., and Ouchi, W. G. (1983), "Efficient Cultures:

Exploring the Relationship between Culture and Organizational Performance", *Administrative Science Quarterly*, 28 : 468-481.

Xin, K. R., Tsui, A. S., Wang, H., Zhang, Z. X., and Chen, W. Z. (2001), "Corporate Culture in Chinese State-Owned Enterprises: An Inductive Analyses of Dimensions and Influence", AOM conference paper, Washington D C.

Yang, K. S. (1993), "Chinese Social Orientation: An Integrative Analysis", in L. Y. Cheng, F. M. C. Cheung, and C. N. Cheng (Eds.), *Psychotherapy for the Chinese*, Hong Kong: The Chinese University of Hong Kong.

第四章

你像谁？中国企业领导人素描

该如何描述我们中国企业里形形色色的领导者呢？同样一个董事长，被有些员工形容为"果断勇敢"，却被另一些员工指责为"武断鲁莽"；被有些员工称赞为"从善如流"，却被另一些员工批评为"毫无主见"。

为了给这些领导人画一张相对准确的素描像，我们先后进行了两次调研，第一次调查了446名专业人士和中层经理，第二次调查了来自130个企业的1,000名中层经理，结果发现可以用6个维度来衡量领导者的行为，并可以根据这6个维度，用聚类分析（cluster analysis）的方法将他们大体上划分为4种类型。

领导行为的6个维度

经过系统的统计分析，我们归纳出中国经理人领导行为的6个维度，分别是：阐述愿景、监控运营、开拓创新、人际沟通、关爱下属以及展示权威。"阐述愿景"类似于西方管理文献中描述的魅力型领导行为，指的是向追随者清楚地阐述愿景或描绘未来；通过"监控运营"，CEO 为管理和运营设定范围、做出决策和进行控制，CEO 通过这种行为来维持内部管理体系的高效；"开拓创新"指的是 CEO 做决策和制定战略时，能以一种创造性的方式来思考，并且敢于冒风险；通过"人际沟通"，CEO 与企业员工和外部相关人员保持良好的人际关系；"关爱下属"指的是 CEO 向企业员工及其家庭提供个人帮助，并且表现出尊重信任下属等行为；领导行为的第 6 个维度是"展示权威"，指的是 CEO 强调对下属的个人权威，集大权于一身并独自做出决策。

四种领导风格

6 个维度仅为考察领导行为提供了部分信息，它们揭示了领导者在不同情境下表现出来的行为类型，为领导者的风格划分奠定了基础。为了确定领导风格，我们采用"构型法"（configuration approach），将在 6 个维度上表现相似的领导者划归到同一个组。使用这种方法，我们发现中国企业的领导者可以划分为 4 种类型，我们分别将其称为"先进型"、"任务导向性"、"员工导向型"和"隐匿型"。

如下述图 1 所示，"先进型领导"指的是那些在"展示权威"之外所有维度上得分都超过平均数的领导者。他们富有创意，敢于冒险，善于沟通和传达企业愿景，关心员工的生活和家庭，愿意倾听不同意见，管理严格，对产品和服务质量精益求精；而"任务导向型领导"在"监控运营"和"展示权威"两个维度上的得分超过平均数，在其他维度上的得分都等于或者低于平均数。这些领导人能够有很好的监控运营行为，确保组织的任务完成，同时他们倾向于将企业的权力集于一身，独自做出重大决定；"员工导向型领导"的突出行为是在"人际沟通"和"关爱下属"这两个维度表现突出，他们更愿意与员工交际沟通，倾听大家的意见，表现出更多的关爱下属的工作、个人生活甚至员工家属的行为；而被我们称为"隐匿型"的领导者，他们除了在"展示权威"维度上得到高于平均数之外，在其他维度上的得分均大大低于平均数，他们在企业中担任领导的职位，但较少地表现出领导应该具有的行为。

我们可以用一个假想的情景来说明这 4 种领导者行为方式的不同。例如，假设某公司必须在短时间内把成本降低 5%，"先进型领导"可能会召开一次全体大会，重申降低成本之后的美好前景，主动提出把自己的薪水降低 5%，并且让某些员工停薪休假，以达到削减成本的目标；"任务导向型领导"则宣布必须把成本降低 5%，然后让每个部门的负责人自己想办法立即执行这个命令，根本不允许讨论；"员工导向型领导"可能会召集会议，征求大家的想法和建议，以找到削减成本的办法；而"隐匿型领导"则把任务完全交给人力资源部，对下属究竟如何节支，他既不提出疑问，也不提供建议。

当然，每种领导风格都包括多个行为维度，这个例子可能过于简化了领导人实际可能做出的反应。这个例子虽然简单，却很好地说明了我们的要点。

所有制结构的影响

我们认为，领导者在不同所有制企业环境下可能会表现出不同的领导风格。比如，国有企业由于传统上缺乏有效的激励机制，高层领导者即使有能力也没有动力表现得像个"先进型领导"，所以我们猜想国有企业的领导多数应该属于"任务导向型"或者"隐匿型"领导者。同时，外商投资企业和民营企业在经营管理上有更多的自主权，高层领导要对业绩负责，所以我们猜想外商投资企业里应该有更多的领导者属于"先进型领导"，而民营企业里则会有更多的一把手是"任务导向型领导"。

然而，通过对两个样本的研究，让我们感到吃惊的是，"外商投资企业里先进型领导最多"的假设并不成立。在两个样本中，大多数"先进型领导"多是民营企业的 CEO。在国有企业和外商投资企业中，有很大一部分"任务导向型领导"和"员工导向型领导"，也有少量"隐匿型领导"，而民营企业里则基本上没有"隐匿型领导"（参见文后表1）。显然，国有企业和外商投资企业里领导风格较为多样，而民营企业的领导人大多是创业型的企业家，他们有强烈的动机想要成为高效领导者，推动企业成长发展。

谁是最好的领导者？

导致现代中国企业领导风格多种多样的原因很多，包括根深蒂固的儒家文化、过去执行了多年的计划经济、目前正在进行的经济改革以及外国企业和管理者带来的现代管理实践等。我们在对一组成功企业的领导风格进行考察后发现，"先进型领导"风格并不一定能确保最佳的企业绩效和员工态度，其他三种领导风格也有可能为企业带来良好的绩效。

例如，在员工受过良好教育而且有着良好职业规范的专业型组织里，最合适的可能就是那些善于授权，而不是发号施令和支配控制的领导者。在这样的组织里，"隐匿型领导"可能会比其他三种风格的领导者更加理想。"隐匿型领导者"可能会被读者误认为带有一些负面的含义，但在一个由专业人士组成的团体（如大学或专业型企业）里和那些更加积极的高姿态领导者比起来，"隐匿型领导"也许能够带领这个团体取得更大的成就。

"隐匿型领导"的起源根植于中国的传统文化当中。早在公元前6世纪，老子在《道德经》中写道："是以圣人处无为之事，行不言之教。""太上，不知有之。悠兮，其贵言。功成事遂，百姓皆谓：'我自然'。"

由于几千年儒家传统的浸润，不少中国企业的员工能够接受

"任务导向型领导"——由领导者发号施令，追随者遵照执行。如果规则明确并且一视同仁，这样的管理也能够发挥效力，领导者也会得到员工尊敬。任务导向型领导者甚至还能吸引某些类型的员工——比如希望得到强势领导和只愿接受很低的不确定性的人。因此，促进"任务导向型领导"风格的可能不是行业，而是员工的类型。毕竟，孔子"行己也恭，事上也敬"的思想仍然很有影响力。不过，随着年轻员工职业价值观的变化，中国的"任务导向型领导"前途未卜。

企业领导人的行为千差万别，不可能刚好都一一套入我们归纳的4种模式。然而，对领导类型的了解，有助于中国企业的管理者更清晰地认识自己的领导风格以及自己在员工心中的定位。如果他们想要改变自己的领导风格，本文也为他们指出了可能的方向，例如，改变一言堂的做法，减少自己独自拍板做决定的机会，更多地倾听和采纳同事的意见，增加员工背景的多样性，从一个"任务导向型领导"变成"先进型领导"。当然，"能抓到老鼠的猫就是好猫"，某种类型的领导是否适合该企业，最终还是要看他能否带领员工在市场上取得长久的竞争优势。

*注：我们共进行了两次调研，得到的统计结果类似。为了节省篇幅，本文中的图表使用的都是第2次调研的数据。

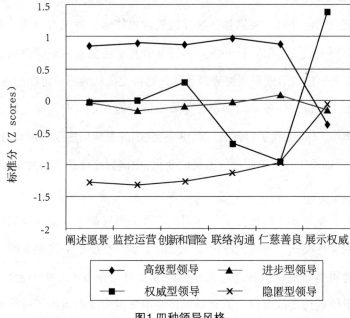

图1 四种领导风格

表1 所有制结构与领导风格

所有制类型 领导类型	国有企业	外资企业	民营企业	CEO 总数合计（%）
先进型领导	16（25%）	10（24%）	13（52%）	39（30%）
任务导向型领导	7（11%）	6（14%）	4（16%）	17（13%）
员工导向型领导	24（38%）	15（36%）	8（32%）	47（36%）
隐匿型领导	16（26%）	11（26%）	0（0%）	27（21%）
CEO 总数合计（%）	63	42	25	130

第五章

中国企业战略领导者的辩证思维方式及其对组织绩效的影响

摘　要

　　本文建立了一个理论模型，着重探讨中国企业战略领导者的辩证思维方式对企业绩效的影响及其作用机制。我们认为，拥有高水平辩证思维能力的战略领导者具有以下特点：（1）其领导风格既强调授权也注重管理监控，而这对其下属（高管团队和中层管理者）的任务绩效和工作满意度会产生积极影响；（2）在进行企业战略决策时，会同时注重探索新资源战略和开发已有资源战略，这将带来高水平的组织双元性（organizational ambidexterity）；（3）高层和中层管理者较高的任务绩效和工作满意度以及组织双元性将带来高水平的组织绩效。

关键词：战略型领导　辩证思维　领导风格　战略决策　经营绩效

1. 组织平衡的维系

　　组织在长期运作中需要对各种各样的需求做出反应，例如需要保持效率、提高反应能力以及不断学习。这些不同的需求有的是可以相互兼容的，有的却是相互对立冲突的。例如，稳定与变革（Farjoun，2010）、短期利益与长期生存和发展、利用已有资源与开发新资源（Jansen，Vera，and Crossan，2009；Raisch，Birkinshaw，Probst，and Tushman，2009；Smith and Tushman，2005）、企业利润与社会责任（Margolis and Walsh，2003），都存在一定矛盾的需求，因为它们所强调的核心目标和相应管理措施是截然不同乃至相反的。当今世界，企业所面临的是一个全球化程度越来越高、市场变化越来越快、竞争越来越激烈的环境。为了适应这种变化，企业的内部流程也日益复杂化（Smith and Lewis，2011）。在这样的情况下，企业遇到的来自外部或内部的对立需求也日益增多（Lewis，2000）。面对各种各样的矛盾需求，企业不得不权衡其中的利弊以做出最合适的反应。在此过程中，企业战略领导者们如何看待和分析这些对立需求可能会深刻地影响企业的生存与发展（Quinn，1988）。

　　这就引发了几个值得探讨的问题，例如，企业怎样才能有效地处理这些矛盾的需求？是否存在一些总体性的原则？对这些问题的回答或探讨对于帮助企业战略领导者权衡企业面临的矛盾需求具有重要的指导意义。基于对已有关于企业如何处理对立需求的研究，我们认为，保持平衡（keeping balance）应当是处理矛盾需求的一个总体原则。英文单词"balance"（平衡）有两种不同的含义（http://wordnet.princeton.edu）：第一种含义是对立的两种力量相互抵消而达到的稳定状态，第二种含义则表示整体之中各部分共同存在且相互协调的关系。在本文的研究中，我们采用平衡的第二种含义。具体而言，我们把保持平衡定义为将矛盾的双方动态地、协调地整合在一起。这意味着接受矛盾的存在，并且同时注重矛盾的双方，而不是通过搁置一方来消除矛盾。

Smith 和 Lewis（2011）认为，权变理论可以用来引导学者和管理实践者探索环境如何影响组织决策的有效性，因此提供了一种分析组织如何应对矛盾需求的视角。他们进而提出了一种组织有效处理矛盾需求的方法。他们将矛盾定义为"在一段时间里同时存在的相互对立、而又相互联系的因素"，并指出通过动态的、有目的的以及持续变化的管理方式和战略选择来解决矛盾，使组织能够持续发展（Smith and Lewis，2011）。Gibson 和 Birkinshaw（2004）也指出成功的组织应当能够平衡地处理矛盾的需求，并以此建立、保持或提高竞争优势。

许多关于组织中矛盾需求的研究也强调了平衡的重要性。例如，在一项早期的研究中，Stanley（1974）指出，组织既需要将不同的活动分置到不同的部门，通过专业化提高效率；同时也需要整合这些部门以保持整体的协调。其他的学者还提出，组织需要在一致性（与其他组织一致以保证生存）以及差异化（与众不同以建立竞争优势）之间保持平衡（David, 1999），在满足当前的客户需求和探索未来新产品之间保持平衡（Tom, 1999），在工作扩大化与提高专业人员的绩效以满足团队需求之间保持平衡（Anat, 2004），在集中控制与授权之间保持平衡。最近，Farjoun（2010）还在研究中提出，企业需要在稳定和变革之间保持平衡。

总体而言，学者对组织中平衡问题的关注正在增多。例如，Chen 和 Miller（2010）指出，在连接东西方文化时，我们需要融合两种文化的精华，即使这两种文化在一些方面存在对立（Bruton et al., 2008；Duncan, 1976；Luo and Rui, 2009）。具体而言，有时我们需要整合一些完全相反的观念和认知，如：社会公益和个体利益、团队合作与个人成就、冒险与谨慎、本土化与全球化。而平衡是所有这些整合的关键。

然而，尽管已有研究对平衡的重要性多有阐述，这些研究总体显得较为零散。Smith 和 Lewis（2011）的研究回顾了已有的关于组织中矛盾需求的研究，将组织的矛盾需求分为了几类，并在此基础上进一步提出了组织的动态均衡模型，描述了如何通过对矛盾需求的反应促进组织的可持续发展。在这一动态平衡中最关键的是通过分离和整合的灵活应用来应对矛盾需求并保持平衡。此外，之前的大多数学者主要集中于研究保持平衡的重要性和失衡可能带来的后果，却很少有研究探讨哪些因素能促进组织在保持平衡方面的能力。Smith 和 Lewis（2011）提出，在个体层面上，认知和行为复杂性（cognitive and behavioral complexity）以及情绪平静能够帮助个体更开放地面对矛盾；而在组织层面上，动态能力——即使得组织领导者能够有效应对动态环境的处理过程、惯例和技巧——也具有类似的效用（Teece et al.，1997）。本文将以高层梯队理论（Hambrick and Mason，1984）为基础，探讨战略领导者的辩证思维方式对组织平衡能力的促进作用。

2. 战略领导者的思维方式

高层梯队理论认为，高管的特征对组织有很大的影响（Hambrick and Mason，1984），而高管的决策和领导行为不可避免地受到他们自己的经验、好恶和习性的影响（Finkelstein and Hambrick，1996;Carpenter，Geletkanycz，and Sanders，2004）。在最近三十年中，一系列基于高层梯队理论的研究运用各种方式方法探讨了高管的特质与组织结果之间的关系。最近，对战略领导者的研究重点已经从相对表面的人口统计学特征转移到了对更深层次的行为、个性乃至价值观等心理特征的研究（Fu，Tsui，Liu，and Li，2010；Ling，Zhao，and Baron，2007；Keskin，2006；Hiller and Hambrick，2005；Chatterjee and Hambrick，2007；Malmendier and Tate，2008）。

然而，尽管思维方式对个体的决策过程和结果具有重要影响，目前几乎还没有针对战略领导者的认知思维方式及其影响的研究。

思维方式不同的个体在决策过程中运用不同的启发式（heuristics）。基于高层梯队理论和心理学（Chatterjee and Hambrick，2007；Hiller and Hambrick，2005）方面的文献，Nadkarni 和 Herrmann（2010）提出了一种认知过滤（cognitive filtering）机制，CEO 的心理特征通过这一机制影响其战略决策过程和结果。具体而言，他们将 CEO 的心理特征比作一种光学透镜，CEO 们正是透过这些镜片主观地考虑战略形势并做出适当的响应。这些镜片（即心理特征）会对 CEO 的视野（即如何获取和传播信息）、选择性感知（即选择关注或是忽略哪些信息）以及对感知到的线索的解释（即认为注意到的线索有何意义以及如何评估战略决策）产生影响。基于这种认知过滤机制，我们认为战略领导者的思维方式也是一种对 CEO 决策有重大影响的"滤镜"。进一步，我们认为一种特定的思维方式——辩证思维方式——能够影响战略领导者对组织中有关平衡问题的决策，进而影响企业绩效。我们将会探讨其中的潜在机制。

广义地说，辩证思维方式是指接受矛盾并以动态的方式看待世界的认知倾向（Peng and Nisbett，1999）。这一思维方式根植于包括儒家、道家和佛教的东亚哲学与宗教传统。辩证的概念也被广泛地应用于心理学的多个研究领域（Spencer-Rodgers and Williams，2010）。Basseches（1984）认为辩证思维是一种对人文、科学和社会具有广泛影响的智力传统。Carmeli 和 Halevi（2009）提出，有效的领导者拥有必要的认知和行为复杂度以应对矛盾。

我们认为，拥有高水平辩证思维能力的领导者将更善于处理其所面对的矛盾并以全局和动态的眼光看待组织中相关联的事物，进而对组织产生积极的影响。这种情况在充满不确定性和动态性的中国企业情境中可能尤其突出。

我们将从战略领导发挥对组织的影响力的两个方面——领导风格和战略决策——出发，探讨战略领导者的辩证思维能力的影响。具体而言，我们认为，具有高水平辩证思维能力的战略领导者在领导下属（例如高管团队和中层管理者）时将会保持授权和控制的平衡，而在组织战略决策时，会注重利用已有资源和开发新资源的平衡。我们进一步认为权力分享和管理控制的平衡将带来中层管理人员的高水平的任务绩效和工作满意度（Chen，Zhang，and Wang，2007），而同时注重利用与开发的战略会带来高水平的组织双元性从而提高绩效。总结而言，我们将构建一个理论框架来探讨战略领导者辩证思维对组织中平衡问题的影响以及这些影响怎样传递到企业的绩效水平上。

2.1　辩证思维方式

自从 Peng 和 Nisbett（1999）关于辩证思维的开创性论文发表以来，大量的实证研究支持或扩展了他们的核心观点：人们对世界是包含内在矛盾的、不断变化这一观点的认同程度是不同的（Spencer-Rodgers and Williams，2010）。学者们常常将辩证思维和西方主流的形式逻辑（formal logic）范式相比较，后者通过分离矛盾以及设定矛盾中的一方为正确来处理矛盾（Spencer-Rodgers，Peng，Wang，and Hou，2004）。

辩证思维方式有三个基本原则：矛盾原则、变化原则和整体原则（Peng and Nisbett，1999）。根据矛盾原则，事物总是蕴含着相对立的元素，而这些元素可能同时为真。这不同于形式逻辑，形式逻辑拒绝矛盾的存在，认为一个命题不可能既正确又错误，不存在对与错的中间状态，所有命题要么是正确的，要么是错误的（Peng and Nisbett，1999）。根据变化原则，万事万物总是处在不断变化之中，在对立的两极之间交替变化（Peng and Nisbett，1999），唯一不变的就是变化。根据整体原则，万事万物都是相互联系、相互依存的，任何事物都不是孤立的。Kahle、Liu、Rose和Woo-Sung（2000）指出，辩证过程是内在交互的，观点、概念和历史发展的螺旋交互作用不断产生新结果，这又改变了正在进行的相互作用。在组织情境中，战略领导者在决策时应当始终意识到，组织中的各个方面是相互联系的，以尽量避免在解决问题的同时引发新的问题。

研究表明，辩证思维者在解释和预测活动中会表现出更高的对变化的预期以及对相互矛盾信息的更高容忍度（Spencer-Rodgers et al.，2004；Hamamura，Heine，and Paulhus，2008）。例如 Ji、Nisbett 和 Su（2001）发现相对于美国大学生，中国大学生认为浪漫的情侣会分手以及小时候的仇敌长大后成为爱人的可能性更高。Choi 和 Choi（2002）的研究发现，与美国人相比，韩国人的自我信念的一致性程度更低（例如，他们会这样自我评价"我较为外向但有时会害羞"）。

简而言之，拥有高水平辩证思维能力的个体往往对自身同时拥有的相对立的性格、感情和态度以及周围环境中的对立现象有着更高的容忍度（Choi and Choi，2002；Schimmack，Oishi，and Diener，2002；Spencer-Rodgers，Peng，Wang，and Hou，2004）。他们较少遵循分门别类的规定（Norenzanan et al.，2002），并以更加动态的视角看待事物。总体而言，他们对变化更为敏感、对矛盾更能接受，在认知上更为注重整体（Nisbett et al.，2001）。进一步地，正如 Smith 和 Lewis（2011）所指出，接受矛盾双方的共存为有效地处理矛盾打下了重要的基础。当个人认为各种矛盾事物能够并且应该共存时，他们便会注意到这些矛盾事物之间的动态关系（Langer，1989）。此外，以动态的、长远的眼光看待决策会减少对立的战略决策对有限资源的争夺产生的冲突，因为领导者意识到对于组织的长远发展而言，对立的两种战略选择可能都是至关重要的，任何着重一方的决策都只是暂时的（Smith and Lewis，2011）。

另外，正如 Spencer-Rodgers 和 Williams（2010）所言，尽管总体上辩证思维在东亚文化下更易理解，其也能运用到解释单一文化之中的行为或文化之间行为的差异。长久以来，中国人都被认为是辩证思想者（Liu，1974；Lloyd，1990），但是不同中国人在辩证思考的能力上也有所差异。在本文中，我们认为当遇到各种矛盾需求时，拥有不同水平辩证思考能力的战略领导者将不同程度地影响到组织保持平衡的能力。

3. 相关概念

3.1 认知及行为复杂度

领导者的多种角色在一定程度上是相互矛盾的（Quinn，1984，1988）。研究认为，有效的领导者必须拥有必要的认知和行为复杂度对矛盾的行为或要求做出合适的反应。Weick（1979）指出，有效的管理者必须具备从多个角度看待事件，并对事件以及事件之间的交互影响做出多种不同乃至相矛盾的解释能力。Smith和Lewis（2011）指出，拥有较高的认知和行为复杂度的个体更有可能接受矛盾并更好地处理矛盾。

个体的认知复杂度包含两个独立的方面：认知事物时能识别不同维度的数目，这被称为全面性；整合这些不同维度的规则，这被称为综合性（integration）或连通性（connectedness）（Calori，Johnson，and Sarnin，1994；Bartunek，Gordon，and Weathersby，1983）。认知复杂度代表了认知结构中的差异化（differentiation）、结合性（articulation）以及综合性（integration）的程度（Bartunek et al.，1983；Weick and Bougon，1986）。研究发现，认知复杂度高的个体具有更强的信息处理能力，他们会寻求更广泛的、新的信息（Karlins and Lamm，1967；Dollinger，1984；Streufert and Swezey，1986），花更多精力去分析这些信息（Sieber and Lanzetta，1964；Dollinger，1984），从更多的甚至相互对立的角度认知事物（Bartunek et al.，1983）。因此，他们能够更好地对面临的问题进行重新定义（Merron et al.，1987；Lepsinger et al.，1989）、考虑到更多的选项（Chang and McDaniel，1995）、对问题保持看似对立的认知（Smith and Lewis，2011）、更能平衡矛盾双方并对不确定性更有忍耐力（Streufert et al.，1968）。学者们的这些研究成果都支持了认知复杂度的重要性，或者反过来说，表明了在迅速变化的复杂世界中简单认知的危害。

根据先前的研究，行为复杂度包括两个关键的组成部分：个体所掌握的行为技能的集合（behavioral repertoire）以及行为差异（behavioral differentiation）（Denison et al.，1995；Hart and Quinn，1993；Hooijberg，1996；Hooijberg and Hunt，1997）。对于管理者而言，所掌握的技能集合即指管理者所能扮演的领导角色的集合，而行为差异指的是管理者根据具体情况在不同的领导角色之间切换的能力。行为复杂度高的领导能够扮演多重领导角色并有效地在不同角色间转换。Denison 等人（1995）指出，认知复杂度只是有效领导的一个必要条件，而行为复杂度却是充分条件。因而，有效的领导者必须能够认知并能执行多重的、相对立的角色（Hooijberg and Quinn，1991；Hooijberg，1992）。

认知复杂度和辩证思维具有一定的相似性，两者都强调从多个角度全面地认知现象。但两者在以下几个方面有所不同。第一，尽管两者都注重从不同的角度看待现象，但认知复杂度并不强调这些角度之间存在矛盾，而辩证思维明确地强调矛盾的视角。第二，尽管认知复杂度高的个体也会对特定事物做出相互矛盾的解释，但这并不意味着接受矛盾，而认知矛盾并且接受矛盾的存在却是辩证思维的关键之处。第三，除了强调全面地看待事物，辩证思维还强调动态地、联系地看到事物。第四，只有在具备充足的知识储备的情况下，个体才能对现象进行复杂的认知，因此认知复杂度是与具体事物紧密联系（domain-specific）的。而辩证思维是总体性的，辩证思考的个体会从全面的、动态的和相互联系的角度解释事物，不受到对该事物的认识的限制。

行为复杂度与辩证思维的不同类似于认知复杂度和辩证思维之间的不同。此外，行为复杂度描述的是个体行为方面的特征，而辩证思维是认知方面的特征。

总而言之，尽管认知和行为复杂度与辩证思维有相似之处，并且对个人有效平衡矛盾的能力有积极的影响，但它们存在一些根本的区别。认知和行为复杂度并没有明确强调对矛盾的接受以及动态地看待事物，而这恰恰是辩证思维的本质。我们认为，辩证思维对个体平衡矛盾的能力有更大的影响。接下来，我们将讨论战略领导者的辩证思维如何影响其领导风格和战略决策过程。

3.2 授权与控制

我们将授权定义为能够提升个体自我效能感（Conger and

Kanungo，1988）以及影响下属启动并持续进行任务导向行为的过程（Bandura，1977）。领导者的权力分享（power sharing）为下属提供了更多的自主权，允许他们更多地自主决策，鼓励他们站在合作伙伴的角度思考和行动。与授权相对的是控制，传统管理学文献（Drucker，1954；Fayol，1949；Giglioni and Bedeian，1974）中的管理控制（management control）是指通过制定规则、提供回馈和采取矫正措施来保证绩效的过程。可以看到，授权和管理控制这两种领导方式蕴含了相反的理念。管理控制强调设置规定和约束条件，而授权则强调自主权和员工参与。

在选择领导方式时，如果遵循形式逻辑的范式，授权和管理控制这两种看似矛盾的领导方式只能有一种是正确的，因此领导者会在管理控制和授权两者中选择其一，而忽略另一种。然而，过分强调其中一者可能是有害的，会对下属的工作绩效和满意度带来负面影响。例如，在规则和体制不完善的情境中，片面强调授权、缺乏足够的控制会引起许多不良后果。反过来，过度的管理控制也会损害组织绩效。一方面，严格的控制可能会限制组织的灵活性和创新能力。另一方面，过多的控制也会提高经营成本，增大雇员压力（Siriyama，2007）。实际上，一些学者认为，我们应该将控制和授权视为相互补充而非矛盾的领导方式（Chen et al.，2007；Mills and Ungson，2003）。

与形式逻辑所强调的设定一方为正确相反，拥有高水平辩证思维能力的战略领导者在选择领导方式时更可能会兼顾授权和控制两个方面。首先，辩证思维使得他们更能接受授权和管理控制这两种看似矛盾的领导方式的并存。对矛盾的接受使得有效处理这对矛盾成为可能。进一步，这些辩证领导者会分析两种领导方式在提高下属绩效和满意度中的利弊及重要性，进而找出能平衡两者的解决方案。例如，辩证思维使得他们更可能视授权和控制为独立且能相互促进的：授权程度越高就越需要有效的控制来保证执行力。需要指出的是，保持平衡并不意味着没有重点。相反，保持平衡指的是领导者可能相对更注重其中一方或是两者并重，但不会完全忽视一方。正如 Smith 和 Lewis（2011）在其矛盾的动态均衡模型中指出的那样，短期来看，战略领导者可能会在两者之间有所偏重，但长期而言，他们会清醒地意识到两者的重要性，保持一种动态的平衡。

命题 1：拥有高水平辩证思维能力的战略领导者在领导下属时，会同时表现出高水平的授权和高水平的管理控制。

现有的研究表明，授权对员工的任务绩效、工作满意度等工作结果都有积极影响。这一结论在总体的授权情境的研究（Spreitzer et al., 1997；Conger and Kanungo, 1988）和更具体的授权赋能领导行为的文献（Arnold et al., 2000；Konczak et al., 2000；Manz and Sims, 1987）中都得到了实证支持。最近，Abhishek、Kathryn 和 Edwin（2006）在他们关于管理团队的研究中还发现，授权领导与知识共享、团队效能感正相关，进而对团队绩效产生积极影响。最近的研究中，Zhang 和 Bartol（2010）

发现授权行为会对下属的心理授权感产生积极影响，进而提升他们的内在动机、促进他们对创新过程的参与，最终对下属的创新绩效产生积极影响。综上所述，感知到高水平授权的下属将会有较高水平的绩效和工作满意度。

另一方面，尽管当代的管理文献普遍认为授权是现代组织结构的基础，但同样被广泛接受的是，一定程度的控制对保持任何组织的正常运行也都是必要的。如前面提到的，传统意义上的管理控制是指通过制定标准和目标、提供回馈和采取正确的行动来保证高绩效。许多研究表明制定目标（Ivancevich，1977；Latham and Baldes，1975；Latham and Kinne，1974；House and Mitchell，1974）和提供反馈（Ammons，1965；Greller，1980；Greller and Herold，1975；Ilgen，Fisher，and Talor，1979） 对下属绩效和工作满意度的积极作用。因此,感知到高度管理控制(制定目标、提供反馈等）的下属也将有更高的工作绩效和满意度。

总而言之，已有的研究表明高水平的授权和管理控制都能对下属的任务绩效和工作满意度产生积极影响。虽然已有的相关研究主要聚焦于基层员工，但我们认为此结果同样适用于中高层管理者。进一步，我们认为高水平的授权和管理控制之间可能还存在交互作用。例如，一些下属可能擅长"正确地做事"但不太懂得"做正确的事"。在这种情况下，仅有高水平的授权是不够的，诸如制定具体的目标以及关注进展等管理控制措施也是非常必要的。Chen、Zhang 和 Wang（2007）最近在中国情境下进行的研究表明，权力分享和管理控制的交互作用对下属的绩效和工作满意度也有积极的影响。

综上所述，我们认为，平衡地把握授权和管理控制的领导方式将提高员工的绩效和工作满意度。

命题 2：同时感知到高水平的授权和管理控制的中高层管理者的任务绩效和工作满意度会更高。

3.3 组织双元性

组织正面临着越来越动态的环境，在这样的环境中，多样化需求不断涌现，而且这些需求之间常常存在一定程度的矛盾（Christensen，1998；Smith and Tushman，2005；Tushman and O'Reilly，1997）。因此，现代组织必须增强能力以有效地应对越来越多的矛盾需求所带来的挑战，从而保持生存和竞争优势（Carmeli and Halevi，2009）。具体到战略而言，组织既需要开发并充分利用已有资源，又需要探索新资源以满足未来的竞争需要（Gibson and Birkinshaw，2004；Levinthal and March，1993；March，1991）。

组织的双元性是指组织能够协调一致地、有效地满足日常管理的需要，同时又能有效地适应外部环境的变化（Duncan，1976）。实证研究表明，组织双元性与其绩效正相关（Gibson and Birkinshaw，2004；He and Wong，2004；Lubatkin et al.，2006）。也有一些研究试图探讨哪些因素有助于提高组织的双元性。例如，研究探讨过结构双元性（structural ambidexterity，Tushman and O'Reilly，1997）和环境双元性（contextual ambidexterity）（Gibson and Birkinshaw，2004）对组织双元性的促进作用。在最近的一项研究中，Carmeli 和 Halevi（2009）试图解释高管团队（TMT）如何促进组织双元性的形成，他们发现 TMT 的行为整合（behavioral integration）对其行为复杂度有正向作用，并进而对组织双元性产生积极影响。环境双元性调节了行为复杂度和组织双元性的关系（Gibson and Birkinshaw，2004）。除了高管团队，我们认为组织的战略领导者对设计与建立双元性组织也有影响。Gioia 和 Chittipeddi（1991）指出，CEO（战略领导者）负责制定组织的战略方向、计划以及引导实施这些计划的行动。关于战略领导研究的基本假设之一是：最高领导者在战略制定中起主导作用。越来越多关于高管和战略变革的实证研究也支持了这一假设（Westphal and Fredickson，2001）。这也与高层梯队理论相一致（Hambrick and Mason，1984），因为两者都强调战略领导者在组织战略决策中的重要作用。但是战略领导者究竟是如何影响双元性组织的构建仍然是一个谜题。本文的研究中，我们试图通过考虑战略领导者辩证思维方式的作用以弥补这一空白。

为了达到高水平的组织双元性，组织必须同时注重探索新资源和开发已有资源吧？而这两者往往被认为是相互矛盾的，因为两者所包含的目标（创新和效率）在一定程度上是对立的（Lewis，2000）。正如 March（1991）指出的那样，探索和开发这两种战略引发了探索新资源与改进现有资源、冒险与保持效率、变异（variance）与选择的相互冲突。这些对立的战略是与不同的管理认知（Gavetti and Levinthal，2000；Gilbert，2006）、组织环境（Flynn and Chatman，2001；Ghoshal and Bartlett，1994；Gibson and Birkinshaw，2004）、管理技能（Virany and Tushman，1986）以及学习速度（Miller，Zhao，and Calantone，2006；Taylor and Greve，2006）相联系的，这些对立的战略相互竞争有限的组织资源（Gupta，Smith，and Shalley，2006）。

在已有文献中，探索和开发也被认为是两种性质不同的学习过程（Floyd and Lane，2000；March，1991）。探索意味着企业进行搜寻、发现、实验，意味着冒险和创新等增加变化的活动。而在开发活动中，企业解决既有问题、实施计划、讲求效率、产品筛选，进而减少了变数（Cheng and Van de Ven，1996；March，1991）。研究表明，探索和开发意味着截然不同的组织战略、文化、结构和流程（Benner and Tushman，2003）。探索活动与组织的有机结构、松散关联的系统、开创性、即兴发挥、自主权和灵活相联系，而开发活动同机械性组织结构、紧密连接的系统、路径依赖、程序化、控制、官僚体制、稳定的市场和科技相关（Ancona，Goodman，Lawrence，and Tushman，2001；Lewin，Long，and Carroll，1999）。

如何保持开发与探索的平衡在组织理论、战略管理以及管理经济学研究中始终是一个重要的课题（Ghemawat and Ricart

Costa，1993；Holmqvist，2004；Van de Ven，Polley，Garud，and Venkataraman，1999；Winter and Szulanski，2001）。 过 度注重开发会导致惰性和动态保守主义（Benner and Tushman，2002；Sull，1999），像 Levinthal 和 March 描述的那样，"一个单纯从事开发活动的组织通常会退化"（1993：105）。与之对应，过度注重探索是"以当前为代价建立未来的生意"（Gibson and Birkinshaw，2004），如 Levinthal 和 March 所言，"单单从事探索活动的组织常常从未获得其知识储备所带来的回报。"（1993：105）在本文中，组织双元性指的是组织同时注重探索和开发。换句话说，双元性组织既注重改进和拓展现有的能力、技术和范式，同时也强调探索新的资源和能力（March，1991：85）。探索和开发通过促进组织学习而相互强化。若没有探索活动，就没有可供开发的知识储备。反之，没有开发活动，企业将会缺少促进其吸收和试验的基础知识。双元性要求战略领导者同时强调开发和探索这两种矛盾的战略（Smith and Tushman，2005）。

如先前所述，拥有高水平辩证思维能力的战略领导者对变化更为敏感、更能接受矛盾的存在并在矛盾间保持平衡。因而他们更易以动态的视角考虑组织的成功。根据辩证思维的"发展与变化"的法则，这些领导者将同时注重组织长期、短期的发展和竞争优势，这转而将带来对开发和探索的战略重视。进一步地，鉴于"矛盾双方既相互斗争又相互统一"的准则，领导者们也会并重探索与开发。

此外，考虑到领导者在选择组织战略以及将其系统化过程中的主导作用，我们认为，战略领导者对探索与开发的并重将很大程度上影响组织战略，进而促进组织双元性的提高。

命题 3：拥有高水平辩证思维能力的战略领导者在选择组织战略时会对探索与开发并重，这将对组织双元性产生积极影响。

竞争环境越来越高的复杂性和不确定性使得组织难以单纯依靠其 CEO 的能力而持续发展。研究表明，高管团队和中层管理人员的能力也对组织的长期成功具有重要的影响（Carpenter, Geletkanycz, and Sanders, 2004）。就中层管理者而言, Bower（1970）认为，他们"是组织中唯一处于合适位置的人，能够判断组织所考虑的问题是否处于恰当的情境。"（P.298）。随着竞争环境越发复杂和动态化，单凭战略领导者越来越难以制定完全清晰而全面的战略。更多情况下，企业战略是一系列高管团队和中层管理者的决策所组成的适应性模型（Mintzberg, 1978）。在这些情况下，战略是"深思熟虑产生的"（Mintzberg and Waters, 1985），中层管理者的作用就显得尤为重要，因为他们往往是组织中最早意识到战略问题或机会的人（Pascale, 1984）。另一方面，除了向上提供战略决策需要的信息和回馈，中层领导者的向下影响力对于组织内的各种安排与战略环境的协调一致至关重要（Nutt, 1987; Schendel and Hofer, 1979）。综上所述，我们认为高管团队和中层管理者的绩效和工作满意度对企业绩效具有重要的影响。

命题 4：高管团队和中层管理者的任务绩效和工作满意度与组

织绩效正相关。

正如 Tushman 和 O'Reilly（1996）提出的那样，为了长期生存，组织需要提高双元性以有效地开发已有资源和探索新资源。Gibson 和 Birkinshaw（2004）提出，一个组织的需求和其所处的任务环境总是存在一定程度的矛盾，因而时常需要做出取舍，而成功的组织正是那些能够在很大程度上协调这些取舍并从中提高长期竞争力的组织。组织双元性不仅能帮助公司克服专注于开发所带来的结构惰性，也能说明公司加速探索并从中获益（Levinthal and March，1993）。已有的研究也为组织双元性对企业绩效的正向影响提供了实证支持（Gibson and Birkinshaw，2004）。因此，我们提出命题：

命题 5：组织双元性对组织绩效有正向的影响。

总结而言，本文提出：战略领导者的个人特征之一——辩证思维方式——会对其领导行为（保持授权和管理控制的平衡）和战略决策（保持探索与开发的平衡）产生影响，进而影响公司绩效。

4　研究意义及未来研究方向

基于高层梯队理论，本文探讨了企业战略领导者的辩证思维方式对企业绩效的影响及其机制并提出了一个理论模型。在这部分，我们将讨论本文的理论和实践意义。

本文具有多方面的理论意义。首先，高层梯队理论认为企业高管对组织结果（如绩效）具有重要的影响，具备不同个人特征的战略领导者对企业结果的影响也有所不同。许多学者已经在大量的研究中探讨了战略领导者特征对企业的影响，但多数研究停留在人口统计学等较为浅层的特征上，而对于思维方式这一深层次特征的影响的研究还很少见。思维方式在很大程度上会影响一位战略领导者分析自身及企业所处环境的过程和结果，影响其决策和行为，进而对企业结果产生影响。因而，探讨战略领导者的思维方式的影响无疑有助于说明我们更好地解读企业高管对企业绩效的影响。本文在此方向上走出了有意义的一步，有助于引导未来在此方向上的研究，扩展高层梯队理论。

第二，本文着重分析了战略领导者的辩证思维方式，通过将现代企业面临越来越多的冲突和矛盾需求的事实以及辩证思维方式对于平衡的强调相结合，我们为不同企业在平衡矛盾能力上的差异提供了一种可能的解释。我们认为辩证思维方式会促使战略领导者在思考企业战略时注重开发与探索的平衡，进而对企业的双元性产生积极影响，并最终影响企业的绩效。以往关于组织双元性的研究多数聚焦于其影响，而对于哪些因素能提高组织的双元性的研究则较少，少数此类的研究也主要是从企业层面的结构、情境等方面进行分析。而本文则结合高层梯队理论，提出战略领导者的辩证思维方式为组织双元性的一个前因因素。这一结论是对高层梯队理论以及组织双元性研究的拓展，有助于人们理解企业高管在培养组织双元性过程中的重要角色。另一方面，我们分析还认为，辩证思维也会促使战略领导者在领导方式上注重管理控制和授权之间的平衡，而这种平衡将提升下属（高管团队成员及中层管理者）的绩效和工作满意度，进而对企业绩效产生积极影响。在已有的研究中，尽管也有学者提到授权后应当继续保持管理控制（Spreitzer and Mishra，1999），但总体而言还是强调偏重一方，本文从平衡的角度出发，强调授权和管理控制的并重，认为两者既存在矛盾，也存在相互补充。已有的研究对授权或者管理控制对下属绩效和满意度的积极影响都有实证支持，我们在此技术上，基于平衡的视角，更进一步探讨了这两者之间可能存在的交互作用，这也与 Chen、Zhang 和 Wang（2007）的实证研究结果一致。

另外，虽然企业领导者的领导行为对下属具有一种传递式（cascading）的影响（Yammarino，1994；Yang, Zhang, and Tsui，2010），但以往关于战略领导者对企业绩效的影响的研究主要聚焦于战略领导者通过影响企业战略决策来影响组织绩效，而较少考虑战略领导者作为一个领导者通过对下属的影响从而影响组织结果。本文兼顾了这两种视角，既考虑了辩证思维战略领导者对企业战略的影响，也分析了其领导风格对下属的影响从而影响企业绩效。

本文的结论也对企业管理实践具有几点启示。首先，本文总结了已有关于企业如何应对于矛盾需求的文献，并在此基础上提出平衡应当成为企业处理矛盾需求的一个基本原则。我们特别讨论了在开发新资源与探索已有资源两种矛盾战略之间保持平衡对企业绩效的重要性。对于企业的领导者，特别是高层领导者的启示在于，在制定企业战略、计划以及维持企业正常运作的日常管理中，要注意在矛盾的需求之间保持平衡，不要过度偏重一方而忽视另一方。我们还提出，领导者应当在授权和管理控制之间达成平衡，在领导下属的过程中，领导者既要授权给予员工自主完成工作的自由度，也要控制保证下属在正确的方向上努力。领导行为之所以可以成为一种艺术，正是因为高明的领导者善于平衡地把握和应对各方面的要求，即便是矛盾的要求。

在本文中，我们强调了辩证思维的战略领导者对开发与探索两种矛盾战略的平衡以及对授权与控制两种领导方式的平衡。如本文开篇所述，企业在日常运作中需要应对各种各样来自内部或者外部的矛盾需求，领导者在日常管理活动中也需要对各种矛盾需求做出反应。因此，未来的研究还可以探讨辩证思维的战略领导者如何平衡企业所面临的其他矛盾需求（如其他类型的矛盾战略）以及如何平衡日常管理行为中其他方面的平衡（如不同领导角色的矛盾需求）。

Abstract

A conceptual model focusing on effects of strategic leaders' dialectic thinking style on firm performance in the Chinese firms is developed. We argue that strategic leaders who have high level of dialectical thinking capability will: (1) have a leadership style emphasizing both leadership behaviors of power sharing and management control, which will lead to high level of middle level managers' task performance and job satisfaction, (2) put emphasis on both explorative and exploitative activities when they make strategic choices, which will lead to high level of organizational ambidexterity, (3) high level of task performance as well as job satisfaction of middle level managers and organizational ambidexterity will lead to high level of firm performance.

参考文献

Altman, I., and Gauvain, M. (1981), "A Cross-Cultural and Dialectic Analysis of Homes", in L. S. Leiben, A. H. Patterson, and N. Newcombe (Eds.), *Spatial Representation and Behavior across the Life Span*, New York: Academic Press.

Ammons, R. B. (1965), "Effects of Knowledge of Performance: A Survey and Tentative Theoretical Formulation", *Journal of General Psychology*, 54, 279-299.

Arnold, J. A., Jonathan, S. A., Rhoades, A., and Drasgow, F. (2000), "The Empowering Leadership Questionnaire: The Construction and Validation of a New Scale for Measuring Leader Behaviors", *Journal of Organizational Behavior*, 21 (3) : 249-269.

Bandura, A. (1977), "Self-Efficacy: Toward a Unifying Theory of Behavioral Change", *Psychological Review*, 84 (2) : 191-215.

Basseches, M. (1980), "Dialectical Schemata: A Framework for the Empirical Study of the Development of Dialectical Thinking", *Human Development*, 23 (6) : 400-421.

Basseches, M. (1984), *Dialectical Thinking and Adult Development*, New Jersey: Ablex.

Benner, M. J., and Tushman. M. L. (2003), "Exploitation, Exploration, and Process Management: The Productivity Dilemma Revisited", *The Academy of Management Review*, 28 (2) : 238-256.

Bower, J. L. (1970), *Managing the Resource Allocation Process*, Boston, Mass: Harvard Business School Press.

Bower, J. L., and Doz, Y. L. (1979), "Strategy Formulation: A Social and Political Process", in D. E. Schendel, and C. W. Hofer (Eds.), *Strategic Management*, Boston: Little, Brown.

Carpenter, M. A., Geletkanycz, M. A., and Sanders, W. G. (2004), "The Upper Echelons Research Revisited: Antecedents, Elements, and Consequences of Top Management Team Composition", *Journal of Management*, 30 (6) : 749-778.

Chatterjee, A., and Hambrick, D. (2007), "It's all about Me: Narcissistic Chief Executive Officers and Their Effects on Company Strategy and Performance", *Administrative Science Quarterly*, 52(3): 351-386.

Choi, I., and Choi, Y. (2002), "Culture and Self-Concept Flexibility", *Personality and Social Psychology Bulletin*, 28 (11) : 1508-1517.

Choi, I., and Nisbett, R. (2000), "Cultural Psychology of Surprise: Holistic Theories and Recognition of Contradiction", *Journal of Personality and Social Psychology*, 79 (6) : 890-905.

Christopher, A. B. and G. Sumantra (1987), "Managing Across Borders: New Organizational Responses", *Sloan Management Review*, 29 (1) : 43-53.

Conger, J. and Kanungo, R. (1988), "The Empowerment Process: Integrating Theory and Practice", *Academy of Management Review*, 13 (3): 471-482.

David, L. D. (1999), "To be Different, or to be the Same? It's a Question (and Theory) of Strategic Balance", *Strategic Management Journal*, 20 (2): 147-166.

Denison, D. R., Hooijberg, R., and Quinn, R. E. (1995), "Paradox and Performance: Toward a Theory of Behavioral Complexity in Managerial Leadership", *Organization Science*, 524-540.

Drucker, P. F. (1954), *The Practice of Management*, New York: Harper and Row Publishers, Inc.

Duncan, R. B. (1976), "The Ambidextrous Organization: Designing Dual Structures for Innovation", in R. H. Kilmann, L. R. Pondy, and D. P. Slevin (Eds.), *The Management of Organization Design: Strategies and Implementation*, New York: North-Holland.

Farjoun, M. (2010), "Beyond Dualism: Stability and Change as a Duality", *The Academy of Management Review (AMR)*, 35 (2): 202-225.

Fayol, H. (1949), *General and Industrial Management*, London: Pitman.

Fu, P., Tsui, A., Liu, J., and Li, L. (2010), "Pursuit of Whose Happiness? Executive Leaders' Transformational Behaviors and Personal Values", *Administrative Science Quarterly*, 55 (2): 222-254.

Gibson, C. B., and Birkinshaw. J. (2004), "The Antecedents, Consequences, and Mediating Role of Organizational

Ambidexterity", *Academy of Management Journal*, 47（2）: 209-226.

Giglioni, G. B., and Bedeian, A. G.（1974）, "A Conspectus of Management Control Theory: 1900-1972", *Academy of Management Journal*, 17（2）: 292-306.

Gioia, D. A., and Chittipeddi, K.（1991）, "Sense Making and Sense Giving in Strategic Change Initiation", *Strategic Management Journal*, 12（6）: 433-448.

Greller, M. M.（1980）, "Evaluation of Feedback Sources as a Function of Role and Organizational Level", *Journal of Applied Psychology*, 65（1）: 24-38.

Greller, M. M., and Herold, David M.（1975）, "Sources of Feedback: A Preliminary Investigation", *Organizational Behavior and Human Performance*, 13（2）: 244-256.

Halit, K. H.（2006）, "Market Orientation, Learning Orientation, and Innovation Capabilities in SMEs: An Extended Model," *European Journal of Innovation Management*, 9（4）: 396-417.

Hambrick, D. C. and Mason, P. A.（1984）, "Upper Echelons: The Organization as a Reflection of its Top Managers," *Academy of Management Review*, 9（2）: 193-204.

He, Z. L., and Wong, P. K.（2004）, "Exploration vs. Exploitation: An Empirical Test of the Ambidexterity Hypothesis", *Organizational Science*, 15（4）: 481-494.

Hiller, N. J., and Hambrick, D. C.（2005）, "Conceptualizing Executive Hubris: The Role of（Hyper-）Core Self-Evaluations in Strategic Decision-Making", *Strategic Management Journal*, 26（4）:

297-319.

House, R. J., and Mitchell, T. R. (1974), "The Path Goal Theory of Leadership", *Journal of Contemporary Business*, 3 : 81-97.

Ilgen, D. R., Fisher, C.D., and Talyor, M.S. (1979), "Consequences of Individual Feedback on Behavior in Organizations", *Journal of Applied Psychology*, 64 (4) : 349-371.

Ivancevich, J. M. (1977), "Different Goal Setting Treatments and their Effects on Performance and Job Satisfaction", *Academy of Management Journal*, 20 (3) : 406-419.

Jansen, J., Vera, D., and Crossan, M. (2009), "Strategic Leadership for Exploration and Exploitation: The Moderating Role of Environmental Dynamism", *Leadership Quarterly*, 20 (1), 5.

Kvale, S. (1976), "Facts and Dialectism", in J. F. Rychlak (Ed.), *Dialectics: Humanistic Rationale for Behavior and Development*, Bassel, Switzerland: Karger.

Lathma, G. P., and Baldes, J. J. (1975), "The 'Practical Significance' of Locke's Theory of Goal Setting", *Journal of Applied Psychology*, 60, 122-124.

Latham, G. P., and Kinne, S. B., II. (1974), "Improving Job Performance through Training in Goal Setting", *Journal of Applied Psychology*, 59 (2) : 187-196.

Levinthal, D. A., and March J. G. (1993), "The Myopia of Learning", *Strategic Management Journal*, 14 (S2) : 95-112.

Lee, J. K., Stelly, D., and Trusty, M. (2000), "Defining and Measuring Empowering Leader Behaviors: Development of an upward Feedback Instrument", *Educational and Psychological*

Measurement, 60（2）: 301-313.

Liu, S. H.（1974）, "The Use of Analogy and Symbolism in Traditional Chinese Philosophy", *Journal of Chinese Philosophy*, 1（3）: 313-338.

Ling, Y., Zhao, H., and Baron, R. A.（2007）, "Influence of Founder-CEOs' Personal Values on Firm Performance: Moderating Effects of Firm Age and Size", *Journal of Management*, 33（5）: 673-696.

Lloyd, G. E. R.（1990）, *Demystifying Mentalities*, Cambridge: CambridgeUniversity Press.

Lubatkin, M. H., Simsek, Z., Ling, Y., and Veiga, J. F.（2006）, "Ambidexterity and Performance in Small to Medium Sized Firms: The Pivotal Role of Top Management Team Behavioral Integration", *Journal of Management*, 32（5）: 646-672.

Malmendier, U., and Tate, G.（2008）, "Who Makes Acquisitions?CEO Overconfidence and the Market's Reaction", *Journal of Financial Economics*, 89（1）: 20-43.

Marianthi, G.（1983）, *Causal Attribution as Process: The Dialectics of Social Explanation*, PhD. dissertation, Temple University, Pennsylvania, United States.

Marianthi, G., and Rosnow, R. L.（1985）, "The Emergence of Contextualism", *Journal of Communication*, 35（1）: 76-89.

Manz, C. C., and Sims, H. P.（1987）, "Leading Workers to Lead Themselves: The External Leadership of Self-Managing Work Teams", *Administrative Science Quarterly*, 32（1）: 106-129.

March, J. G.（1991）, "Exploration and Exploitation in Organizational Learning", *Organizational Science*, 2（1）: 71-87.

Michael, L. B. (2006), "Finding a Working Balance Between Competitive and Communal Strategies", *The Journal of Management Studies*, 43 (8) : 1753-1773.

Mintzberg, H., and Waters, J. (1985), "Of Strategies, Deliberate and Emergent", *Strategic Management Journal*, 6 (3) : 257-272.

Mintzberg, H. (1978), "Patterns in Strategy Formulation", *Management Science*, 24 (9) : 934-948.

Nakamura, H. (1964/1985), *Ways of Thinking of Eastern Peoples: India, China, Tibet, Japan*, Honolulu: East-WestCenter Press.

Needham, J. (1962), "Science and Civilisation in China (Volume IV. Physics and Physical Technology)", Cambridge: Cambridge University Press.

Nisbett, R., Peng, K., Choi, I., and Norenzanan, A. (2001), "Culture and System of Thoughts: Holistic versus Analytic Cognition", *Psychological Review*, 108 (2) : 291-310.

Norenzayan, A., Smith, E. E., Kim, B., and Nisbett, R. E. (2002), "Cultural Preferences for Formal versus Intuitive Reasoning", *Cognitive Science*, 26 (5) : 653-684.

Nutt, Paul C. (1987), "Identifying and Appraising how Managers Install Strategy", *Strategic Management Journal*, 8 (1) : 1-14.

Pascale, Richard T. (1984), "Perspectives on Strategy: The Real Story Behind Honda's Success", *California Management Review*, 26 (3) : 47-72.

Peng, K., and Nisbett, R. E. (1999), "Culture, Dialectics, and Reasoning about Contradiction", *American psychologist*, 54(9): 741.

Pfeffer, J. and G. R. Salancik (1978), *The External Control of Organizations*, Harper and Row, New York.

Peng, K., and Nisbett, R. (1999), "Culture, Dialectics, and Reasoning about Contradiction", *American Psychologist*, 54 (9): 741-754.

Peng, K., and Nisbett, R. (2000), "Dialectical Responses to Questions about Dialectical Thinking", *American Psychologist*, 55 (9): 1067-1068.

Peter K. Mills, and Gerardo R. Ungson (2003), "Reassessing the Limits of Structural Empowerment: Organizational Constitution and Trust as Controls", *The Academy of Management Review*, 28(1): 143-153.

Piaget, J. (1978), *The Development of Thought*, Oxford, England: Blackwell

Raisch, S., Birkinshaw, J., Probst, G., and Tushman, M. L. (2009), "Organizational Ambidexterity: Balancing Exploitation and Exploration for Sustained Performance", *Organization Science*, 20 (4): 685.

Smith, W. K., and Lewis, M. W. (2011), "Toward a Theory of Paradox: A Dynamic Equilibrium Model of Organizing", *The Academy of Management Review* (AMR), 36 (2): 381-403.

Smith, W. K., and Tushman, M. L. (2005), "Managing Strategic Contradictions: A Top Management Model for Managing Innovation Streams," *Organization Science*, 16 (5): 522-536.

Sosik, J. J. (2005), "The Role of Personal Values in the

Charismatic Leadership of Corporate Managers: A Model and Preliminary Field Study", *Leadership Quarterly*, 16（2）: 221-244.

Spencer-Rodgers, J., and Williams, M. J.（2010）, "Cultural Differences in Expectations of Change and Tolerance for Contradiction: A Decade of Empirical Research", *Personality and Social Psychology Review*, 14（3）, 296.

Spencer-Rodgers, J., Peng, K., Wang, L., and Hou, Y.（2004）, "Dialectical Self-Esteem and East-West Differences in Psychological Well-Being", *Personality and Social Psychology Bulletin*, 30（11）: 1416-1432.

Stanley, M. D.（1974）, "Two Models of Organization: Unity of Command versus Balance of Power", *Sloan Management Review*, 16（1）: 29-40.

Schendel, D. E., and Hofer, C. W.（Eds.）（1979）, *Strategic Management: A New View of Business Policy and Planning*, Boston: Little, Brown.

Schimmack, U., Oishi, S., and Diener, E.（2002）, "Cultural Influences on the Relation between Pleasant Emotions and Unpleasant Emotions: Asian and Dialectic Philosophies or Individualism-Collectivism?", *Cognition and Emotion*, 16（6）: 705-719.

Siriyama, K. H.（2007）, "A Framework for Management Control Research", *The Journal of Management Development*, 26（9）: 895-915.

Smith, M. B.（1977）, "A Dialectical Social Psychology? Comments on a Symposium", *Personality and Social Psychology Bulletin*, 3（4）: 719-724.

Spreitzer, G. , Kizilos, M. and Nason, S. (1997), "A Dimensional Analysis of the Relationship between Psychological Empowerment and Effectiveness, Satisfaction, and Strain", *Journal of Management*, 23 (5) : 679-704.

Tom, C. (1999), "Research Notes and Communications: Customer-Led and Market-Oriented: A Matter of Balance", *Strategic Management Journal*, 20 (12) : 1157-1163.

Westphal, J. D. , and Fredickson, J. W. (2001), "Who Directs Strategic Change? Director Experience, the Selection of New CEOs, and Change in Corporate Strategy", *Strategic Management Journal*, 22 (12) : 1113-1137.

Yammarino, F. J. (1994), *Indirect Leadership: Transformational Leadership at a Distance.*

Yang, J. , Zhang, Z.-X. , and Tsui, A. S. (2010), "Middle Manager Leadership and Frontline Employee Performance: Bypass, Cascading, and Moderating Effects", *Journal of Management Studies*, 47 (4) : 654-678.

Zhang, D. L. , and Chen, Z. Y. (1991), *The Orientation of Chinese Thinking*, Beijing: Social Science Press. (in Chinese).

Zhang, Y. , Chen, C. C. , and Wang, H. (2007), "Bounded Empowerment: Main and Joint Effects of Supervisory Power Sharing and Management Control", paper presented at the Academy of Management Conference 2007, Philadelphia.

第二部分

中国企业环境下领导授权赋能行为的研究

第六章

授权赋能研究的进展

摘　要

本文从对授权赋能概念的界定出发，介绍了授权赋能研究的学术发展脉络、授权赋能概念的结构及相应的测量工具。对授权赋能的前因结果变量的回顾发现，前因变量包含个人特征和环境两大类因素，而结果变量则包含个体本身和人际间的两类因素。中国国内在授权赋能方面的研究还很贫乏，有必要借鉴国外的相关理论，做适合中国企业情境的研究。

关键词：授权赋能　心理赋能　前因变量　结果变量

1. 引言

工作场所的授权赋能（empowerment）已经得到了研究学者和实业界人士越来越多的关注（Donovan，1994）。大量授权赋能文献的结果证明，一个被授权赋能了的个人或团队将有助于竞争优势的获得（Matthews，Diaz，and Cole，2003）。授权赋能能够影响工作有效性（Koberg, Boss, Senjem, and Goodman, 1999）、管理和组织有效性（Spreitzer, 1995）、组织承诺（Wilson and Laschinger, 1994）、工作满意度（Koberg et al., 2001, 2004）和工作倦怠感（Spreitzer, De Janasz, and Quinn, 1999）。虽然中国逐步成为经济强国，但是对公司治理、管理制度和控制手段、员工态度和绩效、组织有效性的社会研究尚不成熟（Tsui and Lau, 2002），而且很少有进行授权赋能方面的实证研究。本文试图将授权赋能的概念及相关研究系统地介绍给研究学者及从事管理实践的人们。

中国企业的中层管理者普遍抱怨他们常常处于上传下达的角色，没有充分的自主权对自己部门的问题作出决策。而中层管理者对组织管理及组织绩效都很重要，他们不但起着连接组织目标和部门目标的关键作用（Katz and Kahn, 1978），还发挥激励下属实现这些目标的作用；他们还通过自己的态度和行为来影响下属（Tsui and Lau, 2002）。因此对授权赋能的综述研究也具有实践的指导意义。

本文从授权赋能的概念界定开始，系统总结授权赋能构念的测量工具，并分析该构念的前因和结果变量，进而得出一个综合的研究框架，同时指出未来可能的研究方向。

2. 授权赋能的概念界定

授权赋能源自英文单词 empowerment。而 empowerment 是从动词 empower 得来。Empower 由两部分组成：em 和 power，em 这

一前缀的意思是引起或使某人或某物处于某种状态，因此 empower 就是指使某人处于 power 的状态。但是 power 有多种意义，最广泛的含义是"权力"（authority），另外两种与组织管理相关的意义分别是能力 / 潜力（ability/capacity）和能量 / 动量 / 驱力（energy/momentum/drive）。由此可见，empowerment 具有多重意义。

组织中的权力（power）可以解释为拥有正式的官方权力（authority）或对组织资源的控制权（Conger，1988）。授权赋能（empowerment）则"意味着赋予权力——官方权力的授予"（Burke，1986），韦氏字典中也有相似的定义描述。在组织管理研究中，授权赋能概念的产生来自于对权力让渡（alienation）（Blauner，1964）、参与管理（participative management）（Lawler，1988）、工作丰富化（job enrichment）（Hackman and Oldham，1980）的大量研究。20 世纪 80 年代以来，授权赋能已经成为一个组织行为理论和企业管理实践中广泛使用的概念（Bennis and Nanus，1985；Block，1987；Burke，1986；Kanter，1983）。授权赋能可谓是一组授予决策权的管理行为（Blau and Alba，1982；Mainiero，1986），在这里，授权和决策权下放的思想成为授权赋能的核心（Burke，1986；Kanter，1983）。

80 年代后期，Conger 和 Kanungo（1988）开始从心理学角度研究授权赋能。心理学中的权力和控制是指个人内在动机和期望的信仰状态。他们认为，授权赋能是动机性构念（motivational construct）——指的是"使能够"（enable）而不仅仅是"授予权力"（delegate）。他们将授权赋能定义为是下属"努力—绩效"期望的提高或者说是"自我效能感"（self-efficacy）提高的过程。授权赋能不仅包含了授予权力和参与，还涵盖了通过正式的组织实践和非正式的信息提供而提高下属自我效能感的过程。Thomas 和 Velthouse（1990）在 Conger 和 Kanungo 研究的基础上从认知角度来探讨授权赋能的概念。他们认为权力有几重含义。在法律意义上，权力意味着官方权力（authority），因此授权赋能可以是官方授权（authorization）。权力还可以表示能力（capacity）。另外，权力还可以代表能量，授权赋能则可表示赋予能量（energize）。后面两方面的含义能够很好地表现出该术语动机层面的意义。

因此，授权赋能所产生的动机（motivation）被更加清晰地描述为"内在任务动机"（intrinsic task motivation），也就是对工作产生的发自内心的动力，包含了动机产生中的自我效能因素。它强调任务的"拉力"（pull）而非管理行为的"推力"（push）（Berlew，1986）：使任务更有意义（Block，1987；Schein，1985）、对任务产生认同（Bennis and Nanus，1985）或发现任务中表现的价值（expressive value）（Shamir et al.，1993）。对照经典范式（classical paradigm）下的严格控制（restrict control）辅之以相应奖惩的模式，工作任务对于员工来说仅具有工具性价值（Block，1987）；而授权赋能所体现的管理新范式，包含宽松的控制（relaxed control），并强调员工对任务本身的内在承诺（internalized commitment）。

另外，我们需要明确授权赋能概念背后的一些基本假设。首先，授权赋能不是持久的个人人格特征，而是人们在工作环境中形成对自己的一系列知觉（Thomas and Velthouse，1990）；其次，授权赋能是一个连续变数，只有程度高低之分而非有无之分（Spreitzer，1995）;第三，授权赋能不能普遍应用于各种生活情境，它只是一个局限于工作情境中的构念（Spreitzer，1995）。

从以上的回顾可以发现，对授权赋能的定义由开始的组织内的管理行为而逐渐转向心理层面的动机状态。Zimmerman（1995）进而提出授权赋能是一个多层次的构念，它包含心理赋能（psychological empowerment）和组织赋能（organizational empowerment）两个层面，两者相互依赖。心理赋能是指进行个体层面的分析，而组织赋能则包括能够提高员工技能、提供所需的支持从而影响组织层面变化的流程和结构。Spreitzer（1997）也归纳出在组织情境下授权赋能的两个角度：关系角度（relational perspective）和心理角度（psychological perspective）。关系赋能指的是自上而下的流程（Conger and Kanungo，1988）和机制（Quinn and Spreitzer，1997；Wilkinson，1998）。当等级结构的上层与下层分享权力时就会实现授权赋能（Siegall and Gardner，2000；Spreitzer，1997；Willinson，1998），这已经得到了学术界的广泛研究。其次，授权赋能的心理角度则集中于员工对授权赋能的感知（Spreitzer，1995，1997；Thomas and Velthouse，1990），只有在员工感知到授权赋能的心理状态时才能实现心理赋能（Quinn and Spreitzer，1997；Wilkinson，1998）。

Spreitzer（1997）与 Zimmerman（1995）的观点本质相同，

即授权赋能构念包含两个层面的内容：一是个体心理层面的赋能状态，它本质上就是 Conger（1988）、Thomas 和 Velthouse（1990）概念的含义，从心理角度出发，描述个人被激发的内在心理状态；另一个是组织层面，即能够有助于授权赋能的机制和管理行为（Bennis and Nanus，1985），这一层面则从诱发个人内在授权赋能状态的管理环境出发，强调授予权利赋予能量的动态过程。而这一层面对 80 年代授权赋能的研究可谓是一种回归，由此使整个授权赋能概念更加全面。但在对授权赋能构念多层次界定的过程中，学者们缺乏对组织和个体层面的关系相互作用的进一步探讨。

在中国国内对授权赋能的相关研究很少，而且并没有发现与授权赋能构念对等的概念。国内学者进行了一些对授权的研究（刘秀英和王丽，2004；宋铭，1994），研究结果恰与国外学者 20 世纪 80 年代初期的认识相一致，但对授权赋能概念中所涵盖的心理状态以及组织中的结构变量都很少涉及。

3. 授权赋能的维度及测量

由于在授权赋能构念界定中的多层次特点，不同学者关于授权赋能的维度以及测量方法的研究结果也有较大不同。

3.1 心理层面授权赋能的维度及测量

Thomas 和 Velthouse（1990）认为，授权赋能能够产生内在任务动机。而内在任务动机主要指个人从任务中得到的积极的有价值的经验。由于个人反应的产生需要经过主观解释这一环节，个人解释上的差异会对最终的反应结果产生不同影响。因此他们研究了任务评价（task assessments）对个人动机形成的影响，把任务评价分为四个维度：意义感、能力、选择和影响力（表1）。授权赋能是通过对这四个维度的作用来提高内在任务动机。但是，该文献并没有提出对授权赋能的测量方法。

表1　学者对授权赋能因素的研究

作者及时间	维度	定义
Thomas 和 Velthouse（1990）	影响力（Impact）	行为对结果影响的程度
	能力（Competence）	个人运用自己的技术尽力完成任务的程度
	意义感（Meaningfulness）	个人用自己的判断标准的工作目标的价值
	选择（Choice）	个人的行为是否是自我决定的
Spreitzer（1995）	影响力（Impact）	行为对结果影响的程度
	能力（Competence）	个人运用自己的技术尽力完成任务的程度
	意义感（Meaningfulness）	个人用自己的判断标准的工作目标的价值
	自我决定（Self-determination）	个人的行为是否是自我决定的
Konczak 等人（2000）	授权（Delegation of Authority）	主管把权力赋予下属
	负责（Accountability）	主管强调个人和团队对绩效结果负责
	自主权（Self-Directed Decision Making）	主管鼓励下属独立决策
	信息分享（Information Sharing）	主管与下属分享对组织绩效有用的信息和知识
	技能发展（Skill Development）	主管保证下属有适当的培训以发展下属支持授权所需的技能
	对创新绩效的指导（Coaching for Innovative erformance）	主管提供绩效反馈，鼓励下属创新，把错误当成学习机会

（续表）

Arnold 等人（2000）	以身作则（Leading by Example）	领导者表现出对工作以及团队成员的工作承诺的行为，对自己建立比较高的标准
	指导（Coaching）	领导者教育团队成员，帮助他们树立自信
	参与决策（Participative Decision Making）	领导者在制定决策时使用下属提供的信息，听取下属意见，共同决策
	提供信息（Informing）	领导者把公司层面的信息以及其它重要的工作信息提供给下属
	关心（Showing Concern）和与团队互动（Interacting with the Team）	领导者尊重下属，关心下属的福利与其所关注的事，把团队作为一个整体来对待
Laschinger 等人（1997）	机会结构（Structure of Opportunity）	在组织内成长和流动以及争取挑战获得增长知识和技能的机会
	信息的可得性（Access to Information）	能够了解正式和非正式的信息，如能够较早的了解组织决定和政策的变化
	资源的可得性（Access to Resource）	能够向外部施加影响以获得物质、金钱、奖酬或其他所需资源
	支持的可得性（Access to Support）	允许创新性的冒险行为，包括不需经过多层允许过程可以自主作出判断
	正式权力（Formal Power）	工作中允许自主决定，给予认可，提供相关的组织目标
	非正式权力（Informal Power）	来自组织内人们（主管、同事、下属）之间的关系和联盟

（续表）

Herrenkohl（1999）	奖惩体系的公平性（Fairness of the Recognition System）	对成就认可和奖酬的公平性
	公司目标的清晰（Clarity of Company Goals）	明确公司的目标及其实现的过程
	承担冒险的责任（Response to Risk Taking）	公司如何对冒险和犯错误负责
	对质量的责任（Responsibility for Quality）	员工是否对工作质量和客户利益负责
	鼓励团队工作（Encouraging Work in Teams）	强调在团队中工作以及团队有效性
	对公司的成功负责（Responsibility for Company Success）	对公司目标实现和公司成功的个人责任的感知
	对工作过程的决策（Decisions about Work Processes）	谁决定工作如何开展，员工还是主管
	对公司问题负责（Responsibility for Company Problems）	公司的哪个层面对质量、成本、公司问题负责
Matthews 等人（2003）	动态的结构框架（Dynamic Structural Framework, DSF）	在动态发展的工作环境中，公司能够提供一套清晰的可变更的指导原则以帮助员工做出程序上和行为上的决定
	现场决策权的控制（Control of Workplace Decisions, CWD）	员工可以被允许进入他们职业生涯的各个方面
	信息共享的流动性（Fluidity in Information Sharing, FIS）	公司内每一个员工都能够掌握关于公司的所有信息

Spreitzer（1995）在这一授权赋能概念的基础上，提出了心理赋能（psychological empowerment）构念的界定，他将其明确定义为由意义感、能力、自我决定和影响力四个知觉因素构成的多维结构。这四个知觉因素反映了对于自己工作角色的积极主动而非被动的取向，也就是一个人希望并且感到能够去影响和

塑造自己的工作角色和工作环境，而不是被动地接受给定的环境（Zimmerman，1995）。Spreitzer 用"自我决定（self-determination）"的术语替代了 Thomas 和 Velthouse（1990）中"选择（choice）"的术语，但这一维度的基本含义没有变化（见表 1）。

Spreitzer（1995）以影响力、能力、意义感、自我决定这四个维度编制了 12 个题目的量表。意义感的题目直接采用的是 Tymon（1988）的内容；能力维度的题目使用 Jones（1986）的自我效能（self-efficacy）量表；自我决定维度采用 Hackman 和 Oldman（1980）的自主权（autonomy）题目；影响力维度采用 Schein（1985）的无助性（helplessness）题目。这四个维度在该研究中的内部一致性系数均大于 0.80。

Spreitzer 编制的授权赋能量表属于心理角度的范畴，已经广泛运用于对该层面研究的测量中。

3.2 领导授权赋能行为的维度及测量

过去很多对领导行为的研究提出了不少领导行为及其效果的测量。但是在传统集权环境下和授权赋能情境下对领导行为的要求存在明显的差异（Arnold et al.，2000）。授权赋能能够给员工和企业带来益处，但是对于管理者也提出了有别于传统管理的新的要求。传统的领导行为量表并不能完全适用于授权赋能的情境之下。Konczak（2000）和 Arnold（2000）等人分别提出了能够强化下属心理赋能认知的领导行为量表。他们的量表关注在授权赋能更宏观的团队或组织层面中的一个因素：领导行为。

Konczak 等人（2000）编制了领导赋能行为问卷（Leader Empowering Behavior Questionnaire，LEBQ）。他们提出了领导者授权赋能行为的六个维度，共 17 道题目（见表 1）。Konczak、Stelly 和 Trusty（2000）经过实证分析还得出主管的这六种类型行为与下属对被授权赋能的感知存在相关关系。各维度内部一致性系数从 0.82 到 0.93。

Arnlod 等人（2000）对团队工作环境下的领导的授权赋能行为进行了研究和测量。作为被授权赋能的团队的领导者，管理者需要提供支持，鼓励自我管理，增强团队成员的自我效能。他们归纳得出五个维度 38 道题目的测量工具（见表 1）。各维度的内部一致性系数都大于 0.85。

3.3 组织层面授权赋能的维度及测量

个人的态度和行为主要是对个体的职位和组织内情境的反应（Kanter，1977），因此有必要进行组织内结构性授权赋能因素的研究。Laschinger（1996，1997，2004）提出了对组织赋能／结构赋能（organizational empowerment or structural empowerment）的测量。他从工作环境的角度来分析组织赋能的结构。量表由六个因素组成，分别是机会结构、信息的可得性、支持的可得性、资源的可得性、正式权力、非正式权力。Laschinger 使用 Chandler（1991）的 36 题有效工作条件问卷（The Conditions of

Work Effectiveness Questionnaire，CWEQ）测量前四个因素——对工作赋能结构的感知分别用 12 题工作活动量表（Job Activities Scale，JAS）和 24 题组织关系量表（Organizational Relationship Scale，ORS）（Laschinger，1996）测量后两个因素。具体的因素定义详见表 1。各因素的信度系数 0.74 到 0.88。

3.4 授权赋能的综合测量

一些学者对授权赋能的测量也提出了与以上均不相同的观点。他们试图在测量中包含授权赋能构念在心理和组织两个层次的意义。

Herrenkohl 等人（1999）认为，授权赋能是指人与环境的互动，应该包含员工行为和组织对员工行为的支持两方面，从而编制了员工授权赋能（employee empowerment）八个因素 139 题的量表，如表 1 所示。鉴于题目太多，这一量表的应用难度很大。前七个因素的信度系数从 0.73 到 0.90，最后一个因素为 0.57。

Matthews 等人（2003）明确表明编制包含个人感知层面和宏观组织层面的量表。在综合前人（Gagne et al.，1997；Quinn and Spreizer，1997；Siegall and Gardner，2000；Wilkinson，1998）研究基础上他们提出了三个组织因素作为促进授权赋能的宏观环境因素，并设计了 19 题目的组织授权赋能（organizational empowerment）量表（见表 1）。这一研究三个维度的信度分别为 0.90、0.91、0.81。

以上介绍了六种对授权赋能的不同测量工具。他们都以各自对授权赋能构念的认知为基础发展而成。对专注于研究心理层面赋能的学者来说，Spreitzer（1995）的量表基本上已经得到广泛的接受。对领导授权赋能行为的测量，Arnold 等人（2000）和 Konczak 等人（2000）的研究也比较具有代表性。而对组织层面的测量尚未达成一致，这主要是由于组织层面能够影响心理授权赋能的变量很多，很难在一个量表中完全涵盖各种因素，因此也导致学者们发展出的量表不尽相同。因此，学者们在未来对授权赋能的研究中，选择测量工具时应该谨慎，注意每种测量工具发展的前提假设。另外，这些测量方法都是西方学者界定授权赋能构念后，在西方组织情境中发展而来的，其中的维度和题目是否适合中国的组织情境有待学者的检验。

4. 授权赋能的前因和结果变量

前文已经提到授权赋能是一个多层次的概念，对其前因后果变数的研究也相应地分为不同的层次。目前学术界对心理层面的授权赋能相关变量的研究较多。

4.1 心理赋能的前因变量

近来有一些学者（Koberg et al., 1999；Laschinger et al., 2004；Spreitzer, 1995, 1997）对心理授权赋能的前因或结果因

素进行探讨，亦即探讨什么样的因素引发或启动员工授权赋能的心理过程、使员工对工作感到有自我效能或自信心，如何能增强员工对努力与期望的认知并且能够自我激励以及心理赋能较高的员工又能产生何种态度、行为或影响。

心理赋能前因变量的研究一般分为两大类：个性特征方面和环境因素。

Spreitzer（1995）和 Koberg（1999）分别对自尊（self-esteem）、控制源（locus of control）、工作年限、性别、教育程度、种族这些个体因素进行了验证，发现自尊、工作年限对心理赋能有显著的相关，其他因素的影响并不明显。值得注意的是控制源对心理赋能的影响不显著。

Conger 和 Kanungo 早在 1988 年就从理论上提出了组织环境中影响赋能心理状态的 4 个方面：组织因素（organizational factors）、主管风格（supervisory style）、奖励体系（reward systems）和工作设计（job design）。

使员工产生赋能的心理状态的最直接前因变量应该是领导授权赋能的种种管理行为和实践。例如领导行为中的以身作则、指导、提供信息、关心等都有利于赋能心理的产生（Arnold，2000）。领导的授权赋能行为甚至可以调节不利于心理赋能的环境因素与心理赋能的相关关系（Honold，1997）。另外，组织赋能也是影响心理赋能的一个重要因素（Laschinger，1996）。Spreitzer（1995，1996）和 Koberg（1999）还分别验证了某些环境因素：如信息的可得性（access to information）、以个人绩效为基础的奖励体系（individual-performance-based reward system）、角色模糊度（role ambiguity）、控制宽度（span of control）、社会政治支持（social political support）、资源的可得性（access to resource）、参与的气氛（participative climate）、领导的亲和性（leader approachability）、团队的价值（worth of group）、团队有效性（group effectiveness）、相互影响程度（mutual influence）、团队内部的信任度（intragroup trust）、个人在组织中的级别（organizational rank）。其中，资源的可得性、相互影响程度、团队内部的信任度与授权赋能的关系没有得到数据支持。Kark 等人（2003）还验证了交易型领导风格通过中介变量——社会认同，从而显著影响员工的心理赋能。

4.2 心理赋能的结果变量

心理赋能的结果变量也分为两方面来考察：个体本身的结果（intropersonal outcome）和人际之间的结果（interpersonal outcome）。学者们对前者的研究比较多，只有 Spreitzer 等学者在 1999 年对心理赋能所产生的人际间的结果有所研究。

心理赋能与工作效率（Koberg，1999）、管理效率（Spreitzer，1995）、组织承诺（Laschinger and Shamian，1994；Wilson and Laschinger，1994）、工作满意度（Koberg，1999；Laschinger et al.，2001，2004）、离职倾向（Koberg，1999）、工作倦怠感（burnout）

（Hatcher and Laschinger，1996）、创新性（Spreitzer，1995）等个人因素都存在显著的相关关系。另外，对某一层级管理者的心理赋能还可以产生三种变化性的领导特征结果：创新性、对老板的影响力、对下属的激励（Spreitzer et al.，1999）。

4.3　组织赋能的前因和后果变量

授权赋能的组织层面主要包含诸如组织结构、沟通机制等方面，这些是组织层面的变量，因此，当学者侧重研究组织内部现象时，就无法触及到这些组织变量的前因变量，因而也就对此少有研究。

对于组织赋能的后果变量研究，Laschinger（2004）验证得出组织层面的授权赋能与工作满意度存在显著相关关系。下文还将阐述心理赋能与组织赋能的关系，即心理赋能状态是组织赋能的结果变量。

4.4　授权赋能心理层面与组织层面的关系

授权赋能的理论实际上包括过程和结果两部分，也就是说行为、行动或结构都可能产生赋能的效果，而这些过程将会导致管理对象某种水平的被授权赋能感知（Gagne，Senecal，and Koestner，1997）。授权赋能的行为和结果都包含在授权赋能的概念之中。其实授权赋能的过程就是指在概念界定中组织层次的授权赋能，而心理层次的赋能则与授权赋能中的结果部分相一致。

授权赋能组织层面的变量最初是作为组织中影响心理赋能

的环境因素来研究的（Quin and Spreizer，1997；Siegall and Gardner，2000；Wilkinson，1998），当 Matthews 等人（2003）将组织层面加入到授权赋能的构念中时，变量的选择也是参照前人对心理赋能的前因——环境因素的研究。

由以上两点可知，授权赋能的组织层面和心理层面的变量本身存在着相关关系，Laschinger（2001，2004）经过实证分析证明了两者的相关关系。同时，他还验证了心理赋能对组织层面赋能与工作满意度相关关系的中介作用，其截面（cross-section）数据显示了关系的显著性，但追踪（longitudinal）数据却未能显示进一步验证结果。

综上所述，本文归纳出授权赋能前因后果变量的一个综合框架（图1）。

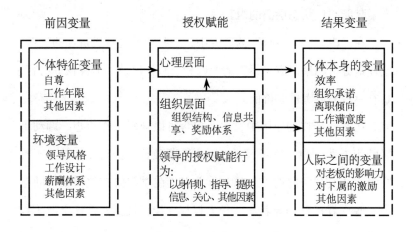

图1 授权赋能的前因后果变量的框架

5. 在中国情境下授权赋能方面的研究

授权赋能这一构念在国内研究很少，没有综述性的文章和实证性文章，也缺少对国外测量工具的适用性研究。

我们在进行文献检索的过程中，并未发现与国外授权赋能完全对等的构念。在有限的相关研究中，国内对"授权"（delegation）的这一概念有着基本的认同。授权，简单讲就是授予权力，是企业领导者将其所有权力的一部分授权予下属（刘秀英等，2004；宋铭，1994）。与前文所述对授权赋能概念的对比可以发现，国内对授权的研究只是国外授权赋能构念的一小部分，只涉及了领导行为和主管授权这两部分内容，而没有包含组织层面其他变量和产生赋能心理状态层面的内容。

在国内有关"授权"的研究中，一些学者进行思辨性的思考，定性地分析归纳出有关授权的原因和必然性以及如何授权等内容，具有一定的参考借鉴价值。

在实行授权的原因中，主要包含可以减轻工作负担、调动下属的积极性、利于培养人才、防止专断独行、提高工作效率（程晓峰，2001；张向前，2003）等方面。在对如何有效授权的问题中一些作者提到领导者需要择人授权、授权授责、信任下属（程晓峰，2001；张莉等，2004）。一些学者（岑成德等，2003；肖自明，2003）在建立授权有效机制的问题上，没有只停留在领导行为方面，也发现了组织其他方面的因素。他们提出了组织文化、营造良好的工作环境、改变组织结构、建立有效的回馈系统和有效的监控机制等影响因素。另外，不少学者（田效勋，2002；夏宁，2003；张莉等，2004；张向前，2003）提到关于在领导授权中"度"的把握，应该注意掌握授权与控制的辩证统一关系，在授权的同时还必须进行适当的控制。

国内外一些学者对中国情境下的授权赋能也进行了一些实证研究。李超平等人（2006）在中国被试中修订了 Spreitzer（1995）心理授权赋能量表，并发现心理授权赋能对员工的组织承诺、离职意向等因素有影响。在 Hui 等人（2004）的跨文化研究中发现：在中国和加拿大，授权赋能对离职倾向的影响程度不同，授权赋能在加拿大的影响比中国更大。Tsui 等人（2005）以中国的中层管理者为样本，发现组织信任比授权赋能更能够影响员工的离职倾向。

6. 结束语

本文从授权赋能的概念界定、测量方法、前因结果变量以及中国国内的相关研究几方面进行了理论回顾。在这一过程中，作者发现了一些在该研究领域中存在的问题并得到了一些启示。

首先，学术界对授权赋能的概念本身缺乏统一的认识。构念的明确清晰是顺利开展后续实证研究的坚实基础。由前文我们也可以发现，虽然文献 Spreitzer（1997）和 Zimmerman（1995）提出了授权赋能的多层次问题，但是如今还是以 Spreitzer（1995）的概念界定应用广泛，对授权赋能组织层面的概念所涵盖范围的界定并没有达成一致解释。这样对进一步实证研究会带来影响，有可能导致在后续的相关变量研究中出现研究结果不一致。

第二，对某一构念量表的编制是以其概念界定为出发点的，由于授权赋能概念范围的界定问题而导致了量表编制多样化。因此在今后的研究中，对量表的选用必须采取审慎的态度，充分理解量表背后的构念界定，寻找出与自己所研究问题相匹配的构念和测量工具。

第三，正是由于存在前两点的问题，致使学界对授权赋能前因后果变量研究并不丰富，从图 1 的框架中也可发现只有少数变量关系得到验证，还存在很多待证明的相关关系。例如，组织文化、高层管理团队关于权力、控制和员工参与的价值理念都会影响组织授权政策和实践的组织因素，值得学者们进一步研究。因此对授权赋能前因后果变量的研究还有很大的发展空间。

第四，就中国国内对授权赋能的研究而言，研究只涉及授权的方面，对授权概念的界定远没有国外授权赋能概念内容的丰富，而且没有发现国内有对此做实证研究的论文。国内学者可以学习借鉴西方授权赋能已经成熟的理论结果，同时注意验证理论的适用性。在国内和西方文化环境差异大的前提下，学者还可以探索真正能够激发员工内在动机状态的本土性维度，进行跨文化比较研究也会具有一定的理论价值。

第五，在综述中也发现国内定性分析中一些可以借鉴的想法。例如，在影响有效授权的组织变量中，良好的工作环境和有效的监控机制是国外研究所不曾提到的；另外，授权与控权的辩证统一关系、领导者对授权和控制同时运用的问题也不曾得到关注。而在 Spreitzer（1999）的相关研究中，假设主管的授权赋能与监控行为存在负相关关系没有得到数据支持。那么授权赋能与控制两者是否存在相关关系，存在怎样的相关关系，在跨文化的环境中相关关系是否具有不同的表现等都值得学者继续更加深入地探讨。

Abstract

Based on the definition of the empowerment concept, the academic development of empowerment study, the construct of the empowerment and the measurements are introduced in this paper. By reviewing the studies of the antecedents and consequences of the empowerment, we conclude that antecedents consist two categories of factors: individual characteristics and environmental factors; consequences consist of personal and interpersonal factors. There are few domestic studies focusing on the empowerment. It is necessary to conduct indigenous research in Chinese organizational context to explore the constructed apply it appropriately.

参考文献

岑成德、白琳："正确认识授权 有效运用授权"，《现代企业》

2003 年第 10 期，第 24-25 页。

程晓峰："论领导者授权"，《管理科学文摘》2001 年第 3 期，第 55-56 页。

李超平、李晓轩、时勘、陈学峰："授权的测量及其与员工工作态度的关系"，《心理学报》2006 年第 1 期，第 99-106 页。

刘秀英、王丽："企业中的授权与分权"，《环球科技经济瞭望》2004 年第 5 期，第 15 页。

宋铭："授权艺术—企业领导者的必修课"，《软科学》1994 年第 4 期，第 56-57 页。

田效勋："授权的艺术"，《中国人力资源开发》2002 年第 11 期，第 58-60 页。

夏宁："充分授权"，《企业管理》2003 年第 6 期，第 60-61 页。

肖自明："心理学视野中的管理者授权行为"，《宁夏大学学报》2003 年第 10 期，第 100-103 页。

张莉、张芸："组织内部如何有效授权"，《现代管理科学》2004 年第 1 期，第 91-92 页。

张向前："领导应当学会授权艺术"，《管理科学文摘》2003 年第 3 期，第 48-49 页。

Arnold, J.A., Arad, S., Rhoades, J.A., Drasgow, F. (2000), "The Empowering Leadership Questionnaire: The Construction and Validation of a New Scale for Measuring Leader Behaviors," *Journal of Organizational Behavior*, 21 (3) : 250-260.

Ashforth, B.E. (1989), "The Experience of Powerlessness

in Organizations," *Organizational Behavior and Human Decision Processes*, 43（2）: 207-242.

Bennis, W., Nanus, B.（1985）, *Leaders*, New York: Harper and Row.

Berlew, D. E.（1986）, "Managing Human Energy: Pushing versus Pulling", in S. Srivastva（Ed.）, *Executive Power*, San Francisco: Jossey-Bass.

Blau, J. R., Alba, R.D.（1982）"Empowering Nets of Participation", *Administrative Science Quarterly*, 27（3）: 363-379.

Blauner, R.（1964）, *Alienation and Freedom*, Chicago: The University of Chicago Press.

Block, P.（1987）, *The Empowered Manager*, San Francisco: Jossey-Bass.

Burke, W.（1986）, *Leadership as Empowering others*, San Francisco: Jossey-Bass.

Chandler, G.E.（1991）, "Creating an Environment to Empower Nurses", *Nursing Management*, 22（1）: 20-23.

Conger, J.A.（1988）, "The Empowerment Process: Integrating Theory and Practice", *Academy of Management Review*, 13（3）: 471-482.

Donovan, M.（1994）, "The Empowerment Plan", *Journal for Quality and Participation*, 17（4）: 12-14.

Gagne, M., Senecal, C.B., Koestner, R.（1997）, "Proximal Job Characteristics, Feelings of Empowerment, and Intrinsic Motivation: A Multidimensional Model," *Journal of Applied Social Psychology*, 27（14）: 1222-1440.

Hackman, J.R., Oldman, G.R.（1980）, *Work Redesign*, MA:

Addison-Wesley, Reading.

Herrenkohl, R.C., Judson, G.T., Heffner, J.A. (1999), "Defining and Measuring Employee Empowerment", *The Journal of Applied Behavioral Science*, 35 (3): 373-389.

Honold, L. (1997), "A Review of the Literature on Employee Empowerment", *Empowerment in Organizations*, 5 (4): 202-210.

Hui, M.K., Au, K., Fock, H. (2004), "Empowerment Effects across Cultures", *Journal of International Business Studies*, 35 (1): 46-60.

Jones, G.R. (1986), "Socialization Tactics, Self-Efficacy, and Newcomers' Adjustments to Organizations", *Academy of Management Journal*, 29 (2): 262-279.

Kanter, R.M. (1997), *Men and Women of the Corporation*, New York: Basic Books.

Kanter, R.M. (1983), *The Change Masters*, New York: Simon and Schuster.

Kark, R., Shamir, B., Chen, G. (2003), "The Two Faces of Transformational Leadership: Empowerment and Dependency", *Journal of Applied Psychology*, 88 (2): 246-255.

Katz, D., Kahn, R. L. (1978), *The Social Psychology of Organizations*, New York: Wiley.

Koberg, C.S., Boss, R.W., Senjem, J.C., Goodman, E.A., (1999), "Antecedents and Outcomes of Empowerment", *Group and Organization Management*, 24 (1): 71-79.

Konczak, L.J., Stelly, D.J., Trusty, M.L., (2000), "Defining and Measuring Empowering Leader Behaviors: Development of an Upward Feedback Instrument", *Educational and Psychological*

Measurement, 60（2）: 302-308.

Laschinger, H.K.,（1996）. "A Theoretical Approach to Studying Work Empowerment in Nursing: A Review of Studies Testing Kanter's Theory of Structural Power in Organizations," *Nursing Administration Quarterly*, 20（1）: 25-41.

Laschinger, H.K., Finegan, J.E., Shamian, J., Wilk, P.,（2004）, "A Longitudinal Analysis of the Impact of Workplace Empowerment on Work Satisfaction", *Journal of Organizational Behavior*, 25（4）: 527-545.

Laschinger, H.K., Finegan, J., Shamian, J.（2001）, "The Impact of Workplace Empowerment and Organizational Trust on Staff Nurses' Work Satisfaction and Organizational Commitment", *Health Care Management Review*, 26（1）: 7-23.

Laschinger, H.K., Sabiston, J.A., Kutszcher, L.（1997）, "Empowerment and Staff Nurse Decision Involvement in Nursing Work Environments: Testing Kanter's Theory of Structural Power in Organizations", *Research in Nursing and Health*, 20（3）: 341-352.

Lawler, E.E.（1988）, "Strategies for Involvement", *Academy of Management Executive*, 2（3）: 197-204.

Mainiero, L.A.（1986）, "Coping with Powerlessness: The Relationship of Gender and Job Dependency to Empowerment-Strategy Usage", *Administrative Science Quarterly*, 31（4）: 633-653.

Matthews, R.A., Diaz, W.M., Cole, S.G.（2003）. "The Organizational Empowerment Scale", *Personnel Review*, 32（3）: 297-318.

Perkins, D.D, Zimmerman, M. A. (1995), "Empowerment Theory, Research, and Application", *American Journal of Community Psychology*, 23 (5) : 569-579.

Schein, E. H. (1985), *Organizational Culture and Leadership: A Dynamic View*, San Francisco: Jossey-Bass.

Shamir, B., House, R.J., Arthur, M.B. (1993), "The Motivation Effects of Charismatic Leadership: A Self-Concept Based Theory", *Organization Science*, 4 (4) : 577-594.

Siegall, M, Gardner, S. (2000), "Contextual Factors of Psychological Empowerment", *Personnel Review*, 29 (6) : 703-722.

Spreitzer, G.M., Quinn, R.E. (1996), "Empowering Middle Managers to be Transformational Leaders", *The Journal of Applied Behavioral Science*, 32 (3) : 237-261.

Spreitzer, G.M. (1995), "Psychological Empowerment in the Workplace: Dimensions, Measurement, and Validation", *Academy of Management Journal*, 38 (5) : 1443-1444.

Spreitzer, G.M. (1997), "Toward a Common Ground in Defining Empowerment," *Research in Organizational Change and Development*, 10 (1) : 31-62.

Spreitzer, G.M., De Janasz, S.C., Quinn, R.E. (1999), "Empowered to Lead: The Role of Psychological Empowerment in Leadership", *Journal of Organizational Behavior*, 20 (4) : 511-526.

Thomas, K.W, Velthouse, B.A. (1990), "Cognitive Elements of Empowerment: An 'Interpretive' Model of Intrinsic Task Motivation", *Academy of Management Review*, 15 (4) : 666-681.

Tsui, A.S., Lau, C.M. (2002), "Research on the Management

of Enterprises in the People's Republic of China: Current Status and Future Directions", *The Management of Enterprises in the People's Republic of China*, Boston, Kluwer Academic Publishers.

Tsui, A.S., Zhang, Y., Brown, A., (2005), "Retaining Middle Managers", Working paper.

Tymon, W. G. Jr. (1988), "An Empirical Investigation of a Cognitive Model of Empowerment", unpublished doctoral dissertation, Philadelphia: Temple University.

Wilkinson, A, (1998), "Empowerment: Theory and Practice", *Personnel Review*, 27 (1) : 40-56.

Wilson, B., Laschinger, H., (1994), "Staff Nurse Perception of Job Empowerment and Organizational Commitment: A Test of Kanter's Theory of Structural Power in Organizations", *Journal of Nursing Administration*, 24 (1) : 39-45.

Zimmerman, M. A. (1995), "Psychological Empowerment: Issues and Illustrations," *American Journal of Community Psychology*, 26 (5) : 581-598.

第七章

授权赋能：如何让员工自动自发

　　领导的授权赋能行为（leader empowerment behavior），是指能够使下属产生心理授权赋能感受，即内在工作动机的一系列具体的领导行为。它远远超出了传统意义上的"领导授予下属权力"的范围，而是强调使下属能够（enable）提高"努力—绩效"期望或者说是提高"自我效能感"（self-efficacy）的领导行为（Conger，1988）。

　　授权赋能能够给员工和企业带来益处。研究发现，通过授权赋能，感到心理授权赋能的员工具有较高的工作效率、组织承诺、工作满意度以及创新性。同时，授权赋能还能促进企业培养、锻炼后备人才。在中国，企业领导的授权赋能行为同样非常重要。在知识经济与经济全球化的今天，人力资源日益成为生产要素最重要的一方面，因而需要领导者对下属授权授责、激发下属工作的动机，从而通过调整领导者的领导行为来充分培养、调动员工的工作积极性、主动性和创造性。

　　然而，领导的授权赋能行为在中国的企业中并不广泛存在。

造成国内企业领导者缺乏授权赋能行为的原因很多，从理论发展角度看，西方企业界的授权赋能的思想已经风行了几十年，而这一思想传播到中国企业界只是近几年的事情。国内理论界对于授权赋能的研究还基本上处于授权的阶段，中国企业的领导者缺乏对授权赋能思想的完整理解，缺乏对授权赋能实践技巧的把握，不信任甚至害怕授权赋能，因而不愿意甚至抵制授权赋能。在实践方面，对员工的授权赋能也向管理者提出了有别于传统管理行为的新的要求。例如领导者以身作则、指导、提供信息、关心等行为有利于下属授权赋能心理的产生。由于他们还没能掌握授权赋能应用所要求的知识和技能，这便成了授权赋能在我国企业没有普遍适用的直接原因。当然，中国企业的领导者较少授权赋能，一方面他们思想上还没有充分认识到授权赋能的重要性，另一方面从企业制度层面讲，企业的管理制度本身并不十分科学，在授权赋能与控制之间没有适当的平衡。一些企业的制度，要么是管得过死，要么缺乏相应的控制机制。在这两种情况下，授权赋能都不可能取得成功，因而企业不当的管理机制也制约了企业中的授权赋能。再一个重要的原因则是文化背景的差异，授权赋能的思想孕育于美、欧的文化背景下，在授权赋能的思想、概念和操作层面上，都渗透着西方文化的影响。我国企业引入这样的领导方式，不可避免地产生理论对文化的适用性问题，从而妨碍管理者的理解和应用。当授权赋能所要求的分享领导的权力、增加员工的职责、培养其自信和能力与认可等级、讲究人和的价值观相冲突时，其实施效果就会受到影响。特别是由于中国企业的领导大多存在严重的权力等级观念，大多数领导仍然认为下属不应该参与决策，只需要服从命令，因而他们不愿意授权赋能。

尽管与西方的企业一样需要授权赋能，在中国企业内还存在着如下现象阻碍领导授权赋能行为的实施：

1. 西方企业的领导与下属之间的关系比较简单，是工作关系，彼此之间的信任以工作为基础。中国企业的领导者与下属的关系比较复杂，除工作关系外更重要的是个人关系，个人关系是信任的基础。一般而言，中国企业的领导者不容易信任下属，不相信下属的能力，不相信下属会像自己一样会尽心尽力地完成工作，总以为自己可以做得比别人好，因而这些领导者宁可事必躬亲、日理万机，也不愿意授权下属。

2. 国内企业的领导者受中国传统封建文化的影响，很多企业的管理者过于看重职位权力而忽视个人权力的作用。这些人对授权赋能特别敏感，担心把自己的职位权力授予下属，会因此降低自己对于组织的重要性，削弱自己在组织中的地位，失去对下属的控制。因而在中国企业的领导者中普遍存在集权化的管理思想。

3. 过于强调领导者在组织中的重要性。西方的企业强调"法治"，中国的企业则重视"人治"。中国的企业通常非常突出领导者的个人作用，领导者自己也认为自己比下属高明，从而助长了领导者过高地估计自己，妨碍了授权赋能行为的发生。

4. 领导者与部下争功。作为一名领导者，更多地需要扮演"幕后支持者和策划者"的角色。然而有很多领导没有找准自己的角色定位，仍然喜欢以直接的业绩来表现自己的能力，因而他们不仅无法积极地向部属提供帮助、指导，反而利用权力争抢下属的业绩。在这种情况下，授权赋能是不可能发生的。

5. 由于缺乏有效的组织机制，使企业领导者欲授权而不能。例如，不合理的晋升机制使中层管理人员不敢授权。许多企业在选拔干部时片面强调谁的业绩高就提升谁，因而作为企业的一般领导者，不愿意做"教会了徒弟而饿死了师傅"的事情。反观国外的一些企业在提升管理者的时候考虑全面，在考评领导者的业绩时往往含有培养接班人的内容，这也使得领导者愿意对下属授权赋能。

6. 国内企业的领导者往往不允许下属犯错误，他们不能接受下属犯错误，对于犯错误的下属往往是一棍子打死，结果造成了领导不愿意授权赋能、下属也不愿意接受授权赋能的局面。

7. 员工同样也缺乏授权赋能的思想、能力和知识，职业操守和个人诚信有待进一步提高。很多员工不会运用自主权，更大有滥用权力的情况存在。从这一角度讲，领导不放心进行授权赋能。

领导怎样才能做到真正的授权赋能呢？什么样的领导行为能够促使员工感到被授权赋能呢？西方研究已经发现 6 类领导的授权赋能行为：授予自主权、担当责任、自主决策、信息分享、技能发展、对创新绩效的指导（Konczak et al., 2000）。然而，中国企业的环境与西方相比，从经济、文化等各方面都存在很大差异，在中国企业中，领导的授权赋能行为与西方研究的结论是否因此而存在差异呢？中国企业哪些领导行为能够促进下属心理授权赋能感受的形成？

基于以上问题，我们对 56 名 MBA 学生进行开放式问卷调查，对他们所提供的 877 条领导行为描述进行内容分析，我们发现了 9 类领导授权赋能行为如下表。

领导行为类别	占描述总数的百分比	领导行为类别	占描述总数的百分比
1. 家长式领导	24.01%	2. 工作中的支持与帮助	19.60%
3. 对成就的认可	16.63%	4. 关心员工个人发展	14.10%
5. 过程控制	8.26%	6. 授予自主权	6.39%
7. 结果和目标控制	4.96%	8. 参与决策	3.41%
9. 基本保障	2.64%		

1. 家长式领导

家长式的领导行为是台湾学者郑伯勋研究发现的在华人企业，尤其是家族企业中盛行的一种领导风格，它强调"威权领导"，"仁慈领导"以及"德行领导"。在这一类别中领导行为不但有"奖罚分明、施加压力、技术权威"等"权威"表现，有"情感沟通、生活关怀、建立私交"等"仁慈表现"，还有"树立榜样、以身作则、信守诺言"等"德行表现"。这些表现出来的领导行为在中国背景下能够激励员工产生强烈的内在工作动机。

2. 工作中的支持与帮助

这一类别主要体现出领导对下属"工作的理解和关心"，"工作过程中提供指导和建议，提出方法和步骤"，恰当的时候"予以帮助以及资源的支持"，"排除障碍和困难"，同时"给予信任和鼓励"。通过领导恰当的工作指导，下属能够受到引领，从而更快更好地适应和完成工作。同时来自领导的信任和鼓励更易使下属自信、乐观地面对工作中的困难。

3. 对成就的认可

员工在出色地完成工作后，总是希望能够得到领导积极的回馈，例如领导对下属工作"表示肯定"、"给以表扬"、"荣誉"、"加薪"、"奖金"甚至"升职机会"，这一系列精神和物质激励能够使员工的认可需要得以满足，在下一个任务中更加积极努力地工作。

4. 关心员工个人发展

这一类别中包含大部分领导"关心员工个人成长和职业发展"，"提供培训、进修、深造的机会"等有助于员工发展的内容，还包含了在"工作上安排有难度有挑战性的任务"以及"工作性社交中提供公开表现自己和拓展社会关系的机会"。

5. 过程控制

领导"建立明确的工作职责和任务以及工作权限"基本保证了下属在工作中各司其职，各负其责。"确立制度规则"使下属工作有据可依。在工作完成"过程中的不断沟通"、"掌握工作进展"实际上体现出领导对过程的关注，而在适当的时候"行使权威"则是领导控制过程避免较大偏差的具体表现。

6. 授予自主权

"授予自主权"是领导授权行为最直接的体现。通常授以下属工作范围内适当的自主权和自由度，下属可以创造性的发挥才能完成工作。

7. 结果和目标控制

领导对目标和结果的控制行为可以体现在以下几个具体方面："为下属确立明确的工作目标"、"表现出重视结果而非过程的意向"、"通过将工作目标与个人利益相统一而控制工作结果"，领导还可以通过"画饼"和"许诺"为下属达成目标后预示目标的美好。

8. 参与决策

参与决策的显著作用在于通过它能够使下属感到自己受到了重视，认为自己是重要的、自己的价值有所体现和认可。领导可以"为下属创造发表意见的机会"，"积极倾听"并"重视下属的建议"，并"共同探讨工作中遇到的问题"。尤其在下属在某些方面具有技术专长的情况下，他们的意见对于决策的正确性更为重要。

9. 基本保障

基本保障在这九类中所占比例最少，它主要是指为下属创造良好的工作环境和福利待遇。

我们按照被试列出行为所占的比例确定其重要性，在中国的研究中发现授予自主权、参与决策这两类的领导行为虽与国外的发现相一致，但是它们在领导授权行为中却不是最重要的（排到第六和第八）。然而，其中家长式领导行为、对工作的指导和认可、关心个人发展以及控制则处于主要的位置，而这些类别在西方的研究中并没有出现。这些差异很大程度上与我们所处的背景环境相关。中国的社会文化传统以及当前经济转型时期企业管理的现状很大程度上决定了何种领导行为能够影响下属的心理授权赋能感、哪种行为更重要。

首先，家长式领导对下属的影响有着传统的历史文化背景。传统的中国社会中存在着严格的等级观念以及三纲五常的儒家伦理思想。虽然如今的中国提倡人人平等，某些传统的思想观念仍然固着在人们的思想中，体现在人们的行为上，人们依然遵从于社会的角色。例如上下级之间的关系、下级服从于领导是很正常的现象。由此领导的权威在这个意义上得到了认可和接受，尤其当领导的决策常常正确的时候，无疑增加了下属的接受意愿和对领导的依赖性。领导在工作中对下属的威权表现甚至被下属看做是对他们的家长式的关心和爱护。领导的仁慈表现更加体现出他们对下属的关怀。品德一直以来也是儒家思想所崇尚的治国修身的原则之一，正如"为政以德，譬如北辰，居其所而众星共之"。有研究也发现下属最在意的是领导自身的德行操守，严于律己而宽以待人。领导可以通过树立品德典范，感召下属、激励下属。进而，企业中这样的领导行为对下属工作态度和动机的影响无疑是深远的。

领导对下属工作的指导和认可对下属内在工作动机的增强有直接的影响。在工作中领导给予下属指导与其进行互动有助于下属从中学习，逐步帮助下属建立能够完成工作胜任工作的自信心。

在工作中表扬和晋升机会等方式也可以传达领导对下属工作完成情况的积极回馈。来自领导的认可能够很大程度上起到鼓励下属的作用，提高下属的自我效能感，增强完成工作的自信，形成积极进取的工作态度。因而领导在工作中的帮助和对工作认可的行为有利于员工内在工作动机的强化。

下属对自己职业发展的关注很大程度上源于西方人力资源管理实践在我国企业的引入和应用。新的绩效考核体系使人们意识到个人能力的重要性，劳动力的自由流动为有能力的人提供了更大的舞台，进而员工越来越关注个人的提高和进步。从个人角度来讲，做好个人发展的未来规划也成为个人事业成功的要件。领导在员工个人成长道路上的帮助自然为员工所感激。

控制，原本就是科学管理的四大基本职能之一。在西方国家的企业管理历史中，恰恰是由于过于严格的控制管理使员工丧失了工作的积极性和动力。在人们意识到这一问题后，80年代后期，授权赋能的提出代表了管理中员工参与的理念诞生。授权赋能还进一步强调做决策的能力和自由度，它的核心是关于权力的运用。由此简单回顾我们发现西方领导的授权赋能实际上是在科学管理日益完善的基础上发生的，是在控制管理的相伴之下实施的。授权赋能的实施实质上并没有减弱控制在管理中的力量，而是弥补了其不足之处。虽然西方领导授权行为丝毫没有关于控制的表现，但不能否认这是一种在严密的组织结构和管理流程之下的行为。相较于西方企业，中国的企业内部则是另一番景象。建立现代企业制度、引进西方科学管理的模式等也就发生在十几二十年前。西方利用一百多年积累的企业管理经验、成功的企业模范，在国情背景差异颇大的情况下，势必要首先考虑其适用性问题。目前我国的企业实际上尚处于企业自身发展周期的初期阶段，企业制度结构层面并不完善，企业内部的管理控制机制也不健全，在这样的企业环境下，作为能动因素的领导则同时担当了授权之外的控制角色。权力授予后的自主使用必然需要相应的控制机制得以监督，没有监督的授权只能叫做放任，而过分控制则无法真正给下属自主的空间。两者之间需要达到恰当的平衡。

领导授权赋能行为中的控制因素，包括了工作上对工作过程、工作目标以及结果的控制。具体则体现在领导经常关心下属工作的进展、注重工作的结果以及订立工作目标等手段。更重要的是，通过领导这种人际间的互动所传达的信息更能让下属感觉到领导对其工作内容的关注以及他的重要性，而这些人性化的关注却是制度层面所无法表达的。在中国这样一个注重人际关系、社会网络的社会，人与人之间具有很高的依赖性（interdependent）。而对于上下级角色中的下属对与上级的关系更加重视。从这个角度来讲，原本理论意义上的控制经由领导对下属所表现出的主动行为使下属感受到自己在此关系中的重要，从而引发内在激励的效果。由此在领导的授权赋能行为中，控制的内容已经升华，它超越了传统的监督、监控的功能，不单纯以制约授权而存在。它增加了关注员工，使下属产生内在工作动机的因素。

以上分析可以给国内企业领导者有效的授权赋能带来一些启示。

首先，中国企业的领导者应当进一步加强授权赋能和控制理论的学习，转变领导观念，完整理解和把握授权赋能、控制的思想内涵和具体实践方法，这是做好授权赋能的基础。授权赋能不是简单的下放权力，而是既授权也授责，更重在提高下属的自我效能。领导对下属的控制不只是监控，还含有引导与鼓励的内容。领导者在授权赋能时，必须把握好授权赋能与控制的平衡和度的问题。没有授权赋能的领导行为无法有效地激发下属的自我效能，而没有对下属适当控制的授权赋能行为容易导致被授权组织或个人的局部目标与组织的整体目标的冲突。平衡的授权赋能与控制可以有效提升下属的自我效能、提高下属的个人绩效并防范企业内部的利益冲突。实证研究发现，领导的授权赋能、控制行为对下属的个人绩效有着显著的影响。

其次，授权赋能是为了激发下属的自我效能感，提高工作的投入度，达到所谓"不待扬鞭自奋蹄"的效果。研究发现，中国企业员工的投入度与其工作感受、受到的对待及其情绪有很大关系。因此，企业的领导者为了做好授权赋能，提高员工投入度，需要表达出对员工的关心，并关注员工的情绪与感受。在中国的企业情境下，员工并不反感家长式领导的做法，施恩与威权并重，以爱护家人般的态度和心境向员工表达出人际的关心、尊重与理解，要在乎他们的感受。即使对下属控制时也要有这样的内涵，这是领导授权赋能行为的一部分。

另外，国内企业的领导者对下属授权赋能的前提是信任该下属。但这种信任关系应当建立在工作的基础上。一些企业的领导者信任以个人关系为基础的圈内人，往往把他们作为授权赋能的对象，而对于圈外人则很不信任，在对他们进行授权赋能方面有所保留。作为企业的领导者应当打破圈子界限，主动接近、了解所有下属。对所谓圈子以外的下属，领导者应当首先检视自己，有没有圈子意识，有没有戴有色眼镜看人，有没有通过信任来激励下属。领导者应该相信下属的能力，相信他们拥有更多的一线信息、解决具体问题的经验也更多，下属可以比领导者更科学、更出色地完成工作。通过授权赋能，领导的能力通过下属得以放大，使下属更加积极、主动地处理问题，使得领导者更多、更快、更好地完成工作。并且通过授权把具体的工作分派出去，让领导者从一个更高的层面来统率全局。

那么具体而言，如何改进领导的授权赋能方式和行为？

从企业的背景来讲需要考虑以下几个方面（Yukl，2001）：

1. 企业的集权化程度。高度集权化的组织会严重限制对中低层管理者的授权范围和程度；而低集权化的组织则能够向员工提供更多的工作自主机会。

2. 企业的文化。组织的文化描述了员工共享的价值。例如在强调准确高效无误的运行的文化中员工会害怕犯错误，担心事后的不良后果；而柔性的、学习的文化则为员工提供了发挥自主性的氛围。

3. 信任。当上下级之间存在高水平的相互信任的时候，更容易实现授权赋能。

4. 员工参与具体措施。很多的企业具体措施能够提高员工参与度以及影响力。例如质量圈、自我管理团队、员工持股等。

而从领导的具体行为来讲可以考虑下列方面：

1. 设置清晰的工作目标；

2. 让员工参与对他们有影响的决策；

3. 对于重要的工作事项授予责任和权力；

4. 要考虑员工个体在动机和技术方面的差异性；

5. 授予责任的同时提供资源的支持；

6. 表现对下属工作过程中和结果的关心；

7. 改变管理体系使之与授权赋能相一致；

8. 去除不必要的官僚约束；

9. 适当实施控制；

10. 表达对员工的自信和信任；

11. 鼓励和支持新的想法；

12. 认可重要的贡献和成果；

13. 确保奖励与新的责任对等；

14. 表达对员工个人的关怀。

总之，无论国外的企业管理理论如何先进成熟，都是在西方资本主义经济背景和独立、自由和平等的价值理念下发展而来的。

众所周知"南橘北枳"的道理，因而中国企业的管理者必须探索适合自身经济文化背景的理论和实践经验。已有研究证明，中国企业员工所希望的人力资源管理实践就更注重人文的关怀。这也表现在我们所发现的领导授权赋能类别上：家长式领导、对工作的帮助和支持、关心员工个人发展等都体现出员工期望领导对下属的人文关怀。因此，中国企业的领导在进行授权赋能的时候，需要领导者具有成熟的思想、开阔的胸怀、对下属的信任、娴熟的沟通与控制技巧和足够的信心，需要考虑到传统文化对员工潜移默化的影响，不但实施授以自主权、参与决策等与西方相似的行为，而且实行家长式领导，工作上帮助，生活上关心，个人成长上的引导。总之，授权、人际关系、控制三者并行，才是真正完整有效的中国企业领导授权赋能行为。

第八章

领导授权赋能行为的维度确认与测量

摘　要

　　本文采用实证研究的方法对中国企业情境下领导授权赋能行为（empowering leadership behavior）的维度及其测量进行了研究。首先采用开放式问卷收集了 877 条领导授权赋能行为的描述，归类分析表明，中国企业情境下的领导授权赋能行为包括 9 个类别，并在此基础上形成了封闭式问卷。201 份有效问卷的探索性因子分析表明，领导授权赋能行为是一个 6 因素的结构，具体包括：个人发展支持、过程控制、权力委任、结果和目标控制、参与决策、工作指导。为了进一步验证领导授权赋能行为的结构效度，并考察问卷的信度和预测效度，在两家企业进行了问卷调查，获得了 420 份有效问卷。验证性因子分析确认了领导授权赋能行为的结构效度，内部一致性分析和回归分析的结果也表明，基于我国企业管理者的领导授权赋能行为量表具有较好的信度和效度，其对下属的心理授权赋能感、工作满意度和情感承诺等工作结果有一定预测作用。

关键词：领导行为　授权赋能　测量　信度　效度

1．问题提出

如何进行有效的授权赋能（empowerment），使员工具有心理上授权赋能的感受（psychological empowerment），从而激励员工更加积极和全力地实现组织的目标，成为组织行为学与人力资源管理等学科研究的重要问题。

授权赋能这一概念与权力让渡（alienation）（Blauner，1964）、工作丰富化（job enrichment）（Hackman and Oldman, 1980）和参与管理（participative management）（Lawler, 1988）等研究密切相关。20世纪80年代以来，授权赋能已经成为组织行为理论和企业管理实践广泛使用的概念（Bennis and Nanus, 1985；Block, 1987；Burke,1986；Kanter,1983）。学者认为，授权赋能是一组授予决策权的管理行为（Blau,1982；Mainiero,1986），授权和决策权下放的思想是授权赋能的核心（Burke,1986；Kanter,1983）。80年代后期，Conger和Kanungo开始从心理学角度研究授权赋能，他们将授权赋能定义为下属"努力—绩效"期望或者"自我效能"提高的过程（Conger and Kanungo,1988）。Thomas和Velthouse在Conger和Kanungo研究的基础上，从认知角度来探讨授权赋能的概念，他们将授权赋能所产生的动机（motivation）更加清晰地描述为"内在任务动机"（intrinsic task motivation），也就是对工作产生的发自内心的动力（Thomas and Velthouse, 1990）。

　　大量授权赋能文献的研究结果证明，授权赋能能够影响员工的工作效率（Koberg, Senjem, and Goodman, 1999）、工作满意度（Koberg, Senjem, and Goodman, 1999; Laschinger, et al., 2004; 李超平、李晓轩、时勘等,2006）、情感承诺（Finegan and Laschinger, 2001; Kuokkanen, Leino-Kilpi, and Katajisto, 2003）和工作倦怠感（Spreitzer, De Janasz, and Quinn, 1999）等，能够使员工与管理者共同对结果负责（Frey, 1993），并对组织成功带来巨大贡献（Jaffee and Scott, 1993）。领导授权赋能行为就是领导赋予员工权力的一组管理行为，这种行为能够激发员工的内在动机，给员工和组织带来益处。这种着重员工内在动机及自我效能感的领导行为对管理者提出了有别于传统管理的新的要求。传统的领导行为，如任务导向的领导行为与人际导向的领导行为（Yukl, 2002），不能够很好地适用于授权赋能的情境。传统集权情境下和授权赋能情境下对领导行为的要求应该存在一定的差异（Arnold, et al., 2000）。鉴于领导行为对员工行为和态度的直接影响作用，Konczak 等人编制了领导授权赋能行为问卷（Leader Empowering Behavior Questionnaire，LEBQ）（Konczak and Stelly, 2000）。他们提出了领导者授权赋能行为的 6 个维度：授予权力（delegation of authority）、承担责任（accountability）、自主决策（self-directed decision making）、信息分享（information sharing）、技能发展（skill development）和对创新绩效的指导（coaching for innovative performance）。他们经过实证分析还得出主管的这 6 类行为与下属对被授权赋能的感知存在相关关系。Arnold 等人对团队工作环境下领导的授权赋能行为进行了研究和测量，他们发现了 5 个维度：指导（coaching）、提供信息（informing）、以身作则（leading by example）、关心 / 团队互动（showing concern/interacting with the team）和参与决策（participative decision-making）（Arnold，et al., 2000）。

近年来，国内学者也开始关注授权赋能的研究与应用。李超平等人（李超平、李晓轩、时勘等, 2006）采用实证研究的方法，在中国被试中，修订了 Spreitzer（1995）心理授权赋能量表。一些学者从领导行为角度对授权赋能的内容进行了描述性的探讨。学者们认为，授权授责、信任下属、转变角色、鼓励员工参与决策、在授权的同时进行适当控制等是有效授权的主要内容。

尽管学者开始研究员工的心理授权赋能知觉对工作结果产生的影响，但缺乏对心理授权赋能产生机制（如领导授权赋能行为）的探讨，尤其是实证性研究。中西方文化的差异很有可能对领导的授权赋能行为带来很大的影响，在西方文化背景下，下属认为某些领导行为有助于产生心理上的授权赋能感，而同样的行为可能并不适合于中国文化中的下属。因此，在中国企业情境下，探讨组织内领导授权赋能行为的结构和内容不但能够说明人们了解不同文化下领导授权赋能行为的差异，而且还能够认清领导授权赋能行为对下属行为和态度的影响机制。然而，目前还没有适用于中国文化背景的测量领导授权赋能行为的量表，本文拟解决此问题，为国内学术界开展相关方面的研究奠定基础。

　　本文通过开放式问卷调查的方法，获取定性描述领导授权赋能行为的典型表现，经过编码、归类等内容分析的方法，探讨能够全面衡量中国企业情境下领导授权赋能行为的维度。在此基础上，发展出具有一定信度和效度的测量工具，并检验领导授权赋能行为与员工心理授权赋能感、工作满意度和情感承诺等变量的关系，以便为授权赋能在我国组织中的更好应用提供指导和理论依据。从理论角度看，本文可以丰富领导行为研究以及心理授权赋能研究等方面的理论；从实践角度看，本文结论可以更全面、更深入地描述领导授权赋能行为及其对员工产生的影响，这是管理实践者所希望了解并不断实践的内容。

2. 研究1：领导授权赋能行为维度的确认

　　研究1运用关键事件归纳总结的方法探讨中国组织情境下，领导授权赋能行为的基本维度和典型表现。通过开放式问卷收集被试关于领导授权赋能行为的典型描述，然后将这些描述进行内容分析和归类，形成初步类别。

2.1 被试

　　本研究采用的被试是北京某大学的 56 名全日制 MBA 学生。

被试中 69.2% 为男性，30.8% 为女性；样本平均年龄为 28.3 岁
（标准偏差 =3.03）。被试在公司工作过的年限从 3 年至 13 年，平
均年限为 6.15 年（标准偏差 =2.65）。其中，61.5% 为基层主管，
36.5% 为中层主管，2.0% 为高层主管。被试中 30.8% 来自国有企业，
26.9% 来自民营企业，17.3% 来自外商独资企业，7.7% 来自股份 /
合作企业，1.9% 来自中外合资企业。

2.2　方法

2.2.1　开放式问卷调查

首先给出领导授权赋能行为的定义，被试根据他们的经验和
观察回答以下两个问题：（1）请您列出几项您的上级的授权赋能
行为的典型表现；（2）请您列出几项您对您的下属的授权赋能行
为的典型表现。

2.2.2　编码和归类

56 名被试共列出了 877 条描述。本文使用的方法类似于 Law
等人的内容分析的方法，运用归纳总结的方法确定中国企业情境
下的领导授权赋能行为的基本维度和典型表现。Van de Vijver 和
Leung 认为，这种归纳总结的方法在跨文化研究中尤其重要，这
也是本文运用这种方法进行研究的理论根据之一。

根据被试所列出的描述，首先由组织行为学领域的三位专家
一起对随机挑选的 110 条描述进行编码和逐条归类，建立类别并
加以定义。该步骤的目的是为后续的分类活动建立初步的类别体

系。然后，由三名博士研究生来对所有的描述进行编码和归类，要求他们按照以下步骤和原则完成整个过程。

第一步：要求三名博士研究生对所建类别进行学习理解，然后独立将已分类的描述重新分类归入已建类别中。完成之后进行讨论，对与专家归类有分歧的描述和专家讨论后达成一致。

第二步：这三名博士研究生对于其他未归类的描述按照类别进行独立归类。他们还可以根据自己的理解建立一些新的类别，要求类别的建立要相互区别，尽量不重叠。在建立一个新的类别后，要求他们写明该类别的名称及定义。

有时，也许类别之间的相互交叠性会使得一些描述与两个或多个不同类别的意思都相关，这时，可以在每个相关类别下都记录下该描述，在必要时，也可以新建一个类别来更加准确地概括此类信息。

第三步：在这三名博士研究生独立划分完毕后，进行讨论，将划分的类别进行综合和调整，确定初步的类别。同时还将上一步划分过程中新界定的类别进行商榷和确定，目的是最终形成一个三名博士研究生公认的、一致的维度初步划分结果。

2.3 结果

根据上述方法，最后得到了9个类别（见表1）。表1的项目个数合计908条，多于最初的877条描述，这是由于类别之间的相互重叠性使得有些描述被划分到两个或多个不同类别下。据此，我们确定了中国组织情境下的领导授权赋能行为包括 9 个类别，即：工作指导、权力委任、参与决策、个人发展支持、过程控制、结果和目标控制、工作成就认可、家长式领导、提供保障。

表1 领导授权赋能行为的归类分析结果

类别名称 定义	项目个数 百分比
工作指导 领导对下属工作提供指导、鼓励以及资源和信息等方面的支持	178 19.60%
权力委任 领导赋予下属自主决策的权力和职责	58 6.39%
参与决策 领导采取措施使下属参与组织决策，使下属对决策产生影响	31 3.41%
个人发展支持 领导关注下属在组织中的发展，并创造机会使下属获得发展	128 14.10%
过程控制 领导了解下属工作的进展情况	75 8.26%
结果和目标控制 领导为下属设定工作目标并注重工作结果	45 4.96%
工作成就认可 领导对下属工作成果予以肯定和奖励	151 16.63%
家长式领导 领导对下属"恩威并施"，"施恩"和"威权"并重	218 24.01%
提供保障 领导为部门或企业营造愉快的工作氛围，为员工创造良好的工作待遇	24 2.64%
合计	908

3. 研究2：领导授权赋能行为的量表发展

在研究 1 的基础上，研究 2 的目的是编制封闭式问卷，发展测量领导授权赋能行为的工具。以在职 MBA 学生为样本，收集数据，通过探索性因子分析（exploratory factor analysis）进行题目筛选及结构确认，并考察量表的内部一致性信度（internal reliability）。

3.1 被试

本文采用的被试是北京某大学的 201 名在职 MBA 学生。其中，75.4% 为男性，24.6% 为女性；61.3% 在 25 岁到 30 岁之间，36.7% 在 31 岁到 36 岁之间，2.0% 在 37 岁以上。被试在目前公司的工作年限从半年至 26 年，平均年限为 5.35 年（标准偏差 =3.58）。被试中 54.8% 为基层主管，33.5% 为中层主管，11.7% 为高层主管。被试在目前岗位的工作年限从 1 个月至 15 年，平均年限为 2.81 年（标准偏差 =2.24）；与目前主管共事的年限从 1 个月至 7.5 年，平均年限为 2.40 年（标准偏差 =1.95）。36.0% 的被试来自国有企业，21.0% 来自外商独资企业，19.5% 来自民营企业，9.5% 来自股份 / 合作企业，9.5% 来自中外合资企业。

3.2 方法

3.2.1 问卷编制

根据研究 1 归纳出的类别，参考西方领导授权赋能行为的问卷，并参照中国企业管理者的意见，在类别中挑选典型行为，分别编制 4 至 6 道题目。再请领导行为领域三名研究专家对题目的适当性和问卷的科学性进行评定，最后形成了领导授权赋能行为的问卷（见附录 1），共 35 道题目。以 Likert 五点量表来测量被试的直接主管所表现出来的领导授权赋能行为，从 1 代表"非常不同意"，到 5 代表"非常同意"。

3.2.2 统计分析

使用 SPSS11.0 对问卷收集到的数据进行探索性因子分析，运用主成分分析法和斜交旋转法抽取因子。采用特征值大于 1，因子载荷不低于 0.40，交叉载荷大于 0.40 等标准删除项目。

3.3 结果

在项目删除之前，先对数据进行了 Bartlett 球体检验，并计算出 KMO 测度统计量。结果表明，Bartlett 球体检验的值为 3582.19（=595，p < 0.001），KMO 的值为 0.89，表明这些题目适合进行因子分析。经过先后 11 次删除项目，最终抽取了 6 个因子 24 个项目。所得到的结果如表 2 所示。

因子分析的结果表明，6 个因子累计解释方差的比例为 66.37%，各个项目在相应因子上都具有较大的载荷，处于 0.54 至 0.84 之间。6 个因子的克隆巴赫一致性系数（Cronbach）分别为：0.87、0.68、0.83、0.75、0.82 和 0.82。因子 1 有 6 道题，其主要内容包括关心员工个人成长和职业生涯规划、提供培训和学习机会、允许工作中的失误等，我们将该因子命名为："个人发展支持"。因子 2 有 4 道题，其主要内容包括严肃指出工作中的过错、经常询问工作进展情况、定期抽查工作等，我们将该因子命名为："过程控制"。因子 3 有 3 道题，其主要内容包括充分授权、给予权限等，我们将该因子命名为："权力委任"。因子4有4道题，其主要内容包括注重工作目标、按时考核工作完成情况、注重工作结果等，我们将该因子命名为："结果和目标控制"。因子5有4道题，其主要内容包括积极倾听意见和建议、尊重和重视建议、创造机会使充分发表意见等，我们将该因子命名为："参与决策"。因子6有3道题，其主要内容包括给予工作上的鼓励、帮助和支持等，我们将该因子命名为："工作指导"。

值得注意的是，尽管我们在筛选项目时，考虑到了项目的意义及所属类别，但"工作成就认可"、"家长式领导"和"提供保障"这三个类别并没有出现在最终的因子结构中。这是因为，这些题目在因子分析中大部分题目载荷在别的因子上了，如"个人发展支持"和"过程控制"等因子，小部分题目的因子载荷过低，因此，没有形成一个独立的维度。一种可能是因为中国员工会把领导者"工作成就认可"或"家长式领导"知觉为领导者"个人发展支持"或者是领导者的"过程控制"造成的。

表2 领导授权赋能行为量表的探索性因子分析结果（n=201）

变量	因子1	因子2	因子3	因子4	因子5	因子6
我的主管很关心我的个人成长和职业生涯的规划	0.81	0.07	-0.10	0.03	0.13	-0.05
我的主管经常给我提供培训和学习的机会	0.75	0.06	-0.07	-0.05	0.07	-0.06
我的主管允许我工作中失误，使我能够从中学到东西	0.70	-0.02	0.21	-0.01	0.09	0.18
我的主管会因为我工作任务完成出色而为我争取升职的机会	0.66	0.00	0.18	-0.15	-0.16	-0.22

（续表）

我的主管会因为我工作任务完成出色而为我争取加薪的机会	0.62	-0.07	0.23	-0.24	-0.20	-0.10
我的主管经常为我创造露脸和锻炼的机会	0.60	-0.03	-0.11	0.05	0.19	-0.27
我的主管会严肃地指出我工作中的过错	0.13	0.83	0.12	0.10	-0.25	0.08
我的主管经常询问我的工作进展情况	0.03	0.68	-0.16	0.07	0.25	-0.11
我的主管会因为我没完成工作目标而给以批评	-0.23	0.67	0.12	-0.21	0.02	0.04
我的主管会定期抽查我的工作是否在顺利地进行	0.07	0.59	-0.16	-0.22	0.06	-0.01
我的主管不干涉我职权范围的工作	0.04	-0.07	0.84	0.03	0.12	0.03
我的主管充分授权，让我全面负责我所承担的工作	0.11	0.01	0.75	-0.07	0.05	-0.21
我的主管给我相应的权限，让我在工作中能自主决策	0.06	0.08	0.61	0.10	0.17	-0.29
我的主管注重工作目标	-0.01	-0.13	0.02	-0.84	0.17	0.05
我的主管为我设定工作目标，并要求我确保完成	0.06	0.15	0.04	-0.78	0.01	0.11
我的主管按时考核我的工作是否完成	-0.06	0.19	0.06	-0.66	-0.28	-0.28
我的主管注重工作结果	0.15	0.04	-0.14	-0.58	0.08	-0.06
在工作中遇到问题时，我的主管积极倾听我的意见和建议	0.00	-0.02	0.13	-0.06	0.75	-0.13
在做决策时，我的主管尊重和重视我的建议	0.04	0.01	0.31	-0.16	0.71	0.06
我的主管经常创造机会使我能充分发表自己的意见	0.29	-0.03	-0.07	-0.07	0.54	-0.22
涉及我和我的工作时，我的主管在做决策前会征求我的意见	0.22	0.08	0.03	0.03	0.54	-0.18
我的主管经常鼓励我，增强我的信心	-0.04	0.02	0.06	0.02	0.06	-0.83
当我在工作中遇到困难，我的主管及时给予帮助	0.06	-0.07	0.00	-0.06	0.05	-0.81

（续表）

我的主管对我的工作给以足够的支持	0.11	0.03	0.17	0.01	0.02	-0.68
特征值（非旋转值）	7.80	2.92	1.55	1.38	1.28	1.01
可解释的方差量（%）	32.51	12.16	6.44	5.74	5.32	4.20
累计可解释的方差量（%）	32.51	44.67	51.11	56.85	62.17	66.37

4. 研究3：领导授权赋能行为的效度检验

在研究 1 和研究 2 的基础上，研究 3 将以企业员工为被试，收集更广泛的样本对上述建构的测量工具进行信度和效度的检验，着重检验结构效度（construct validity）和预测效度（predictive validity），形成正式的领导授权赋能行为的测量工具。

4.1 被试

469 名来自两家企业的被试组成了研究 3 的样本，其中，一家企业是股份合作企业，另一家企业是外商独资企业。有效问卷为 420 份，回收率为 89.55%。被试中 63.2% 为男性，36.8% 为女性；年龄在 17 岁到 42 岁之间，平均年龄为 24.3 岁（标准偏差 =3.59）；59.8% 为技校或中专学历及以下，15.0% 为大专学历，14.3% 为高中学历，10.9% 为大学以上学历；在目前企业的平均工作年限为 3.4 年（标准偏差 =2.33），在目前岗位的平均工作年限为 2.2 年（标准偏差 =1.85），与目前主管共事的平均年限为 2.3 年（标准偏差 =1.79）。要求被试只对其直接的主管（即，考核

他 / 她业绩或直接管理他 / 她的人）进行评估，而不是组织中的其他领导。被试的直接主管中 56.8% 为男性，43.2% 为女性；在目前企业的平均工作年限为 4.86 年（标准偏差 =2.15）。

4.2 方法

4.2.1 研究工具

采用研究 2 发展出的领导授权赋能行为量表（见附录 2），以 Likert 五点量表来测量被试的直接主管所表现出来的领导授权赋能行为。为了考察该量表的预测效度，本文还采用了 Spreitzer 的心理授权赋能感问卷（见附录 3）、Hackman 等人的工作满意度问卷（见附录 4）和 Meyer 等人的情感承诺问卷（见附录 5）分别对被试的心理授权赋能感、工作满意度和情感承诺进行了调查。这些问卷在本文中的内部一致性分别为：0.83、0.77 和 0.77。

4.2.2 调查过程

调查分两次进行。先由被试对其直接主管的领导授权赋能行为进行了评估，两个星期后，被试对其心理授权赋能感、工作满意度和情感承诺进行自我评估。所有的问卷都装入信封发放给被试，并告知被试本文的学术性目的，还向所有被试保证问卷信息的保密性。填好的问卷由被试放入信封，封好后交还给发放问卷的研究者。

4.2.3 统计分析

使用 SPSS11.0 对问卷收集到的数据进行描述性统计和信度

表3 主要变量的均值、标准偏差、相关系数和克隆巴赫一致性系数

变量	均值	标准差	1	2	3	4	5	6	7	8	9
1. 个人发展支持	3.21	0.76	(0.85)								
2. 过程控制	3.83	0.61	0.47	(0.73)							
3. 权力委任	3.57	0.73	0.58	0.37	(0.68)						
4. 结果和目标控制	3.80	0.62	0.38	0.59	0.40	(0.72)					
5. 参与决策	3.54	0.78	0.74	0.47	0.61	0.40	(0.86)				
6. 工作指导	3.79	0.72	0.64	0.50	0.55	0.48	0.71	(0.78)			
7. 心理授权赋能感	3.51	0.47	0.38	0.20	0.30	0.25	0.33	0.32	(0.83)		
8. 工作满意度	3.58	0.69	0.35	0.23	0.18	0.24	0.30	0.37	0.41	(0.77)	
9. 情感承诺	3.38	0.71	0.39	0.28	0.19	0.27	0.36	0.38	0.52	0.69	(0.77)

注：①表中的相关系数的 p 值均小于 0.01；
②括号中的数值是变量的克隆巴赫一致性系数（Cronbach）；
③ n=420。

分析，再使用 LISREL8.72 进行验证性因子分析（confirmatory factor analysis），最后采用回归分析考察了领导授权赋能行为对员工心理授权赋能感、工作满意度和情感承诺的影响。

4.3 结果

4.3.1 描述性统计

表 3 列出了本文中各个变数的均值、标准偏差、相关系数和克隆巴赫一致性系数。领导授权赋能行为的 6 个维度的相关系数在 0.37 和 0.74 之间，说明它们在结构上存在一定的联系。领导授权赋能行为 6 个维度与心理授权赋能感的相关系数在 0.20 和 0.38 之间，与工作满意度的相关系数在 0.18 和 0.37 之间，与情感承诺的相关系数在 0.19 和 0.39 之间，都存在显著正相关。同时，各个量表的信度系数也达到了可接受的水平。

4.3.2 验证性因子分析结果

对问卷项目可能包含的模型如 1 因素模型、3 因素模型、5 因素模型和 6 因素模型进行比较，以确定 6 因素模型是否为最优。其中，1 因素模型即所有项目只含有一个维度，3 因素模型为含有三个维度，5 因素模型为含有五个维度，6 因素模型为含有六个维度。从表 4 的验证性因子分析结果可以看出，6 因素模型的各项拟合指标均达到测量学要求，说明领导授权赋能行为的 6 维度结构得到了验证。

表4 领导授权赋能行为量表的验证性因子分析结果（n=420）

模型	df	χ^2	$\Delta\chi^2$（df）	IFI	CFI	NNFI	RMSEA
6 因素模型	194	634.8		0.95	0.95	0.94	0.055
5 因素模型	199	951.8	323（5）	0.92	0.92	0.91	0.08
3 因素模型	206	3050.4	2415.6（12）	0.79	0.79	0.76	0.15
1 因素模型	209	4713.7	4078.9（15）	0.68	0.68	0.65	0.17

4.3.3 回归分析结果

西方学者对授权赋能的实证研究结果证明，领导的授权赋能行为与下属的心理授权赋能感、工作满意度和情感承诺存在相关关系。因此，为验证领导授权赋能行为 6 因素模型的预测效度，本文采用层次回归分析（Hierarchical Regression Model）的方法，考察领导授权赋能行为与员工的心理授权赋能感、工作满意度和情感承诺等效标变量的关系。在回归过程中，我们首先将人口统计学变量作为第一层变量放入回归方程，然后将领导授权赋能行为的 6 个维度作为第二层变量放入回归方程，并计算两层之间 R^2 的变化以及这种变化的 F 检验值，考察 R^2 是否有显著的提高。所得结果列在表 5。

表 5 的结果表明，领导授权赋能行为在控制人口统计学变量的基础上，能够显著预测下属的心理授权赋能感、工作满意度和情感承诺，解释的变异量分别增加了 17%、20% 和 21%。可见，本文发展出的领导授权赋能行为对员工的心理授权赋能感、工作满意度和情感承诺具有显著的预测。具体来讲，个人发展支持维度对心理授权赋能感（β =0.26，p<0.01）、员工工作满意度（β =0.29，p<0.001）和情感承诺（β =0.28，p<0.001）有显著的预测作用。结果和目标控制维度对心理授权赋能感（β =0.16，p<0.05）有预测作用。

工作指导维度对员工工作满意度（β=0.28，p<0.001）和情感承诺（β=0.19，p<0.01）有显著的预测作用。需要说明的一点是，权力委任对情感承诺的回归系数为-0.18，这并不说明权力委任对情感承诺有负向的影响作用，因为二者之间存在显著的正相关（r=0.19，p<0.01）。之所以β=-0.18，其原因是领导授权赋能行为的6个维度之间存在共线性（multi-colinearity）的因素，它们在进入回归方程后产生了抑制效果（suppress effect）。当我们将权力委任一个维度放入回归方程时，其对情感承诺的回归系数为0.18（p<0.01）。

表5 领导授权赋能行为与效标变量的回归分析结果

变量	心理授权赋能感（β）		工作满意度（β）		情感承诺（β）	
	第一步	第二步	第一步	第二步	第一步	第二步
人口统计学变量						
1. 下属性别	0.02	0.01	0.02	-0.01	-0.03	-0.05
2. 下属年龄	-0.02	-0.03	0.01	0.00	0.05	0.04
3. 下属教育程度	0.12*	0.05	-0.09	-0.15**	-0.03	-0.10
4. 下属工作类别	-0.03	0.00	0.04	0.08	0.03	0.08
5. 下属工作年限	0.10	0.08	-0.02	0.00	0.04	0.05
领导授权赋能行为						
1. 个人发展支持		0.26**		0.29***		0.28***
2. 过程控制		-0.13		-0.02		0.05
3. 权力委任		0.03		-0.12		-0.18**
4. 结果和目标控制		0.16*		0.07		0.08
5. 参与决策		0.05		-0.01		0.09
6. 工作指导		0.12		0.28***		0.19**
解释方差（R^2）	0.02	0.19	0.01	0.21	0.01	0.22
△ R^2		0.17**		0.20**		0.21**
模型拟合度（F）	1.68	7.68***	0.69	8.57***	0.64	9.03***

注：① 表中的β值为标准化的回归系数；
　　② *，p<0.05；**，p<0.01；***，p<0.001。

通过研究 3 的效度检验，可以认为，领导授权赋能行为的 6 维度结构具有较好的内部一致性信度、结构效度和预测效度。

5 讨论

本文首先采用归类的方法总结出中国组织情境下领导授权赋能行为的构成因素，然后通过探索性因子分析的方法发展出一个由"个人发展支持"、"过程控制"、"权力委任"、"结果和目标控制"、"参与决策"、"工作指导"等 6 个维度构成的中国组织情境下领导授权赋能行为的测量工具，再通过验证性因子分析和回归分析的方法对该 6 维度测量工具进行了验证，最终发展出中国组织情境下领导授权赋能行为测量工具，共 6 个维度 24 个项目。

我们得到的这 6 个维度与西方的相关研究结果存在相同的维度（etic dimensions）和不同的维度（emic dimensions）。这 6 个维度中的 4 个维度与西方的领导授权赋能行为测量工具类似。其中，"个人发展支持"维度与 Arnold 等人提出的授权领导行为问卷（ELQ）的"关心"维度相似，"参与决策"维度与该问卷的"参与决策"维度相似，"权力委任"维度与 Konczak 等人提出的领导授权赋能行为问卷（LEBQ）的"授予权力"维度相似，"工作指导"维度与该问卷的"指导"维度相似。但是，由于中西方的文化差异，在中国组织情境下，下属更注重领导对自己工作方方面面的关怀和支持（包括个人职业生涯规划等）。

"过程控制"和"结果和目标控制"这两个维度则是中国组织情境下所特有的。该研究结果与 Tsui 等人提出的中国企业管理人员的领导行为的维度中的"阐述愿景"和"监控运营"等维度具有相似的内容。这与中国几千年儒家传统文化具有密切的关系。"等级观念"和"服从"等思想是儒家文化的重要内容。尽管当今中国组织环境发生了巨大变化，但这些思想仍然根深蒂固，而且隐含在管理者的领导行为当中。在西方学者对领导者控制行为的研究中，一种经典范式是领导者对员工严格控制（strict control）辅之以相应奖惩（Thomas and Velthouse, 1990），员工的角色主要就是顺从，工作任务对员工仅具有工具性价值（instrumental value）（Block, 1987）。与此相反，新的管理范式是宽松控制（relaxed/broad control），并强调员工对任务本身的内在承诺（internalized commitment）（Thomas and Velthouse, 1990）。领导授权赋能行为能使员工具有心理授权赋能感，对员工意味着一种增加的"内在任务动机"（intrinsic task motivation），是员工从任务中直接得到的积极的有意义的动力（Thomas and Velthouse, 1990）。

同时，"过程控制"和"结果和目标控制"这两个维度的出现也受到中国目前经济和社会发展阶段的影响。中国现处于转型式的市场经济环境下，很多法律、制度、规范等体系都还没有完全地建立起来。在这种环境下，领导在实施管理的过程中，如果没有适当的监控，可能会导致下属对权力的滥用。因此，为了避免"一抓就死，一放就乱"，领导在授权的同时，必须对下属进行必要的过程及结果的监控。

　　值得关注的是，中国学者对领导理论的新范式——变革型领导（transformational leadership）进行了研究，变革型领导通过让员工意识到所承担任务的重要意义，激发下属的高层次需要，建立互相信任的氛围，促使下属为了组织的利益牺牲自己的利益，并达到原来期望的结果。李超平和时勘的实证研究表明，在中国文化背景下，变革型领导是一个4维度的结构，包括德行垂范、愿景激励、领导魅力与个性化关怀。中国组织情境下的领导授权赋能行为虽然与变革型领导在个别维度内容上存在相关，比如"个性化关怀"，但是在很多维度内容上具有很大不同。例如，领导授权赋能行为侧重如何通过授权给下属、给予下属适当的监控来影响下属、提高下属的工作业绩，变革型领导则更多强调领导自身的行为，如鼓励合作、智力激发等。也就是说，变革型领导更多的是指一种领导风格，而领导授权赋能行为则强调的是领导与下属的互动过程。

　　本文对中国组织情境下领导授权赋能行为的6维结构的发现以及相应量表的发展具有一定的理论意义和应用价值。从理论角度看，研究结果说明了中国组织情境下的领导授权赋能行为与西方组织情境下的领导授权赋能行为在结构上存在差异，揭示了中国组织情境下领导授权赋能行为的结构和内容，弥补了国内此方面研究的不足，丰富了领导行为研究以及授权赋能研究等方面的理论。从实践上看，研究结果更全面、更深入地描述了领导授权赋能行为及其对员工的影响机制，为领导者如何对员工施加影响提供更加可靠的参考依据和指标，最终说明管理者提高员工及组织的绩效。

需要指出的是，本文在数据收集过程中的一个局限是可能存在的来自共源的偏差，因为领导授权赋能行为和员工心理授权赋能感、工作满意度和情感承诺都是由员工来评估的，但是我们已经在测量上进行了时间区隔将共源偏差降到了最低。在未来的研究中，可以结合员工的直接主管的评估来避免类似误差的出现。另外，本文的被试是 MBA 学生和我国两家企业的员工，研究对象的代表性有一定的局限，在今后的研究中，应在更广泛的样本中验证各个维度之间的关系及对结果变量的影响作用。最后，在未来的研究中，一个比较重要的问题是针对领导授权赋能行为的理论进行深入的探讨和研究。尤其是在中国组织情境下，哪些因素会影响领导授权赋能行为以及领导授权赋能行为对下属产生影响的作用机制等等方面都值得进行深入的探讨和研究。

6 结论

本文通过三个实证研究，得到了以下结论：

（1）中国组织情境下的领导授权赋能行为是一个 6 维度的结构，包括"个人发展支持"、"过程控制"、"权力委任"、"结果和目标控制"、"参与决策"、"工作指导"。

（2）本文所发展的领导授权赋能行为量表具有较好的信度和效度，可供今后同类研究使用。

（3）领导授权赋能行为对下属的心理授权赋能感、工作满意度和情感承诺有一定的预测作用。

Abstract

The purpose of the research is to investigate the domain of empowering leadership behavior and develop a measure in the Chinese organizations through three empirical studies. In the first study, the critical behavior incidents of empowering leadership behavior were collected using open-ended questionnaire, and nine categories were summarized based on a solid inductive method. In the second study, a measure with six dimensions was developed with the method of exploratory factor analysis, including the dimension of support for individual development, process control, delegation of authority, outcome control, participation in decision-making, coaching for work. In the third study, confirmatory factor analysis and regression model were used to test the validity of the measure. Future research and limitation were also discussed.

参考文献

Arnold, J. A., Arad, S., Rhoades, J. A., et al. (2000), "The Empowering Leadership Questionnaire: The Construction and Validation of a New Scale for Measuring Leader Behaviors", *Journal of Organizational Behavior*, 21: 250-260.

Bass, B. M. (1995), "Theory of Transformational Leadership Redux", *The Leadership Quarterly*, 6 (4): 463-478.

Bennis, W., Nanus, B. (1985), *Leaders*, New York: Harper and Row, 1985.

Blau, J.R., Alba, R.D. (1982), "*Empowering Nets of*

Participation," *Administrative Science Quarterly*, 27: 363-379.

Blauner, R. (1964), *Alienation and Freedom*, Chicago: The University of Chicago Press.

Block, P. (1987), *The Empowered Manager*, San Francisco: Jossey-Bass.

Burke, W. (1986), *Leadership as Empowering Others*, San Francisco: Jossey-Bass.

Conger, J.A. , Kanungo, R.N. (1988), "The Empowerment Process: Integrating Theory and Practice", *Academy of Management Review*, 13: 471-482

Finegan, J.E. , Laschinger, H.K. (2001), "The Antecedents and Consequences of Empowerment: A Gender Analysis", *Journal of Nursing Administration*, 31 (10) : 489-497.

Frey, R. (1993), "Empowerment or Else", *Harvard Business Review*, September/October: 80-94.

Fu, P.P. , Tsui, A.S. (2003), "Utilizing Media to Understand Desired Leadership Attributes in the People's Republic of China", *Asia Pacific Journal of Management*, 20 (4) : 423-446.

Hackman, J.R. , Oldman G. R. (1980) , *Work Redesign*, MA: Addison-Wesley, Reading.

Hackman, J. R. , Oldham, G. R. (1975), "Development of the Job Diagnostic Survey", *Journal of Applied Psychology*, 60: 159-170.

Jaffee, D.T. , Scott. C. D. (1993), "Building a Committed Workplace: An Empowered Organization as a Competitive Advantage, in Ray, M. , Rinzler, A. (1993), *The New Paradigm in Business: Emerging Strategies for Leadership and Organizational Change*, New York: Tarcher/Perigee.

Kanter, R. M. (1983), *The Change Masters*, New York: Simon and Schuster.

Koberg, C.S., Senjem, J.C., Goodman, E.A. (1990), "Antecedents and Outcomes of Empowerment", *Group and Organization Management*, 24: 71-79.

Konczak, L.J., Stelly, D.J., Trusty, M.L. (2000), "Defining and Measuring Empowering Leader Behaviors: Development of an upward Feedback Instrument", *Educational and Psychological Measurement*, 60: 302-308.

Kuokkanen, L., Leino-Kilpi, H., Katajisto, J. (2003), "Nurse Empowerment, Job-Related Satisfaction, and Organizational Commitment", *Journal of Nursing Care Quality*, 18 (3) : 184-192.

Laschinger, H.K., Finegan,J.E., Shamian, J., et al. (2004), "A Longitudinal Analysis of the Impact of Workplace Empowerment on Work Satisfaction", *Journal of Organizational Behavior*, 25: 527-545.

Law, K.S., Lee, C., Farh, L., et al. (2001), "Organizational Justice Perceptions of Employees in China: A Grounded Investigation", International Conference of the Global Business and Technology Association, Istanbul, Turkey.

Lawler, E.E. (1980) , Strategies for Involvement, *Academy of Management Executive*, 2: 197-204

Li, C.P., Li, X.X., Shi, K., et al. (2006), "Psychological Empowerment: Measurement and its Effect on Employee Work Attitude in China" (in Chinese), *Acta Psychologica Sinica*, 38 (1) : 99-106.

Li, C.P., Shi,K. (2005), "The Structure and Measurement of Transformational Leadership in China" (in Chinese), *Acta*

Psychologica Sinica, 37（6）: 803-811.

Mainiero, L. A. （1986）, "Coping with Powerlessness: The Relationship of Gender and Job Dependency to Empowerment-Strategy Usage", *Administrative Science Quarterly*, 31: 633-653.

Meyer, J. P., Allen, N. J. （1991）, "A Three-Component Conceptualization of Organizational Commitment", *Human Resource Management Review*, 1（1）: 61-89.

Spreitzer,G.M., De Janasz, S. C., Quinn, R. E. （1999）, "Empowered to Lead: The Role of Psychological Empowerment in Leadership", *Journal of Organizational Behavior*, 20: 511-526.

Spreitzer, G.M. （1995）, "Psychological Empowerment in the Workplace: Dimensions, Measurement, and Validation", *Academy of Management Journal*, 38: 1442-1465.

Thomas, K.W., Velthouse, B.A. （1990）, "Cognitive Elements of Empowerment: An 'Interpretive' Model of Intrinsic Task Motivation", *Academy of Management Review*, 15: 666-681.

Tsui, A. S., Wang, H., Xin, K. R., et al. （2004）, "Let a Thousand Flowers Bloom: Variation of Leadership Styles Among Chinese CEOs", *Organizational Dynamics*, 33（1）: 5-20.

Van de Vijver, F., Leung, K. （1997）, *Methods and Data Analysis for Cross-Cultural Research*, London: Sage, 1997.

Yukl, G. （2002）, *Leadership in Organizations*, Fifth Edition, Beijing: Tsinghua University Press and Prentice-Hall International, Inc..

（李超平、李晓轩、时勘等："授权的测量及其与员工工作态度的关系",《心理学报》2006 年第 38（1）期，第 99-106 页。）

（李超平、时勘："变革型领导的结构与测量",《心理学报》2005 年第 37（6）期，第 803-811 页。）

附录1：研究2中领导授权赋能行为量表

1. 当我在工作中遇到困难，我的主管及时给予帮助。

2. 我的主管经常鼓励我，增强我的信心。

3. 对于我工作中的失误，我的主管勇于承担责任。

4. 我的主管相信我能够做好我的工作。

5. 我的主管对我的工作给予足够的支持。

6. 我的主管给我相应的权限，让我在工作中能自主决策。

7. 我的主管不干涉我职权范围内的工作。

8. 我的主管充分授权，让我全面负责我所承担的工作。

9. 我的主管向我和他人明示我的职权范围。

10. 我的主管让我承担工作责任的同时，还赋予我相应的权力。

11. 我的主管经常与我共同探讨有关工作的事情。

12. 在做决策时，我的主管尊重和重视我的建议。

13. 我的主管经常创造机会使我能充分发表自己的意见。

14. 在工作中遇到问题时，我的主管积极倾听我的意见和建议。

15. 涉及到我和我的工作时，我的主管在做决策前会征求我的意见。

16. 我的主管经常对我委以重任。

17. 我的主管经常给我提供培训和学习的机会。

18. 我的主管很关心我的个人成长和职业生涯的规划。

19. 我的主管经常为我创造露脸和锻炼的机会。

20. 我的主管允许我工作中失误，使我能够从中学到东西。

21. 我的主管会严肃地指出我工作中的过错。

22. 我的主管经常询问我的工作进展情况。

23. 我的主管经常和我就工作进展情况进行沟通。

24. 我的主管会定期抽查我的工作是否在顺利地进行。

25. 我的主管为我设定清晰的工作职责及程序。

26. 我的主管注重工作目标。

27. 我的主管为我设定工作目标，并要求我确保完成。

28. 我的主管让我明确公司总体目标。

29. 我的主管对我的工作目标都有具体考核指标。

30. 我的主管注重工作结果。

31. 我的主管按时考核我的工作是否完成。

32. 我的主管会因为我工作任务完成出色而为我争取加薪的机会。

33. 我的主管会因为我工作任务完成出色而为我争取升职的机会。

34. 我的主管会因为我完成工作目标而给以肯定。

35. 我的主管会因为我没完成工作目标而给以批评。

附录2：研究3中领导授权赋能行为量表

1. 我的主管很关心我的个人成长和职业生涯的规划。

2. 我的主管经常给我提供培训和学习的机会。

3. 我的主管允许我工作中失误, 使我能够从中学到东西。

4. 我的主管会因为我工作任务完成出色而为我争取升职的机会。

5. 我的主管会因为我工作任务完成出色而为我争取加薪的机会。

6. 我的主管经常为我创造露脸和锻炼的机会。

7. 我的主管会严肃地指出我工作中的过错。

8. 我的主管经常询问我的工作进展情况。

9. 我的主管会因为我没完成工作目标而给予批评。

10. 我的主管会定期抽查我的工作是否在顺利地进行。

11. 我的主管不干涉我职权范围的工作。

12. 我的主管充分授权, 让我全面负责我所承担的工作。

13. 我的主管给我相应的权限, 让我在工作中能自主决策。

14. 我的主管注重工作目标。

15. 我的主管为我设定工作目标, 并要求我确保完成。

16. 我的主管按时考核我的工作是否完成。

17. 我的主管注重工作结果。

18. 在工作中遇到问题时, 我的主管积极倾听我的意见和建议。

19. 在做决策时, 我的主管尊重和重视我的建议。

20. 我的主管经常创造机会使我能充分发表自己的意见。

21. 涉及到我和我的工作时, 我的主管在做决策前会征求我的意见。

22. 我的主管经常鼓励我, 增强我的信心。

23. 当我在工作中遇到困难，我的主管及时给予帮助。

24. 我的主管对我的工作给予足够的支持。

附录3：研究3中心理授权赋能感量表（Spreitzer，1995）

1. 我的工作对我来说非常重要。

2. 工作上所做的事对我个人来说非常有意义。

3. 我所做的工作对我来说非常有意义。

4. 我对自己完成工作的能力非常有信心。

5. 我自信自己有干好工作上的各项事情的能力。

6. 我掌握了完成工作所需要的各项技能。

7. 在决定如何完成我的工作上，我有很大的自主权。

8. 我自己可以决定如何着手开展我的工作。

9. 在如何完成工作上，我有很大的独立性和自主权。

10. 我对发生在本部门的事情的影响很大。

11. 我对发生在本部门的事情起着很大的控制作用。

12. 我对发生在本部门的事情有重大的影响。

附录4：研究3中工作满意度量表（Hackman and Oldham，1975）

1. 一般说来，我非常满意我目前这份工作。

2. 我没有辞掉目前这份工作的想法。

3. 我大体上满意我目前的工作内容。

附录5：研究3中情感承诺量表（Meyer and Allen, 1991）

1. 我很乐意在该公司中长期工作，直至退休。

2. 我确实觉得该公司所面临的问题就是我自己所面临的问题。

3. 我有很强的"属于该公司的人"的感觉。

4. 我觉得感情上舍不得离开这家公司。

5. 我在公司中有那种"大家庭的一员"的感觉。

6. 对我来说，留在该公司对本人很有益处。

第九章

长期结果考量、自我牺牲精神与领导授权赋能行为：环境不确定性的调节作用

摘 要

采用问卷调查的方法，本文检验了长期结果考量和自我牺牲精神对领导授权赋能行为的影响以及环境不确定性的调节作用。研究结果表明：（1）长期结果考量对领导授权赋能行为正向影响显著。（2）环境不确定性显著调节长期结果考量和自我牺牲精神与领导授权赋能行为之间的关系。自我牺牲精神与领导授权赋能行为之间的正相关关系在高不确定性环境中要比在低不确定性环境中更显著。但是长期结果考量与领导授权赋能行为之间的正相关关系在低不确定性环境中要比在高不确定性环境中更显著。

关键词：领导授权赋能行为　长期结果考量　自我牺牲精神

1. 问题提出

随着企业竞争激烈程度的提高，授权成为组织应对环境压力的一个重要手段（Kanter，1989；Pfeffer，1995）。大量的研究表明，授权对组织经营确实有许多积极的影响（Logan and Ganster，2007；Spreitzer，1995）。比如有效的授权可以提高员工的工作效率（Koberg，Senjem and Goodman，1999）、工作满意度（Laschinger，Finegan，Shamian，and Wilk，2004）和情感承诺（Wilson and Laschinger，1994）等诸多因素，并最终影响组织的效能（Birdi，Clegg，Patterson，Robinson，Stride，Wall，and Wood，2008；Jaffee and Scott，1993）。

授权，无论在概念上还是在操作上都有很多种定义。譬如，从管理行为角度来讲，授权实际上是决策权从组织的高层下放到基层的一组管理行为，可以丰富员工的工作内容，提高员工参与管理的程度（Blau and Alba，1982；Mainiero，1986）。从动机角度来讲，授权是个体对工作投入的认知，是对"自我效能"（Conger and Kanungo，1988）和"内在任务动机"（intrinsic task motivation）（Thomas and Velthouse，1990）的感觉和信念。然而，无论是从管理行为角度，还是从心理授权角度研究授权，领导者对于授权的重要性都不言而喻（Conger and Kanungo，1988;Koberg et al.，1999；Spreitzer，1995），但却一直没有得到深入系统的探讨。

Konczak、Stelly 和 Trusty（2000）首先意识到系统地研究领导授权行为的重要性，提出了领导授权赋能行为这一概念，并且开发了测量量表。根据他们的定义，领导授权赋能行为是领导者授予员工权力的一组管理行为，共包括 6 个维度，即授予权力（delegation of authority）、承担责任（accountability）、自主决策（self-directed decision making）、分享信息（information sharing）、技能发展（skill development）以及指导创新绩效（coaching for innovative performance）。在验证量表效度的时候，Konczak、Stelly 和 Trusty（2000）发现领导授权赋能行为对员工的工作满意度、心理授权和情感承诺都有积极作用。

之后，领导授权赋能行为得到了学者们越来越多的关注。考虑到文化可能会影响领导授权赋能行为的具体表现，王辉、武朝燕、张燕和陈昭全（2008）发展出中国组织情境下测量授权赋能领导行为的工具，也发现了这种领导行为对员工的心理授权、情感承诺和工作满意度的积极影响。

当前关于领导授权赋能行为的研究主要探讨这组管理行为的积极效应，还很少有研究考察它的前因变量。事实上，探讨领导授权赋能行为的前因变量也非常必要。了解哪些因素影响领导授权不但可以丰富我们关于领导授权赋能行为的知识，而且可以为组织提高授权水平提供指导信息。

过去的研究表明，领导行为和领导有效性存在稳定的人际差别（Judge，Bono，Ilkies，and Gerhardt，2002），如情商、积极情感与消极情感、智商、人格，特别是"大五"人格以及自我牺牲精神都会影响领导行为和领导风格（De Cremer and Knippenberg，2004；House and Aditya，1997；Judge，Colbert，and Illies，2004；Rubin，Munz，and Bommer，2005）。同时，个体特征与领导风格的关系也总是存在不确定性（Bono and Judge，2004；Crant and Bateman，2000）。特征启动理论指出，这是因为任何个体特征能够得到有效表达，都依赖于存在支持个体特征表达的情境（Chatman，Caldwell，and O'Reilly，1999；Tett and Burnett，2003）。而环境不确定性被认为是一个非常重要的影响个体特征表达的情境因素，其作用不容忽视（De Hoogh，Hartog，and Koopman，2005）。因为当环境的不确定性水平较高时，环境的结构性低，组织以往用来指导和控制员工行为的规则和程序会失去效力，使得个体行为更多地依靠自我概念引导。于是个体特征得以自由表达（Bell and Staw，1988；Shamir and Howell，1999）。

有鉴于此，本文将通过长期结果考量（consideration of future consequences，CFC）和自我牺牲精神（self-sacrifice）这两个个体特征来探讨个体特质对领导授权赋能行为的影响，并考察环境不确定性对这一关系的调节作用。

2. 文献回顾

2.1 长期结果考量、环境不确定性和授权赋能领导行为

长期结果考量是一个稳定而可靠的个体差异，用来形容人们在选择当下行为时，关注其远期结果的倾向。这个概念是在医药和健康领域发展起来的，用以检验如下观点：人们是否考虑当下行为的远期结果以及考虑的程度会对个体产生深远影响，在长期甚至会影响个体生命的质量。Strathman、Gleicher、Boninger 和 Edwards（1994）将长期结果考量定义为"当个体在选择当前行为时，他们对这些行为的远期结果及其影响的考虑程度"（p.743）。

长期结果考量考察了个体在选择当下行为时，面对一组可能的短期结果和可能的长期结果内心产生的心理斗争。那些长期结果考量倾向低的人更多地关注当前的需要和利害关系，而非远期结果。在极端情况下，长期结果考量倾向低的人甚至根本不考虑行为的远期结果。相反，长期结果考量倾向高的人会用远期目标指导自己的行为。在极端情况，他们甚至不会考虑短期结果。

与其他衡量未来导向的人格变量一样，长期结果考量反映了个体是从短期还是长期的时间框架去选择自己行为的倾向。比如，在一个采用 2×2 被试间设计的实验研究中，Strathman 等人（1994）让参与者根据实验情境提供的信息决定是否在加利福尼亚海岸开采石油。参与者进行决策所依据的信息是有关近海开采的四种结

果。其中两个结果是石油开采的好处，另外两个结果是石油开采的坏处。保持近海开采的利弊不变，研究人员操纵了这些结果的时间框架。他们发现当利益是实时的而不利是长期的，长期结果考量倾向低的人会支持开采方案；而当利益是长期的而不利是实时的，长期结果考量倾向高的人会支持开采方案。

后来，管理方面的研究也支持长期结果考量的这一预测能力。例如，Joireman、Daniels、George-Falvy 和 Kamdar（2006）发现因为组织公民行为对个体而言，具有短期是成本、长期是好处的特点，长期结果考量倾向高的个体更乐于从事组织公民行为。其实，在组织管理领域，许多选择都需要人们权衡短期利益和长期利益，因而都可能会受到长期结果考量这一个体特质的影响。比如长期结果考量可能会影响管理者在"领导"和"管理"角色之间的权衡，并进而影响到领导者的授权行为。理由如下所示。

首先，领导者在"领导"和"管理"角色之间的权衡往往体现了他们重视行为的短期利益还是长期利益。领导理论发现，管理者在管理实践中要同时兼顾"领导"和"管理"两种不同的角色（Yukl，1994）。Bennis 和 Nanus（1985）主张"管理是把事情做对，而领导是做对的事情"。相对而言，管理关注"如何做"的问题，致力于解决细节性或战术性事务，执行实现愿景和变革的具体事务。但是领导则关注"为什么做"以及"做什么"的问题，即相对关心根本性和战略性事务，比如提出愿景，确定未来发展方向，呼吁变革等（House and Aditya，1997）。Vallacher 和

Wegner（1989）发现当人们从"为什么做"以及"做什么"角度来建构社会环境时，采用的是高层次构念，强调根本的和核心的问题。相反，当人们从"怎么做"角度来建构社会环境时，采用的是低层次构念，强调细节性和情境性的问题。构念层次理论发现高层次构念与长期时间框架的事务和利益更相关，低层次构念与短期时间框架内的事务和利益更相关（Liberman, Sagristano, and Trope, 2002；Trope and Liberman, 2000；Trope and Liberman, 2003）。由此可知，"领导"更重视长期利益，而"管理"更强调短期利益。管理学领域的一些研究也发现了"领导"和"管理"在时间框架上的差别。一般而言，领导者在强调愿景和使命的时候，通常都会展望美好的未来，激励下属超越实时得失，为长远利益而努力工作（Bass, 1985；Bass, 1999；Conger and Kanugo, 1987）。

其次，管理者偏好扮演"管理"还是"领导"角色的倾向会影响到他们的授权行为。当管理者更偏好扮演"领导"角色时，愿景和使命是他们的核心关注点（House and Aditya, 1997）。这种情况下，管理者期望下属能够全力投入，贡献才华（Bass, Avolio, Jung, and Berson, 2003；Jung and Avolio, 2000；Podsakiff, MacKenzie, and Bommer, 1996）。强调下属的才能与投入会促使管理者授权（Ortega, 2009；Lawler, 1986；Huselid, 1995）。实证研究提供了一些支持证据。那些关注愿景、使命和远期目标的领导风格，如愿景领导、魅力型领导和变革型领导，都会对授权产生积极影响（Charlene，Lando，Johansen，Reyes，Szaloczy，1998；Conger and Kanungo，1988；Nanus，1992）。

因为长期结果考量倾向高的人更喜欢以长期的目标来指导自己的行为，关心行为的长期结果，所以他们会更偏爱扮演"领导"角色，从而有助于授权。而长期结果考量倾向低的人更关心短期结果，比较容易扮演与短期得失更密切相关的"管理"角色，因而不利于授权。由此得到假设1。

假设1：长期结果考量与领导授权赋能行为正相关。

Strathman 等人（1994）认为虽然长期结果考量反映了人们的未来倾向，但是这个概念有别于其他反映个体未来倾向的概念。长期结果考量主要反映个体在选择当下行为时，是偏好短期结果还是长期结果。因此当环境不利于人们预测行动的长期结果时，长期结果考量倾向高的个体很可能会降低对该行动的偏好。根据 Milliken（1987）的定义，环境不确定性就是影响人们预测行动结果，特别是长期结果的一个情境因素。在高不确定性的环境中，个体或者觉得自己没有能力去了解环境变化的方向，或者不清楚环境变化对组织的影响，或者不知道采取某种特定的措施是否会成功（Milliken，1987）。而授权意味着将更多的事情交托给员工处理。在不确定性环境中，其结果经常是不能预料且可能会带来致命影响。因此，未来结果考虑倾向高的个体在不确定性高的环境中会规避授权。

此外，Strathman 等人（1994）发现长期结果考量倾向高的人通常具有较强的责任心。责任心强的人相对谨慎而多虑（Costa，

McCrae，and Dye，1991）。他们在动荡的环境中倾向规避风险（Diener，Larsen and Emmons，1984）。在一步走错可能带来致命后果的高不确定性环境中，这种倾向也会让管理者更乐于事必躬亲，不愿意授权。因而，长期结果考量对授权的积极作用在不确定性环境中会被削弱。

假设 2：环境不确定性会调节长期结果考量和领导授权赋能行为之间的关系。具体而言，长期结果考量与领导授权赋能行为之间的正相关关系在环境不确定性低的情况下要比在环境不确定性高的情况下更强烈。

2.2 自我牺牲精神、环境不确定性和领导授权赋能行为

自我牺牲精神是指个体为了坚持自己的个人信仰和价值观而愿意承受损失的意愿（Yorges，Weiss，and Strickland，1999）。从事自我牺牲行为的领导者通常会忽视自己的利益，拒绝个人的舒适和安全，限制个人的特权，或者愿与下属同甘共苦（Choi and Mai-Dalton，1999）。因为自我牺牲精神是一个普遍的概念，Choi 和 Mai-Dalton（1998）特别提出了组织中的自我牺牲精神。根据他们的定义，组织中的自我牺牲精神包括在如下三种情况下放弃或者推迟个人的利益、特权或者福利的行为：劳动力分配、奖励分配和 / 或权力行使。

其中劳动力分配中的自我牺牲精神体现在个体自愿承担更有风险和 / 或费力的行动和任务。有时候表现为个体愿意为失败、

不幸、事故或者错误负责。奖励分配中的自我牺牲精神涉及放弃或推迟个人应得的组织奖励，比如薪水、福利、晋升、假期、认可等。而行使权力中的自我牺牲精神则包括那些个体自动放弃或者限制使用职位权力、特权和／或已经获取的资源。

领导授权赋能行为是授权不授责的一组管理行为。这不但意味着领导者要让渡自己的部分权力给下属，而且还意味着他们要为下属行为的所有结果承担责任。因此，领导授权赋能行为意味着一定的风险性。领导授权赋能行为的风险性是影响管理者授权的一个重要因素。比如，研究人员发现当管理者认为风险性较低或者可控时，或者当管理者信任下属时，就倾向于授权（Mayer, Davis, and David, 1995; Mishra and Spreitzer, 1998）。因而，当管理者愿意承担风险、忽视个人利益时，更可能授权给下属。

假设 3：自我牺牲精神与个体采取领导授权赋能行为正相关。

然而自我牺牲精神与管理者采取授权行为的关系很可能会受到环境不确定性的影响。当环境的不确定性很高时，环境中的风险性增大，甚至一些小错误都会影响组织的生存，授权的风险性在这种环境中会更高。因此在不确定性水平高的环境中，管理者对个人利害关心越少，越有可能愿意承担下属失败的风险，授权给下属。相反，在稳定环境中，环境的挑战减少，导致授权的风险性相应地减少，并进而影响自我牺牲精神对授权的积极效应。而且，在稳定环境中，组织中战略性事务不多，但具有自我牺牲精神较高的人又喜欢放弃个人的舒适，承担更多的责任，担当繁重的任务（Choi and Mai-Dalton，1998），因而可能会做许多本来可以由下属完成的工作，这也会妨碍授权。

假设4：环境不确定性会调节自我牺牲精神和领导授权赋能行为之间的关系。具体而言，自我牺牲精神和领导授权赋能行为之间的正相关关系在环境不确定性高的情况下要比在环境不确定性低的情况下更强烈。

3. 方法

3.1 被试和程序

本文采取问卷调查的方法，通过多种来源收集相关资料。其中个体特征和情境因素的信息由 MBA 学生和企业受训人员提供，领导行为的信息由他们的下属提供。具体而言，参与者是 284 名在职 MBA 学生和企业受训人员。所有的参与者都是受到邀请并自愿参加这一研究的。研究中的每一个参与者都会收到一个大信封，里面装着两个小信封，信封上都写好了研究人员的地址，贴好了邮票。每个小信封左下角都有不同的标记，分别写着"本人"和"您的下属"。在"本人"的信封中装有的是主管问卷，由参与者完成。在"您的下属"信封中装有的是下属问卷，由参与者从自己的下属中随便找一人完成。参与者及其下属填完自己的问卷之后，各自将其直接寄回给研究人员。

113 名 MBA 学生和受训者本人及其下属返回了问卷，拥有本

项研究需要的所有信息（回收率是 39.79%）。因为没有任何关于
未返还问卷的参与者的信息，因此没有办法检验返回问卷的人和
没有返回问卷的人之间的差别。113 名最终参与者的平均年龄是
36.13（SD=7.45），其中男性 62 人（54.9%），女性 51 人（45.1%）。
参与者中，有 3 人是高中学历（2.7%），1 人是技校学历（1.0%），
9 人是大专学历（8.0%），71 人是本科学历（62.8%），26 人是研
究生学历（23.0%），3 人是博士学历（2.7%）。

3.2 测量工具

自我牺牲精神　自我牺牲精神采用 Choi 和 Mai-Dalton（1998）
开发的量表测量，共有 10 道题。例如"当失败、不幸、意外灾难
发生的时候，责任不应该由一个人承担"，"我自愿做在组织环境
中相对有风险和费力的工作和任务"，"当下达任务模糊不清或没
做好任务分配时，我立即承担失误的责任"。该量表在本项文中的
Cronbach α 是 0.71。

长期结果考量　采用 Strathman 等人（1994）开发的量表测量
了长期结果考量，包含 12 个题目。例如"我通常会考虑未来的事
情会如何，并试着通过日常行为去影响它"；"我经常会采取一些
特别的行动，以期得到可能多年不见成效的结果"。该量表在本项
研究中的 Cronbach α 是 0.80。

领导授权赋能行为　领导授权赋能行为采用了王辉等（2008）
开发的中国组织情境下领导授权赋能行为测量量表，该量表由 6

个维度组成，分别是"关心员工个人发展"、"过程控制"、"授予自主权"、"结果和目标控制"、"参与决策"和"工作中的支持与帮助"，共 24 个题目。6 个维度在本项研究中的 Cronbach α 系数分别为：0.90、0.84、0.86、0.80、0.92、0.90。

环境不确定性　环境不确定性由 3 个题目测量，De Hoogh 等人（2005）采用过。题目描述了环境的情况。3 个题目分别是"部门的工作环境中充满了挑战"、"部门的工作环境富于变化"和"部门的工作环境提供了非常多的变革机会"。参与者根据自己所在部门的实际情况标明自己同意这些描述的程度。该量表在本项研究中的 Cronbach α 系数是 0.82。

为了保证量表的信度，研究人员请三位英语专业的博士做了翻译和回翻的工作。其中，请一位英语专业博士将长期结果考量、环境不确定性量表翻译成中文。另外一人根据她翻译的中文再翻译成英文。然后请第三人根据原英文量表，检验前面两人翻译的情况。

所有的测量都采取 7 点量表，其中 1 代表"非常不同意"到 7 代表"非常同意"。

4. 结果

4.1 描述性统计分析

表 1 给出了各个量表的 Cronbach α 系数、变数的均值、方差和相关系数。由表中结果可知，除了环境不确定性之外，其他

主要变量的方差较小，均值较大，表明数据在一定程度上存在偏分和变异较小的特点。从相关系数可以看出，长期结果考量、自我牺牲精神以及环境不确定性和领导授权赋能行为显著相关。这为假设提供了初步的支持。

表1：各变数的均值、标准偏差、相关系数和内部一致性信度系数

	均值	标准差	1	2	3	4	5	6	7
1. 性别	1.45	0.50							
2. 年龄	36.13	7.25	-0.14						
3. 教育程度	5.11	0.83	-0.01	-0.44***					
4. 长期结果考量	4.67	0.70	-0.15	-0.25**	0.14 (0.80)				
5. 自我牺牲精神	5.21	0.70	-0.13	-0.04	-0.14	0.23* (0.71)			
6. 环境不确定性	5.01	1.24	-0.09	-0.09	0.09	0.30***	0.33*** (0.82)		
7. 领导授权赋能行为	5.53	0.83	-0.09	-0.07	-0.12	0.33***	0.19*	0.33***	(0.95)

4.2 回归分析

为了检验假设，本项研究采用了层次回归的方法。为避免共线性和回答偏差的影响，回归方程中的自变量做了中心化处理。检验假设1—4的时候，以领导授权赋能行为作为因变量，做了三步回归：第一步引入控制变量性别、年龄和教育程度；第二步引入自变量长期结果考量、自我牺牲精神和环境不确定性；第三步

引入交互变数。资料分析结果如表 2 所示。

假设 1 预测长期结果考量与领导授权赋能行为正相关。研究资料支持了这一假设。长期结果考量与领导授权赋能行为之间的正相关关系显著（β=0.25，t=2.52，p<0.05）。假设 2 预测这一正相关关系会被环境不确定性调节，表现为在环境不确定性低的情况下会更强烈。研究结果表明，长期结果考量和环境不确定性的交互项和领导授权赋能行为之间的负相关关系显著（β=0.24，t=-2.66，p<0.01）。采用 Split-Plot 分析方法进一步检验调节作用的方向，结果如图 1 所示。与假设 2 一致：在环境不确定性高的条件下，长期结果考量与领导授权赋能行为之间的正相关关系相对平缓；而在环境不确定性低的条件下，长期结果考量与领导授权赋能行为之间的正相关关系相对陡峭。假设 2 得到了支持。

假设 3 预测自我牺牲精神与领导授权赋能行为之间正相关，这一假设没有得到数据支持。假设 4 预测环境不确定性调节自我牺牲精神和领导授权赋能行为之间的关系。数据分析结果显示，自我牺牲精神与环境不确定性的交互项与领导授权赋能行为之间存在显著的正相关关系（β=0.32，t=3.51，p=0.001）。采用 Split-Plot 分析方法进一步检验调节作用的方向，结果如图 2 所示。假设 4 得到了完全证实：在环境不确定性高的条件下，自我牺牲精神和领导授权赋能行为之间具有显著的正相关关系；而在环境不确定性低的条件下，自我牺牲精神和领导授权赋能行为之间呈现负相关关系。

表2：长期结果考量、自我牺牲精神、环境不确定性和领导授权赋能行为分层回归结果

	领导授权赋能行为		
	1	2	3
控制变量			
性别	-0.11	-0.03	-0.01
年龄	-0.05	0.05	0.06
教育程度	0.10	0.11	0.11
自变量			
长期结果考量		0.25*	0.29**
自我牺牲精神		0.10	0.03
环境不确定性		0.20*	0.27**
交互项			
长期结果考量 × 环境不确定性			-0.24**
自我牺牲精神 × 环境不确定性			0.32***
解释方差（R^2）	0.03	0.18	0.29
ΔR^2		0.15***	0.11***
模型匹配度（F）	1.00	3.78**	

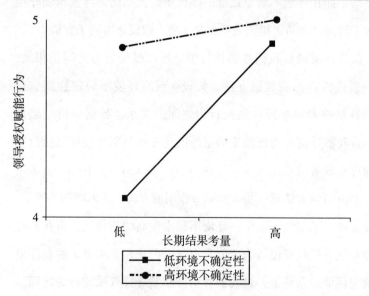

图1：环境不确定性对长期结果考量和领导授权赋能行为之间关系的调节作用

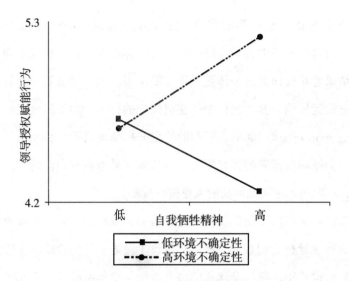

图2：环境不确定性对自我牺牲精神和领导授权赋能行为之间关系的调节作用

5. 讨论和局限

　　本文的主要目的是探讨个体特征对领导授权赋能行为的影响，同时检验感知到的环境不确定性对个体特征和领导授权赋能行为之间关系的调节作用。概括而言，本文发现管理者的个体特征——未来结果考虑和自我牺牲精神——会影响他们的领导授权赋能行为，但是环境不确定性对这一关系具有强烈的调节作用。

　　首先，关于个体特征对领导行为的影响，本文的发现与过去一致，但是提供了一个新的变量，长期结果考量。长期结果考量是指人们在选择当下行为时关注行为的远期结果的倾向，是一个稳定而可靠的个体差异。它反映了个体偏好从短期还是长期时间框架去选择自己行为的程度（Strathman et al., 1994）。在权衡当下行为时，长期结果考量倾向高的个体更看重长期结果；而长期结果考量倾向低的个体更看重短期结果。这一特征对个体行为具有深远影响，其中包括个体在组织中的行为，如组织公民行为（Joireman et al., 2006）。我们的数据分析结果表明，长期结果考量也会影响管理者的授权行为。与长期结果考量倾向低的个体相比，长期结果考量倾向高的人更偏好授权。

因本文在收集领导授权赋能行为相关资料的同时，也收集了变革型领导行为的数据，可以对假设1做进一步的检验。在进一步数据检验中，我们发现长期结果考量与变革型领导行为阐述愿景这一维度，有显著的正相关关系（$\beta=0.33$, $t=3.59$, $p=0.001$）。而且在层次回归分析中，长期结果考量与领导授权赋能行为的关系在加入阐述愿景这一维度之后，显著性降低（$\beta_{CFC}=0.16$, $t=1.76$, $p=0.08$；$\beta_{愿景}=0.51$, $t=5.85$, $p<0.001$）。我们采用Amos7进一步比较了长期结果考量、阐述愿景和授权赋能领导行为三者之间因果关系的路径模型。衡量结构方程模型的各项拟合优度指针显示，长期结果考量→阐述愿景→授权赋能领导行为这一模型更好地拟合了资料，见表3。

表3:长期结果考量，愿景领导和授权领导行为之间关系的模型比较结果

模型	CMINDF	IFI	NFI	CFI	RMSEA	AIC
模型1：CFC→愿景→授权	2.93（p>0.05）	0.97	0.95	0.97	0.13	18.93
模型2：CFC→授权→愿景	7.02（p<0.01）	0.90	0.89	0.89	0.23	23.02
模型3：愿景→CFC→授权	31.28（p<0.001）	0.50	0.49	0.46	0.52	47.28

　　上述资料分析结果进一步支持了本文的逻辑和假设：当管理者有较高的长期结果考量倾向时，他们更关注行为的远期目标，如组织的愿景和使命，进而乐于授权。该发现与以往关于授权的研究结果一致（Charlene et al., 1998）。不过，长期结果考量和领导授权赋能行为的关系也有可能是因为领导授权赋能行为本身具有在短期意味着投入，在长期意味着收获，以后的研究可以进一步检验这种可能性。

　　与特征启动理论的观点一致，本文发现个体特征的表达需要存在与特征相关的情境。具体而言，研究结果显示，环境不确定性显著调节长期结果考量和自我牺牲精神与领导授权赋能行为之间的关系。

　　与预测一致，本文资料分析的结果表明，环境不确定性显著调节长期结果考量倾向与领导授权赋能行为之间的关系。当环境不确定性高的时候，长期结果考量与领导授权赋能行为之间的正相关关系相对平缓；当环境不确定性低的时候，长期结果考量与领导授权赋能行为之间的正相关关系陡峭。该发现与其他关于长期结果考量的研究结论一致：当行为的远期利益降低时，长期结果考量倾向高的人会降低对该行为的偏好（Joireman et al., 2006；Joireman, Jonathan, and Alan, 2005）。

　　自我牺牲精神在领导行为研究领域是一个非常重要的概念（Bass, 1985；Shamir, House, and Arthur, 1993），经常被领导者用来发送自己更加关注集体利益而非个人利益的信号（Choi and Mai-Dalton, 1998；De Cremer and Knippenberg, 2004)，从而引发下属的积极感知 (Conger and Kanungo, 1987；Shamir et al., 1993)。不过研究也发现，自我牺牲精神的作用具有很强的情境依赖性，尤其是依赖于危机和环境不确定性 (De Cremer, Dijke, and Bos, 2004；De Cremer and Knippenberg, 2004)，表现为自我牺牲精神的影响只在高不确定环境、危机环境或者是不公平情境等弱情境中才显著 (Choi and Mai-salton, 1999；Halverson, Holladay, Kazama, and Quiñones, 2004)。这是因为只有在这些环境中，领导者的自我牺牲精神才被员工视为合理和有效 (De Cremer, Dijke, and Bos, 2004)，也才是组织应对环境的必要措施 (Choi and Mai-Dalton, 1998)。这可能是本文中自我牺牲精神与领导授权赋能行为的关系只有交互效应，但主效应不显著的一个主要原因。

　　具体而言，关于自我牺牲精神的积极效应，本文的发现与过去的研究一致，即自我牺牲精神的积极效应在高不确定性环境下存在，表现为在高不确定性环境下，自我牺牲精神有利于管理者采取领导授权赋能行为。相反，在低不确定性环境中，自我牺牲精神不利于领导者采取领导授权赋能行为。这个结果的一个原因是领导者承担更多的责任、放弃个人的享受在不同环境下具有不同意义。当环境比较稳定、任务简单的时候，授权意味着让下属承担更多的责任和任务，而领导者自己只需花费很少的个人成本（如时间、努力和资源）就可以享受劳动成果。那些具有自我牺牲精神的领导者，通常倾向于拒绝个人的舒适和安全、限制个人的特权、愿与下属同甘共苦。这种坐享其成的事情可能是他们很不愿意做的。因此，具有自我牺牲精神的管理者在低确定性环境中不愿意授权。而在高不确定性环境中，虽然发挥员工的才智非常必要，但授权的风险也增大很多。此时，只有那些愿意承担授权风险的领导者，才更可能克服对个人利益的担忧而授权。

此外，另外一个可能的解释是自我牺牲精神高的人更关心集体利益，会使他们更有权变思维。授权是领导者下放权力的行为，更多的是组织应对压力的手段（Kanter，1989）。如 Thomas 和 Velthouse（1990）就认为只有当组织面临竞争或变革的时候，需要鼓励员工承诺、冒险和创新，才会出现真正的授权赋能。可见，授权目的是提高组织的绩效和生存能力，针对的是集体利益。在管理实践和研究领域，一个原则已成常识：环境稳定的时候，集权可以提高效率；而环境复杂的时候，分权可以提高效率。Choi 和 Mai-salton（1999）认为自我牺牲精神是领导者表明自己的目的是集体利益而非个人利益的信号，因此他们很可能会在稳定环境中集权，而在不确定的环境中授权。这两种原因都有可能，未来的研究可以进一步检验。

研究的主要局限有 4 个。首先，我们的数据是截面数据，不能提供因果关系的检验。其次，因为所有数据都是自我报告数据，可能存在共同方法偏差。第三，因为参与者主要是 MBA 学生，相对缺乏高层管理者的数据。第四，因为领导行为的问卷是通过管理者发放给下属的，领导者可能会找与自己关系好的下属填写，可能存在回答偏差，导致评价相对积极。不过，在回归分析中我们采用的是中心化的资料，考察的是长期结果考量和自我牺牲精神的变化对授权赋能领导行为的影响，在一定程度上可以控制回答偏差的影响。未来的研究可以通过收集纵向数据，采取多种测量方法以及选择高管人员为研究对象来解决这些问题。

6. 结论

本文的主要理论贡献是检验了长期结果考量和自我牺牲精神对授权赋能领导行为的影响以及环境不确定性对这些关系的调节作用。此外，由于我们的数据分别由主管本人和主管下属，来源不同，避免了同源数据偏差的问题，因而具有更强的内部效度。

研究的具体发现如下：首先，我们发现长期结果考量有利于管理者授权。管理者对未来结果的关注程度越高，越有可能授权给下属。这一结果表明，拓展管理者的时间视野有助于提高组织的授权水平。

其次，环境不确定性调节长期结果考量和自我牺牲精神与领导授权赋能行为之间的关系。表现为，高不确定性环境中，自我牺牲精神有利于领导者采取授权行为；而在低不确定性环境中，长期结果考量有利于领导者采取授权行为。对于这两个个人特征，尤其是在人们崇尚自我牺牲精神和长远眼光的情况下，更要注意它们的积极效应随着情境变化的情况，以免带来负面影响。

Abstract

By employing the survey method, this study investigates the effects of consideration of future consequences and self-sacrifice on empowering leadership behaviors, especially in the situation of environmental uncertainty. The results showed, (1) consideration of future consequences is positively and significantly related to the empowering leadership behaviors; (2) environmental uncertainty moderated the relationship between consideration of future consequence as well as self-sacrifice and empowering leadership behavior. Specifically, the relationship between self-sacrifice and empowering leadership behavior is stronger in the higher level than that in the lower level of environmental uncertainty. And the relationship between consideration of future consequences and empowering leadership behavior is weaker in the higher level than that in lower level of environmental uncertainty.

参考文献

王辉、武朝燕、张燕、陈昭全：“领导授权赋能行为的维度确认与测量”,《心理学报》2008 年第 40 卷第 12 期,第 1030-1040 页。

Bass, B. M. 1985, *Leadership and Performance beyond Expectations*, New York: Free Press.

Bass, B. M. (1999), "Two Decades of Research and Development in Transformational Leadership", *European Journal of Work and Organizational Psychology*, 8:9-32.

Bass, B. M., Avolio, B. J., Jung, D. I., and Berson, Y. (2003), "Predicting Unit Performance by Assessing Transformational and Transactional Leadership", *Journal of Applied Psychology*, 88:207-218.

Bell, N. E. and Staw, B. M. (1988), "People as Sculptors versus Sculpture: The Role of Personality and Personal Control in Organizations", in M. B. Arthur, D. T. Hall, and B. S. Lawrence (Eds.), *Handbook of Career Theory*, Cambridge: Cambridge University Press.

Bennis, W. and Nanus, B. (1985), *Leaders: The Strategies for Taking Charge*, New York: Harper and Row.

Blau, J. R. and Alba, R. D. (1982), "Empowering Nets of Participation", *Administrative Science Quarterly*, 27 : 363-379.

Birdi, K., Clegg, C., Patterson, M., Robinson, A., Stride, C. B., Wall, T. D., and Wood, S. J. (2008), "The Impact of Human Resource and Operational Management Practices on Company Productivity: A Longitudinal Study", *Personnel Psychology*, 21 : 467-501.

Bono, J. E. and Judge, T. A. (2004), "Personality and Transformational and Transactional Leadership: A Meta-Analysis", *Journal of Applied Psychology*, 89 : 901-910.

Charlene, F., Lando, R. A., Johansen, M. L., Reyes, A., and Szaloczy, D. M. (1998), "The Triad of Empowerment: Leadership, Environment, and Professional Traits", *Nursing Economics*, 16 : 254-258.

Chatman, J. A., Caldwell, D. F., and O'Reilly, C. A. (1999), "Managerial Personality and Performance: A Semi-

Idiographic Approach", *Journal of Research in Personality*, 33：514-545.

Choi, Y. and Mai-Dalton, R. (1998), "On the Leadership Function of Self-Sacrifice", *Leadership Quarterly*, 9：475-501.

Choi, Y. and Mai-Dalton, R. R. (1999), "The Model of Followers' Responses to Self-Sacrificial Leadership: An Empirical Test", *The Leadership Quarterly*, 10：397-421.

Conger, J. A. and Kanugo, R. N. (1987), "Toward a Behavior Theory of Charismatic Leadership in Organizational Settings", *The Academy of Management Review*, 12：637-647.

Conger, J. A. and Kanungo, R. N. (1988), "The Empowerment Process Integrating Theory and Practice", *Academy of Management Review*, 13：81-105.

Costa, P. T., Jr., McCrae, R. R., and Dye, D. A. (1991), "Facet Scales for Agreeableness and Conscientiousness: A Revision of the NEO Personality Inventory", *Personality and Individual Differences*, 12：887-898.

Crant, J. M. and Bateman, T. S. (2000), "Charismatic Leadership Viewed from above: The Impact of Proactive Personality", *Journal of Organizational Behavior*, 21：63-75.

De Cremer, D., Dijke, M. V., and Bos, A. (2004), "Distributive Justice Moderating the Effects of Self-Sacrificial Leadership", *The Leadership and Organization Development Journal*, 25：466-475.

De Cremer, D. and Knippenberg, D. V. (2004), "Leader Self-Sacrifice and Leadership Effectiveness: The Moderating Role of Leader Self-Confidence", *Organizational Behavior and Human*

Decision Processes, 95 : 140-155.

De Hoogh, A. H. B., Hartog, D. N. D. and Koopman, P. L. (2005), "Linking the Big Five-Factors of Personality to Charismatic and Transactional Leadership: Perceived Dynamic Work Environment as a Moderator", *Journal of Organizational Behavior*, 26 : 839-865.

Diener, E., Larsen, R. J., and Emmons, R. A. (1984), "People × Situation Interaction: Choice of Situations and Congruence Response Models", *Journal of Personality and Social Psychology*, 47 : 580-592.

Halverson, S. K., Holladay, C. L., Kazama, S. M., and Quiñones, M. A. (2004), "Self-Sacrificial Behavior in Crisis Situations: The Competing Roles of Behavioral and Situational Factors", *The Leadership Quarterly*, 15 : 263-275.

House, B. J. and Aditya, R. N. (1997), "The Social Scientific Study of Leadership: Quo Vadis?", *Journal of Management*, 23 : 409-473.

Huselid, M. A. (1995), "The Impact of Human Resource Management Practices on Turnover, Productivity, and Corporate Financial Performance", *Academy of Management Journal*, 38 : 635-672.

Jaffee, D. T. and Scott, C. D. (1993), "Building a Committed Workplace: An Empowered Organization as a Competitive Advantage", in M. Ray and A. Rinzler (Eds.), *The New Paradigm in Business: Emerging Strategies for Leadership and Organizational Change*, New York: Tarcher/Perigee.

Joireman, J., Daniels, D., George-Falvy, J., and Kamdar,

D. (2006), "Organizational Citizenship Behaviors as a Function of Emphathy, Consideration of Future Consequences, and Employee Time Horizon: An Initial Exploration Using an in-Basket Simulation of OCBs", *Journal of Applied Social Psychology*, 36 : 2266-2292.

Joireman, J., Jonathan, A., and Alan, S. (2005), "The Aggression Paradox: Understanding Links among Aggression, Sensation Seeking, and the Consideration of Future Consequences", *Journal of Personality and Social Psychology*, 84 : 1287-1302.

Judge, T. A., Bono, J. E., Ilies, R., and Gerhardt, M. W. (2002), "Personality and Leadership: A Qualitative and Quantitiative Review", *Journal of Applied Psychology*, 85 : 765-780.

Judge, T. A., Colbert, A. E., and Illies, R. (2004), "Intelligence and Leadership: A Quantitative Review and Test of Theoretical Propositions", *Journal of Applied Psychology*, 89 : 542-552.

Jung, D. I. and Avolio, B. J. (2000), "Openning the Black Box: An Experimental Investigation of the Mediating Effects of Trust and Value Congruence on Transformational and Transactional Leadership", *Journal of Organizational Behavior*, 21 : 949-964.

Kanter, R. M. (1989), "The New Managerial Work", *Harvard Business Review*, 67 : 85-92.

Koberg, C. S., Senjem, J. C., Goodman, E. A. (1999), "Antecedents and Outcomes of Empowerment", *Group and Organization Management*, 24 : 71-79.

Konczak L. J, Stelly D. J, and Trusty M. L. (2000), "Defining and Measuring Empowering Leader Behaviors: Development of an upward Feedback Instrument", *Educational and Psychological Measurement*, 60 : 302-308.

Laschinger, H. K., Finegan, J. E., Shamian, J., and Wilk, P. (2004), "A Longitudinal Analysis of the Impact of Workplace Empowerment on Work Satisfaction", *Journal of Organizational Behavior*, 25 : 527-545.

Lawler E. (1986), *High-Involvement Management, Participative Strategies for Improving Organizational Performance*, San Francisco: Jossey-Bass.

Liberman, N., Sagristano, M. D., and Trope, Y. (2002), "The Effect of Temporal Distance on Level of Mental Construal", *Journal of Experimental Social Psychology*, 38 : 523-534.

Logan, M. S. and Ganster, D. C. (2007), "The Effects of Empowerment on Attitudes and Performance: The Role of Social Support and Empowerment Beliefs", *Journal of Management Studies*, 44 : 1523-1550.

Mainiero L A. (1986), "Coping with Powerlessness: The Relationship of Gender and Job Dependency to Empowerment-Strategy Usage", *Administrative Science Quarterly*, 31 : 633-653.

Mayer, R. C., Davis, J. H., and David, F. S. (1995), "An Integration Model of Organizational Trust", *Academy of Management*, Reviwe,20 : 709-734.

Milliken, F. J. (1987), "Three Types of Perceived Uncertainty about the Environment : State, Effect, and Response Uncertainty", *Academy of Management Review*, 12 : 133-143.

Mishra K. A. and Spreitzer, G. M. (1998), "Explaining how Survivors Respond to Downsizing: The Role of Trust, Empowerment Justice and Work redesign", *The Academy of Management Review*, 23 : 567-588.

Nanus, B. (1992), *Visionary Leadership: Creating a Compelling Sense of Direction for your Organization*, Jossey-Bass, San Francisco, CA.

Ortega, J. (2009), "Why do Employers Give Discretion? Family versus Performance Concerns", *Industrial Relations*, 48 : 1-26.

Pfeffer, J. (1995), "Producing Sustainable Competitive Advantage through the Effective Management of People", *Academy of Management Executive*, 9 : 55-69.

Podsakoff, P. M., MacKenzie, S. B., and Bommer, W. H. (1996), "Transformational Leader Behaviors and Substitutes for Leadership as Determinants of Employee Satisfaction, Commitment, Trust, and Organizational Citizenship Behaviors", *Journal of Management*, 22 : 259-298.

Rubin, R. S., Munz, D. C., and Bommer, W. H. (2005), "Leading from within: The Effects of Emotion Recognition and Personality on Transformational Leadership Behavior", *Academy of Management Journal*, 48 : 845-858.

Shamir, B., House, R. J., and Arthur, M. B. (1993), "The Motivational Effects of Charismatic Leadership: A Self-Concept Based", *Organizational Science*, 4 : 577-594.

Shamir, B. and Howell, J.M. (1999), "Organizational and Contextual Influences on the Emergence and Effectiveness of

Charismatic Leadership", *The Leadership Quarterly*, 10 : 257-283.

Spreitzer, G. M. (1995), "Psychological Empowerment in the Workplace: Dimensions, Measurement, and Validation", *Academy of Management Journal*, 38 : 1442-1465.

Strathman, A., Gleicher, F., Boninger, D. S., and Edwards, C. S. (1994), "The Consideration of Future Consequences: Weighting Immediate and Distant Outcomes of Behavior", *Journal of Personality and Social Psychology*, 66 : 742-752.

Tett, R. P. and Burnett, D. D. (2003), "A Personality-Based Interactionist Model of Job Performance", *Journal of Applied Psychology*, 88 : 500-517.

Thomas, K. W. and Velthouse, B. A. (1990), "Cognitive Elements of Empowermrment: An 'Interpretive' Model of Intrinsic Task Motivation", *Academy of Management Review*, 15 : 666-681.

Trope, Y. and Liberman, N. (2000), "Temporal Construal and Time-Dependent Changes in Preference", *Journal of Personality and Social Psychology*, 79 : 876-889.

Trope, Y. and Liberman, N. (2003), "Temporal Construal", *Psychological Review*, 110 : 403-421.

Wilson, B. and Laschinger, H. (1994), "Staff Nurse Perception of Job Empowerment and Organizational Commitment: A Test of Kanter's Theory of Structural Power in Organizations", *Journal of Nursing Administration*, 24 : 39-45.

Yorges, S. L., Weiss, H. M., Strickland, O. L. (1999), "The Effect of Leader Outcomes on Influence, Attributions, and

Perceptions of Charisma", *Journal of Applied Psychology*, 84：428-436.

Yukl, G. (1994), *Leadership in Organizations*, 3rd., Englewood Cliffs, NJ: Prentice Hall.

Vallacher, R. R. and Wegner, D. M. (1989), "Levels of Personal Agency: Individual Variation in Action Identification", *Journal of Personality and Social Psychology*, 57：660-671.

第十章

领导—部属交换对授权赋能领导行为影响效果的调节作用

摘　要

本文采用问卷调查的方法，检验了领导—部属交换对授权赋能领导行为影响效果的调节作用。研究结果表明：(1)授权赋能领导行为对下属心理授权感知和工作满意度有显著影响。(2)领导—部属交换调节授权赋能领导行为和心理授权感知以及授权赋能领导行为与下属工作满意度之间的关系。

关键词：授权赋能领导行为　心理授权感知　领导—部属交换　工作满意度

1. 问题提出

授权（empower）是组织管理研究领域关注的重要现象，与权力让渡、员工参与管理等研究密切相关。最初，学者认为授权就是决策权下放。然而，Conger 和 Kanungo（1988）指出授权更多地是一种心理现象。Thomas 和 Velthouse（1990）进一步指出授权其实是员工内在工作动机在认知上的反映，即心理授权感知（psychological empowerment）。之后，关于授权的研究主要集中在心理授权感知方面，逐渐忽视了授权的行为。Konczak、Stelly 和 Trusty（2000）认为领导行为在授权过程中扮演了至关重要的角色，其作用不应被忽视，因此提出了授权赋能领导行为（empowering leadership behaviors）概念并开发了量表。

Konczak 等人（2000）发现授权赋能领导行为会产生许多积极效应，但其作用主要是通过影响下属的心理授权感知完成的。可是以前的研究很少探讨授权赋能领导行为与下属心理授权感知之间以及授权赋能领导行为与其他重要结果变量之间的调节变量（张燕、王辉、陈昭全，2006）。因此，本文引入领导—部属交换（leader-member exchange，LMX）作为调节变量，检验其对授权赋能领导行为作用的影响。

探讨领导—部属交换对授权赋能领导行为影响效果的调节作用有两个原因。首先，领导—部属交换强调区别性领导授权，授权赋能领导行为强调普遍授权，因此了解这两种领导现象同时存在时下属的积极状态会有什么变化，具有重要的理论意义。其次，当前激烈的竞争和高度的环境不确定性提高了组织对授权的需要。在这种情况下，检验授权赋能领导行为积极效应的边际，对企业具有较高的实践意义。

2. 文献回顾

2.1 授权赋能领导行为

根据 Konczak 等人（2000）的观点，授权赋能领导行为是领导将权力下放并保证其实施的一组行为，有利于提高下属感知到的、对工作环境的控制力，包括 6 个维度：授予权力、承担责任、自主决策、分享信息、技能发展以及指导创新绩效。为了体现文化差异的影响，王辉等人（2008）发展出一个在中国组织情境下测量授权赋能领导行为的工具，包括参与决策、工作中的支持与帮助、关心下属个人发展、授予自主权、过程控制、结果和目标控制 6 个维度。只有过程控制、结果和目标控制这两个维度与西方测量工具不同，其余 4 个维度则类似。

2.2 心理授权感知

Conger 和 Kanungo（1988）率先从心理角度研究授权现象，认为授权是下属"努力—绩效"期望或者"自我效能感"提高的过程。Thomas 和 Velthouse(1990)在此基础上提出了心理授权感知模型。Spreitzer（1995）进一步将心理授权感知明确为工作意义、胜任力、自主权和影响力四个维度，并开发了测量量表。根据 Spreitzer 的定义，工作角色的要求与个体自己的信念、价值观念和行为准则的一致性越高，工作能力和自主性越强，影响力越大，下属的内在工作动机越高。

2.3 领导—部属交换

Graen 等人（1972）提出领导者在时间有限的情况下，会差别对待下属，与不同下属交换不同的内容，并最终在组织成员中产生了拥有"低水平领导—部属交换"与"高水平领导—部属交换"的两类下属。前者是指领导与成员之间的交换以经济交换为主，双方的合作更多地体现为正规意义上的指挥和引导，彼此的沟通和交流仅限于正式的组织管道。而后者是指所交换的内容体现出必要的经济交换的同时，又具有一定水平的社会交换，即领导和下属之间的交换包含情感、信任、承诺等社会心理要素。实证研究表明，领导—部属交换能够预测部属的工作态度和工作满意度、信息沟通效率、决策质量、组织公民行为和离职意向等方面的结果（Ilies，Nahrgang，and Morgeson，2007）。

3. 假设提出

社会认知理论强调人们对自己工作行为和态度的解释、知觉和认识是在特定的工作环境中进行的，组织成员的认知过程和结果将带有环境的烙印。因此，心理授权感知作为"一组由工作环境塑造的认知"（Spreitzer，1995），将不可避免地受到环境或者情境的影响。

Thomas 和 Velthouse（1990）提出了社会结构特征的概念来解释工作环境或情境对下属心理授权感知的作用。根据他们的观点，社会结构特征是指那些可以影响个体如何评价工作的环境事件，会影响心理授权感知水平。社会结构特征如果有助于个体获取处理问题的权力，得到关于环境及问题的信息和其他支持性资源，就会提高个体心理授权感知的程度（Koberg，Senjem，and Goodman，1999）。而在组织中，领导行为是一个重要的社会结构特征因素。如 Konczak 等人（2000）提出，在工作中，个体获得信息、知识、权力和回馈的一个重要来源就是领导，而领导的授权赋能行为又直接致力于与下属分享权力，所以对下属的心理授权感知有正向影响。他们的研究结果也支持了这一观点。由此得到假设 1：

假设 1：授权赋能领导行为对下属的心理授权感知水平具有积极影响。

领导—部属交换会影响员工工作环境的社会结构特征。这是因为在高水平的领导—部属交换情况下，领导者会为下属提供更多的指导和支持性资源，还有更多参与机会、更高的自主权等。实证研究也表明领导—部属交换会显著提高员工的心理授权感知水平（Wat and Shaffer，2005）。

然而领导—部属交换与授权赋能领导行为授权的心理基础存在本质差别。授权赋能领导行为是领导者基于正式的经济交换或者经济契约，为所有的下属提供支持性的资源和参与机会。一视同仁，没有差别。但是领导—部属交换对授权影响相对复杂。低水平领导—部属交换带来的授权行为是基于经济交换，而高水平领导—部属交换带来的授权行为则更多地基于社会交换。经济交换的双方只是通过短暂和不稳定的关系，交换可估价的有形物质，比如金钱、物品等。社会交换的双方不但交换有形的物质，而且会通过相对持久和稳定的关系，交换更多无形的要素，比如信任、忠诚、情感、认同等（Tusi, Pearce, Porter, and Tripoli, 1997）。所以与授权赋能领导行为不同，高水平领导—部属交换有利于领导为下属提供更具支持性的工作环境（Liden and Maslyn, 1998）。例如，Graen 和 Schiemann（1978）就指出领导—部属交换不仅是互惠来往和契约外的相互信任，还意味着共命运的高质量人际关系。

综上所述，拥有高水平领导—部属交换的下属通过这种交换关系已经得到了足够多的支持，因此授权赋能领导行为起作用的空间相对较少。这意味着在高水平领导—部属交换的情况下，授权赋能领导行为很难影响下属的心理授权感知。在低水平领导—部属交换的情况下，下属通过交换关系得到的支持性资源较少，授权赋能领导行为很好地填补了这个空白，因而可以极大地提高这些下属的心理授权感知。

假设 2：授权赋能领导行为对心理授权感知的积极影响在低水平领导—部属交换情况下比在高水平领导—部属交换情况下更强烈。

内部导向动机理论的研究者认为个体追求成为自己生活的主

宰者，追求自我完整和行为的和谐，所以能提高自主、能力和意义的行为可以提高个体主观感知到的幸福和快乐水平（Deci and Ryan，2000）。而授权赋能领导行为可以显著提高下属的能力和自主水平，会对下属的工作满意度产生正向影响（Fulford and Enz，1995）。不过，授权赋能领导行为和工作满意度之间的关系很可能会受到领导—部属交换的影响。高水平的领导—部属交换不仅仅使下属获得更多的信息和支持，而且还使得下属和领导之间形成强烈的情感纽带，这会增强个体的工作满意度（Green，Anderson，and Liden，1996）。而在低水平领导—部属交换的情况下，下属只能通过授权赋能领导行为获得领导的支持，因此，授权赋能领导行为对拥有低水平领导—部属交换的下属的工作满意度影响更大。

假设 3：授权赋能领导行为与下属工作满意度正相关关系在低水平领导—部属交换下要比在高水平领导—部属交换下更强烈。

管理人员采取授权措施的目的是提高组织绩效，大量研究也发现授权措施确实会提高下属的绩效 [如，Spreitzer（1995）]。不过，与领导—部属交换调节授权行为与下属心理授权感知和工作满意度的原因相同，领导—部属交换也会影响授权赋能领导行为对下属绩效的作用。

假设 4：授权赋能领导行为与下属情境绩效正相关关系在低水平领导—部属交换情况下要比在高水平领导—部属交换情况下更强烈。

4. 方法

4.1 被试

本项研究采用问卷调查方法，通过在国内一家大型银行随机抽取了 150 名银行员工及其直接主管，完成了相关的数据收集工作。研究样本中，员工的平均年龄为 29.0 岁（SD=6.76），其中男性 82 人（54.7%），女性 68 人（45.3%）。他们的平均工作年限为 6.53 年（SD=6.59），7 人为技校或中专学历（4.7%），31 人为大专学历（20.8%），90 人为大学本科学历（60.4%），21 人为研究生学历（14.1%）。主管的平均年龄是 35.02 岁（SD=6.08），其中男性 68 人（45.3%），女性 82 人（55.7%），平均工作年限是 9.18 年（SD=5.29）。主管中 3 人为技校或中专学历（2.0%），8 人为大专学历（7.3%），90 人为大学本科学历（60.0%），42 人为研究生学历（28.0%），7 人为博士学历（4.7%）。性别、年龄、教育程度是控制变量。

4.2 调查过程

研究人员将问卷发给职员及其主管，同时向所有被试申明数据仅为研究所用，并保证对问卷信息保密。填好的问卷由参与者直接发回研究人员的信箱。本项研究中，情境绩效由参与者的直接上司提供，其余所有数据都由参与者本人提供。所有变量评估都使用

Likert 5 点量表形式,从 1 代表"非常不同意"到 5 代表"非常同意"。

4.3 测量工具

授权赋能领导行为 授权赋能领导行为采用了王辉等(2008)开发的中国组织情境下授权赋能领导行为测量量表,该量表由 6 个维度组成,分别是"关心下属个人发展"、"过程控制"、"授予自主权"、"结果和目标控制"、"参与决策"和"工作中的支持与帮助",共 24 个题目。6 个维度在本项研究中的 Cronbach α 系数(内部一致性系数)分别为 0.93、0.79、0.88、0.86、0.87、0.90。整个量表的 Cronbach α 系数是 0.96。

采用 Spreitzer(1995)编写的问卷测量下属心理授权感知。问卷由 4 个维度构成,分别是工作意义、能力、自主权和影响力,问卷共 12 个题目。该量表在中国组织情境下的适用性已得到李超平等(2006)的验证。4 个维度在本项研究中的 Cronbach α 系数分别为:0.91、0.71、0.88 和 0.88。整个量表的 Cronbach α 系数是 0.87。采用王辉等(2005)使用过的中文量表测量领导—部属交换。该量表共 12 个题目,由情感、贡献、忠诚和专业尊敬 4 个维度组成。它们在本项研究中的 Cronbach α 系数分别为:0.91、0.74、0.88 和 0.94。环境不确定性采用 Laschinger 等(2001)开发的量表,包含 3 个题目。该量表在本项研究中的 Cronbach α 是 0.89。采用王辉等(2003)使用过的情境绩效中文量表测量情境绩效,由 15 个题目构成。该量表在本项研究中的 Cronbach α 系数是 0.94。

5. 结果

5.1 描述性统计分析

由表1的信息可知各量表的内部信度很高，授权赋能领导行为与心理授权感知、工作满意度、情境绩效均显著正相关。

5.2 回归分析

为了检验假设，本项研究采用层次回归分析的方法，如表2所示。首先，数据分析结果支持了假设1。授权赋能领导行为对下属心理授权感知有积极作用（$\beta = 0.51$，$p < 0.001$）。假设2认为领导—部属交换会调节授权赋能领导行为和下属心理授权感知之间的关系。数据分析结果显示领导—部属交换和授权赋能领导行为的交互项对下属心理授权感知影响显著（$\beta = -0.14$，$p < 0.05$）。采用 Split-Plot 分析方法进一步检验调节作用，结果如图1所示。假设2得到支持，随着授权赋能领导行为水平的提高，在高水平领导—部属交换的情况下，下属的心理授权感知提高缓慢；在低水平领导—部属交换的情况下，下属心理授权感知提高迅速。

以工作满意度为因变量，采用同样的分析方法检验假设3。结果表明授权赋能领导行为对下属工作满意度有积极影响（$\beta = 0.39$，$p < 0.001$），领导—部属交换显著调节授权赋能领导行为和工作满意度之间的关系（$\beta = -0.23$，$p < 0.001$）。通过 Split-Plot 方法进一

表1: 各变量的均值、标准偏差、相关系数和Cronbach α 系数

	均值	标准差	1	2	3	4	5	6	7	8
1. 性别	1.55	0.50								
2. 年龄	29.00	6.76	0.28***							
3. 教育程度	4.84	0.72	-0.03	0.10						
4. 授权赋能领导行为	4.07	0.49	-0.06	-0.05	0.12	(0.96)				
5. 领导—部属交换	4.03	0.53	0.02	-0.11	0.15	0.75***	(0.93)			
6. 心理授权感知	3.76	0.47	-0.18*	-0.10	0.05	0.69***	0.60***	(0.87)		
7. 工作满意度	3.87	0.70	0.13	0.17*	0.01	0.51***	0.45***	0.42***	(0.89)	
8. 情境绩效	3.88	0.61	-0.01	0.05	0.11	0.21*	0.19*	0.10	0.09	(0.94)

注：①括号内数值是量表的Cronbach α 系数（内部一致性信度）；
②*，p<0.05；**，p<0.01；***，p<0.001。下同。

表2：授权赋能领导行为和领导—部属交换对心理授权感知、工作满意度和情境绩效的分层回归结果

	心理授权感知			工作满意度			情境绩效		
	1	2	3	1	2	3	1	2	3
控制变量									
性别	-0.12	-0.13*	-0.15*	0.11	0.10	0.06	-0.02	-0.02	-0.04
年龄	-0.06	0.01	0.02	0.14	0.18*	0.16	0.04	0.06	0.05
教育程度	0.06	-0.04	-0.05	-0.01	-0.09	-0.12	0.09	0.06	0.05
自变量									
授权赋能领导行为		0.51***	0.49***		0.39***	0.34***		0.15	0.14
领导—部属交换		0.22*	0.26**		0.19	0.28*		0.08	0.10
交互项									
领导—部属交换 × 授权赋能领导行为			-0.14*			-0.23***			-0.08
解释方差（R²）	0.03	0.49***	0.51***	0.04	0.33***	0.37***	0.01	0.06	0.06
ΔR²		0.46***	0.02*		0.29***	0.05***		0.05	0.01
模型拟合度（F）	1.27	26.65	23.75	1.95	13.50	13.90	0.52	1.72	1.56

步分析发现：随着授权赋能领导行为的变化，在高水平领导—部属交换的情况下，下属的工作满意度水平提高缓慢；而在低水平领导—部属交换的情况下，下属工作满意度提高较快，结果如图2所示。假设3得到了支持。以情境绩效为因变量进行层次回归，分析结果表明授权赋能领导行为对下属的情境绩效没有显著影响，交互效应也不显著。假设4没有得到支持。

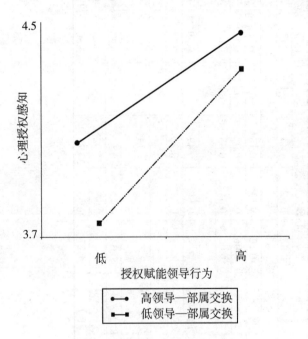

图1：领导—部属交换对授权赋能领导行为和
心理授权感知之间关系的调节作用

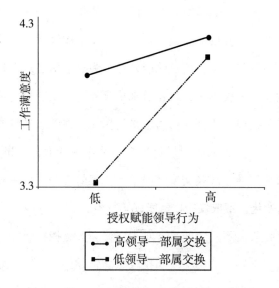

图2：领导—部属交换对授权赋能领导行为和
工作满意度之间关系的调节作用

6. 讨论

本文的主要目的是检验领导—部属交换对授权赋能领导行为效果的调节作用，特别是对授权赋能领导行为—心理授权感知、授权赋能领导行为—工作满意度、授权赋能领导行为—情境绩效之间关系的调节作用。

首先，本文发现，授权赋能领导行为显著影响下属心理授权感知和下属工作满意度（Konczak et al.，2000）。这一结果充分说明授权赋能领导行为可以提高下属的内在工作动机和工作满意度。

其次，领导—部属交换对"授权赋能领导行为—下属心理授权感知"以及"授权赋能领导行为—下属工作满意度"这两对关系有显著的调节作用。授权赋能领导行为对下属心理授权感知和工作满意度的积极影响，只在低水平领导—部属交换的情况下更明显。随着授权赋能领导行为水平的提高，在低水平领导—部属交换情况下，员工的心理授权感知和工作满意度得到迅速提高。而在高水平领导—部属交换情况下，员工的心理授权感知和工作满意度的变化，不依赖授权赋能领导行为。

与研究假设不一致的是，对于情境绩效、授权赋能领导行为的主效应，领导—部属交换和授权赋能领导行为的交互效应都不显著。这个结果可能有多方面的原因。有可能是情境绩效受到其他因素的影响更多，也有可能是因为授权赋能领导行为和领导—部属交换是下级评估的，情境绩效是上级评估的，上下级分别评定的领导—部属交换水平可能会有较大的差异。

7. 研究意义和局限

授权赋能领导行为可以通过普遍的领导授权行为来提高下属的工作动机、工作满意度和工作绩效，这也是授权赋能领导行为得到重视的原因。但是该领域的研究没有确定这种积极效果的边界。本文提供了一个调节变量领导—部属交换。这个发现具有重要的理论和实践意义。本文的发现表明，总体上，领导—部属交换不会侵蚀授权赋能领导行为的积极效果。相反，充分的授权赋能领导行为可以消除领导者差别对待下属产生的消极作用。

本文不可避免地存在着一些研究局限，可以进一步改进。首先，本项研究可能存在同源偏差问题。另外，所有的数据来自于同一企业，提高内部效度的同时，一定程度上损失了外部效度。

Abstract

This study explores the moderating effect of leader-member exchange on the relationship between empowering leadership behaviors and working outcomes of employees with survey method. Results showed, (1) empowering leadership behaviors are positively related to psychological empowerment and job satisfaction of employees; (2) leader-member exchange moderated the relationship between empowering leadership behaviors and psychological empowerment perception as well as job satisfaction of employees.

参考文献

Conger, J. A., Kanungo, R. N. (1998), "The Empowerment Process: Integrating Theory and Practice", *Academy of Management Review*, 13.

Deci, E. L., Ryan, R. M. (2000), "The 'What' and 'Why' of Goal Pursuits: Human Needs and the Self-Determination of Behavior", *Psychological Inquiry*, 11.

Fulford, M. D., Enz, C. A. (1995), "The Impact of Empowerment on Service Employees", *Journal of Managerial Issues*, 7.

Graen, G., Dansereau, F., Jr., Minami, T. (1972), "Dysfunctional Leadership Styles", *Organizational Behavior and Human Performance*, 7.

Graen, G., Schiemann, W. (1978), "Leader-Member Agreement: A Vertical Dyad Linkage Approach", *Journal of Applied Psychology*, 63.

Green, S., Anderson, S., Liden, R. (1996), "Demographic and Organizational Influences on Leader-Member Exchange and Related Work Attitudes", *Journal of Applied Psychology*, 68.

Ilies, R., Nahrgang, J. D., Morgeson, F. P. (2007), "Leader-Member Exchange and Citizenship Behaviors: A Meta-Analysis", *Journal of Applied Psychology*, 92.

Koberg, C. S., Senjem, J. C., Goodman, E. A. (1999), "Antecedents and Outcomes of Empowerment", *Group and Organization Management*, 24.

Konczak, L. J., Stelly, D. J., Trusty, M. L. (2000), "Defining and Measuring Empowering Leader Behaviors: Development of an Upward Feedback Instrument", *Educational and Psychological Measurement*, 60.

Laschinger, H. K., Finegan, J., Shamian, J. (2001), "The Impact of Workplace Empowerment and Organizational Trust on Staff Nurses' Work Satisfaction and Organizational Commitment", *Health Management Review*, 26.

Liden, R. C., Maslyn, J. (1998), "Multidimensionality of Leader-Member Exchange: An Empirical Assessment through Scale Development", *Journal of Management*, 24.

Spreitzer, G. M. (1995), "Psychological Empowerment in the

Workplace: Dimensions, Measurement, and Validation", *Academy of Management Journal*, 38.

Thomas, K. W., Velthouse, B. A. (1990), "Cognitive Elements of Empowerment: An 'Interpretive' Model of Intrinsic Task Motivation", *Academy of Management Review*, 15.

Tusi, A. S., Pearce, J. L., Porter, L. W., Tripoli, A. M.(1997), "Alternative Approaches to the Employee-Organization Relationship: Does Investment in Employees Pay Aff?", *Academy of Management Journal*, 40.

Wang, H., Law, K. S., Wang, D. X., Chen, Z. X. (2005), "Leader-Member Exchange as a Mediator of the Relationship between Transformational Leadership and Followers' Performance and Organizational Citizenship Behavior", *Academy of Management Journal*, 48.

Wat, D., Shaffer, M. A. (2005), "Equity and Relationship Quality Influences on Organizational Citizenship Behaviors: The Mediating Role of Trust in the Supervisor and Empowerment", *Personnel Review*, 34.

李超平、李晓轩、时勘、陈学峰："授权的测量及其与员工工作态度的关系",《心理学报》2006 年第 1 期。

王辉、李晓轩、罗胜强："任务绩效与情境绩效二因素绩效模型的验证",《中国管理科学》2003 年第 11 期。

王辉、武朝燕、张燕、陈昭全："授权赋能领导行为的维度确认与测量",《心理学报》2008 年第 40 期。

张燕、王辉、陈昭全："授权赋能研究的进展",《南大商业评论》2006 年第 1 期。

第三部分

中国企业环境下领导—部属交换的研究

第十一章

领导—部属交换（LMX）的回顾与展望

摘 要

近年来，领导—部属交换理论已成为领导行为研究中的热门领域。该理论从领导与部属的交换关系中考察领导行为及其对下属的绩效，组织承诺等结果变量的影响。本文回顾了领导—部属交换的文献，对它的概念、结构、测量工具等进行了综合介绍，并分析了影响领导—部属关系的影响因素和结果变量以及与变革型领导的关系，最后提出了今后的研究方向。

关键词：领导—部属交换　社会交换　影响因素　结果变量　变革型领导

Graen 和 Dansereau 等人在 1972 年首次提出了领导—部属交换理论（leader-member exchange，LMX）（Graen，1975）。30 多年来，该理论吸引了众多的研究者进行理论探讨和实证研究，并已经成为西方有关领导研究的前沿领域，同时有关它的概念、结构等许多方面还存在很大的争论。本文拟从领导—部属交换概念

和结构的变化、测量方法的演变以及前因和结果变量等几个方面
对领导—部属交换理论做一个回顾和总结。

1 领导—部属交换的概念及理论

在 Graen 和 Dansereau 提出领导—部属交换以前，对领导行
为的研究主要聚焦于领导者，通过发掘和检验领导者特定的行为
以及它与个体、群体和组织绩效的关系来解释领导行为，这些理
论几乎都基于这样一个假设：领导者以同样的交换方式对待他／
她的所有部属。但是 Graen 等提出质疑，认为应该把领导行为研
究的重点放在领导与部属的相互关系上，尤其是，领导者与不同
的部属会有远近亲疏的交换关系。他们指出，由于时间和精力有
限，领导者在工作中要区分不同的部属，采用不同的管理风格，
并与不同的部属建立起不同类型的关系。其中领导和一部分部属
建立了特殊的关系，这些部属会得到更多信任和关照，可能享有
特权，如工作更有自主性、灵活性和更多的升迁机会和报酬等，
这些部属就属于"圈内部属"（in-group member），其余部属就成
为"圈外部属"（out-group member），后者占用领导的时间较少，
获得奖励机会也较少，他们的领导—部属关系局限在正式的工作
关系范围内（Graen and Uhl-Bien，1995）。实证研究也表明，圈
内部属和圈外部属的现象在组织环境中是确实存在的（Hollander，
1978）。

领导—部属交换这一现象被揭示出来之后，人们试图采用不同的理论加以说明。根据国内外诸位学者对领导—部属交换的解释，可以把它们分为三类。

1.1 角色扮演的观点

对领导—部属交换最早的理论解释是角色扮演理论（role playing theory），这是 Graen 等人最初的理论框架。这种理论认为，新员工在组织的社会化进程中，要经过角色获得（role taking）、角色扮演（role making）和角色习惯化（role routinization）三个阶段。在角色获得阶段，领导通过一系列相关事件来检验和评价部属的动机和潜能。在角色扮演阶段，一般是领导给部属提供机会去尝试松散的任务，这个任务暗示与领导的某种工作关系，如果部属接受了这种机会，领导和部属的关系就可能发展成高质量关系。角色习惯化阶段，领导和部属的行为互相依赖，从这个时刻起领导和部属的关系会相对稳定。相反，如果在三个阶段中部属没有积极的响应，就会发展成低质量的关系（Graen，1975；Graen and Uhl-Bien，1995；Graen and Scandura, 1987）。

1.2 社会交换的观点

后来，社会交换的观点被引入了对领导—部属交换的解释。领导者与部属的关系被认为是一种社会性交换。Liden 和 Graen（1980）依据社会交换理论（theory of social exchange）认为，领导—

部属交换的性质通常表现为两种截然不同的状态：一种是发生在领导与部属之间的、不超出雇佣合同要求范围的经济性或合同性交换；另一种则是发生在领导与其部属之间的、超出了雇佣合同要求范围之外的社会性交换，这种交换关系是建立在领导与部属之间相互的信任、忠诚与相互的责任基础上的（Liden and Graen，1980；Liden，Wayne，and Stilwell，1993；Sparrowe and Liden，1997）。目前这一观点逐渐成为主流观点。但是，按照 Blau（1964）的观点，经济性交换和社会性交换是两种不同形式的交换方式，而不是一个连续体的两个极点（Blau，1964）。该理论只对领导—部属交换的状态描述和分类有所贡献，而对领导—部属交换的发展则没有涉及。

1.3 互惠连续体的观点

互惠连续体的观点认为，交换是一个从负性互惠到综合的互惠，中间的状态被定义为平衡的互惠。互惠有三个主要的维度：回报的实时性（immediacy of returns）、回报的等值性（equivalence of returns）和兴趣（interest）的程度。回报的实时性是指在接受交换伙伴的物质或非物质的利益时给予回报所需要的时间。这个时间可以从即刻到无限长。高的实时性是指即刻给予回报，低的实时性是指在未来的某个时刻给予回报。等值回报是说交换双方交换的价值相等。低的等值交换是指回报物比得到物更多或更少，高的等值回报是指交换物大约相等。兴趣作为第三个维度，是说在交换关系中的每个交换者的动机，范围从最高的自我兴趣到无私的奉献和考虑对方的深层问题，在两个极端之间的兴趣的形式是类似商业的关系，双方努力得到各自所想得到的利益（Sahlins,1972）。如果领导者和部属采用综合的互惠来交换，就形成高质量的关系，如果采用负性的互惠来交换，则形成低质量的关系。

　　不管是上面的哪种观点，学者都认为领导与部属之间会形成两种不同性质的关系，一种是高质量的关系，另一种是低质量的关系，领导会因为关系的不同而对部属采取不同的管理方式。但是区别在于，领导—部属交换是局限于与工作有关的范围还是除了工作之外，还有社会方面的交换。以 Graen 等为代表的学者认为领导—部属交换应该严格限定在工作有关的范围内，而 Liden 等认为应该包括工作和社会方面的交换（Graen and Uhl-Bien，1995；Maslyn and Uhl-Bien，2001；Liden and Maslyn，1998）。

2. 领导—部属交换的结构

2.1 领导—部属交换的结构

　　明确了领导—部属交换的概念及理论解释之后，另外一个重要概念就是领导—部属交换的结构问题。领导者和部属间的关系究竟包括了哪些内容？领导—部属交换在结构上是单维的，还是多维的？这些问题迄今为止还存在不同的看法。

Scandura 等人（1999）指出，在领导—部属交换的研究中总共有 37 种要素被提到，其中有 10 个要素受到更多的关注，它们是"影响 / 控制的机会"、"领导注意"、"无矛盾的社会交换"、"交换质量"、"协商自由（latitude）"、"主管的关系"、"对主管的信任"、"领导的人际敏感性"、"角色定位（role making）"、"角色自由"和"领导交换"等（Scandura，1999；Gerstner and Day，1997）。

与此相关的另一重要问题是，领导—部属交换是单一维度的，还是多维度的。Graen（1976）、Graen 和 Scandura（1987）、Graen 和 Uhl-Bien（1995）等人认为，如果领导与其部属之间的交换仅局限于和工作有关的方面，那么领导—部属交换就应该是单维的，是对领导和部属工作关系好坏的整体反映（Graen，1975；Graen and Uhl-Bien，1995；Graen and Scandura，1987）。但是，现实环境中，领导与部属的交往与互动很难局限于工作情景之中，上下级交换关系的确立过程实际上是双方角色的获得过程，而角色理论所强调的正是"角色是多维度的"（Graen,1995）。Dienesch 和 Liden（1986）认为，领导—部属交换主要有三个维度，即情感（affect）、贡献（contribution）和忠诚（loyalty）（Liden，Sparrowe，and Wayne，1997）。Liden 和 Maslyn（1998）在此基础上，根据关键事件访谈的方法又增加了第四个维度：专业尊敬（professional respect）（Liden，Sparrowe，and Wayne，1997）。并且通过实证研究发现，这四个维度之间的相关都在中等程度，也表明领导—部属交换的四个维度不仅在理论上可以进行区分，而在实际上也确实存在差别。

领导—部属交换的不同维度在领导—部属交换发展过程中的重要程度和起作用的先后顺序都会有所不同。有些维度在领导—部属交换发展之初显得很重要，而另外的因素在已经建立的领导—部属交换中更重要。例如，Liden 和 Parsons（1989）认为，情感在领导和部属的初次接触后就开始发展，相反，忠诚可能需要相当长的时间去培育（Liden and Parsons, 1989）。

2.2 领导—部属交换的单维结构和多维结构之间的关系

不仅如此，Liden 和 Maslyn 还指出，研究者可以把 LMX-MDM（multiple dimensional measurement）的四个维度作为领导—部属交换的前因变量，但是他没有进行理论上的探讨。

王辉等认为基于前面所提到的领导—部属交换发展的角色扮演理论，在领导—部属交换的形成中，双方需要经过一系列的交换，才能形成高质量的关系。在这个过程中，互动行为起了很关键的作用。在社会心理学的研究中，相互的喜爱（liking）是互动行为研究中的核心变量（Day and Crain, 1992；Deluga and Perry，1994）（Day and Crain, 1992；Deluga and Perry, 1994），管理学研究也表明喜爱影响领导和部属的关系（Deluga and Perry，1994），在早期领导—部属交换发展阶段和形成后的稳定阶段，情感起了决定作用（Deluga，1994）。在角色扮演期，情感是很重要的，Deluga 认为人际吸引（情感方面）抚育了领导和部属的适宜性（compatibility），这种适宜性能够帮助部属准确地理解领导的

332 | 第三部分 中国企业环境下领导—部属交换的研究

绩效期望，从而改善绩效。双方的情感是影响信任、忠诚和责任的基本因素。因此，情感是 LMX-MDM 的基本变量，会对领导和部属的交换质量产生影响。

王辉等同时也讨论了其他维度（忠诚、贡献和专业尊敬）预测领导—部属交换的可能性。按照 Liden 和 Maslyn（1998）的定义，忠诚是指领导与部属中的一方对另一方的目标和个人质量公开表示支持。忠诚包含了对一个稳定目标的信念，也就是说只有其中一方对另一方表达忠诚，才能发展出高质量的信任（Liden and Maslyn, 1998）。Liden 和 Graen 的实证研究表明，领导通常会让忠诚的部属去做需要独立做出判断和承担责任的任务。所以，忠诚对领导—部属交换的发展和维系产生影响。贡献是 LMX-MDM 中与工作有关的维度。这些与工作有关的行为或绩效对发展高质量的领导—部属交换很重要。高质量的关系是指领导和部属之间有价值资源的更多的交换。绩效好的部属更能够给领导留下深刻印象，得到资源和支持。高水平的贡献使部属得到正式雇佣关系以外更多的任务和职责。专业尊敬指领导与部属关系中双方对彼此在组织内或组织外所拥有的专业声誉的知觉程度。这种知觉可能基于双方以前的互动。专业尊敬与领导—部属交换有关是因为胜任工作是发展高质量关系的核心标准。所以，王辉等认为 LMX-MDM 的所有维度—忠诚、专业尊敬、情感和贡献都能预测领导—部属交换。王辉等作了两个不同样本的实证研究，结果证实了上面的假设（Wang, Law, and Hackett, 2004）。

3. 领导—部属交换的测量

与领导—部属交换结构的争论相对应，领导—部属交换的测量方法也有很多种，如 Fairhurst（1993）等人让领导—部属对偶关系中的参与者做约 30 分钟的典型讨论，把讨论的内容转换成文字后再进行编码和分析，主要是根据对话中表现出来的社会距离和控制策略等进行分析（Fairhurst，1993）。另外，Youngs（1986）等采用犯人的两难情境或类似的交换情境来测量交换行为（Youngs，1986）。然而，对领导—部属交换进行测量的最常用的方法是问卷测量。

Graen 和 Dansereau 最初用 LBDQ 中的体谅（consideration）和主动（initiating）量表来测量领导—部属交换水平的高低，不过现在已经不再使用了（Graen, 1975）。就问卷测量来说，主要有两种测量工具。一种是单维度的测量，另一种是多维度的测量。

3.1 单维度的测量

在以前的多数研究中，研究者将领导—部属交换假定为单一维度的结构。即认为领导—部属交换是一个从低质量到高质量的连续体。这里的低质量，即为圈外交换（out-group exchange），是指仅限于根据雇佣合同所进行的交换；而高质量则为圈内交换（in-group exchange），是指包括物质的和非物质的，并且超出正式工作说明书范畴以外的交换。依据这一单维构想的假设，学者们开发出了 5 题目的领导—部属交换量表和广泛使用的 7 题目的领导—部属交换量表（LMX-7）（Scandura and Graen，1984）。

LMX-7 是 Graen 和 Novak 提出的测量领导—部属交换的最常用的量表，包括 7 个条目，都是测量主管和部属之间的工作关系的特征，包括工作关系的有效性、对工作中的问题和需求的理解、对潜在问题的认知、愿意去帮助他人等。Gerstner 和 Day（1997）的元分析发现，领导—部属交换的内部一致性信度比较高，一般在 0.80—0.90 之间。

3.2 多维度的测量

Dienesch and Liden（1986）与 Liden and Maslyn（1998）认为，领导—部属交换的高低（圈外交换到圈内交换）会随着双方交换内容的不同而变化，提出了领导—部属交换应该是多维的结构，并在此基础上发展了相应的测量工具（LMX-MDM）（Dienesch and Liden，1986）。他们总结出了 4 个维度，并对 4 个维度给出了定义如下：（1）喜欢（liking），指领导与部属双方建立起来的主要基于个人相互吸引而非工作或专业知识方面的彼此间的情感体验；（2）忠诚（loyalty），指领导与部属中的一方对另一方的目标和个人工作质量公开表示支持；（3）贡献（contribution），指领导与部属关系中双方对彼此为共同目标（外显的或内隐的）所付出努力的数量、方向和质量方面的知觉；（4）专业尊敬（professional respect），指领导与部属关系中双方对彼此在组织内或组织外所拥有的其所在工作领域中的声誉知觉的程度（Liden and Maslyn, 1998）。每个维度有 3 个条目，共 12 个条目。这些分量表的信度在 0.66—0.86 之间。

在国内，虽然领导—部属交换的研究不多，但是已经有人修订了 LMX-7 和 LMX-MDM。Hui 等人对 LMX-7 进行了修订，发现在中国企业中 LMX-7 的信度为 0.86。王辉等人把 LMX-MDM 进行了修订，并根据中国企业的实际情况，在保留原来问卷的结构和条目的情况下，每个维度又增加了 1 个条目，结果发现在中国企业中 LMX-MDM 有很好的信度和效度：其中内部一致性在 0.67—0.86 之间，验证性因素分析也发现了 LMX-MDM 有很好的结构效度，与工作绩效的相关分析也表明 LMX-MDM 与工作绩效的相关系数为 0.22、0.31、0.25 和 0.23，也说明 LMX-MDM 的效标关联效度是不错的（Wang and Law，1999）。

4. 领导—部属交换的前因和结果变量

有关领导—部属交换的实证研究大部分集中在探讨前因变量（antecedents）和结果变量（consequences）上。Liden（1997）等对领导—部属交换的前因和结果变量进行了总结，在这里我们也参照他的模型来对领导—部属交换的前因和结果变量进行介绍，模型见图 1（Liden，Sparrowe，and Wayne，1997）。

4.1 领导—部属交换的前因变量

很多变量都曾被作为领导—部属交换的前因变量进行研究，根据 Liden 等的模型，领导—部属交换的前因变量主要包括部属和领导的特性，领导和部属的一致性以及一些情景变量等。部属的特性主要包括部属的绩效（Dockey and Steiner，1990）、认知能力和负性情感（Day and Crain，1992）、外向性（Philiphs and Bedeian，1994）、控制源（Kinichi and Vecchio，1994）、对公司家长制的信念等部属的个性以及讨好行为（ingratiatory）、观点服从（opinion conformity）和提升（enhancement）、讨价还价（bargaining）、果敢性（assertiveness）、高权威（high authority）和结盟（coalition）等向上影响的行为（upward influence behavior）（Deluga，1991，1994；Dockery，1990）。领导的特性有正性情感（positive affect）（Day and Crain，1992）。领导和部属的一致性则包括性别的一致性（Duchon，1986）、领导和部属的能力相似性（Synder and Bruning，1985）、权力需要的一致性（McClane，1991）。情境因素包括工作负荷以外，财政资源的数量、群体规模（Green，1996）、群体构成、领导的权力、组织政策和文化等（Dienesch and Liden，1986）。

除了上面所说的变量以外，Maslyn 和 Uhl-Bien 认为部属和领导各自的努力程度和所知觉到的对方的努力程度对双方关系的质量产生影响，而且以知觉到的对方的努力程度的影响尤为显著（Maslyn and Uhl-Bien，2001）。自 Liden 等（1986，1998）提出领导—部属交换的多维结构后，有人进一步分析了不同的前因变量对领导—部属交换不同维度的影响作用。Maslyn 和 Uhl-Bien 认为根据社会交换的理论，领导—部属交换是一种社会交换，但是双方的需求是不同的。领导希望部属在工作相关方面的回报，而部属希望的则是领导在社会方面的回报。而多维结构中，贡献是工作方面的；忠诚、情感和专业的尊重则是社会方面的。他们在一个对 232 对领导和部属的调查中发现，领导能知觉到部属的努力程度与影响贡献；部属知觉到的领导的努力程度则影响专业的尊重和忠诚，但是对情感的影响没有达到显著水平。

4.2 领导—部属交换的结果变量

　　根据领导—部属交换的概念，领导—部属交换应该能够有效地预测员工的工作表现。实证研究表明领导—部属交换能够预测部属的工作态度（Anderson and Williams，1996）、工作满意度（Green，1996）、信息沟通效率（Doherty，1989）、决策质量（Sparrowe，1994）、组织公民行为和离职意向（Wayne，1993）等方面的结果。其中员工的工作绩效、组织承诺和工作满意度是领导—部属交换所影响的最显著的结果。Gerstner 和 Day（1997）通过元分析发现领导—部属交换与领导评定的绩效相关为 0.41，部属自评的绩效相关为 0.28，与客观的绩效相关为 0.10；与对上级的满意度相关 0.62，总体满意度相关 0.46；组织承诺为 0.35（Gerstner and Day, 1997）。从上面的结果来看，领导—部属交换与部属绩效的关系确实受到了同源误差的影响，但是即使排除掉这些影响因素后，领导—部属交换仍然能够预测部属的工作绩效。

领导—部属交换除了对员工的工作表现有影响外，对晋升、薪酬等组织提供的结果也有预测作用。Wakabayashi（1988）在一个日本样本的纵向研究中发现，在前三年测量的领导—部属交换能够预测经理的第 7 和 13 年的职业生涯进程。在早期的职位上有高质量关系的经理能够得到更多的机会进入更高层的管理（Wakabayashi, et al., 1988）。但是这方面的研究比较少，还没有形成很一致的结论。

另外，领导—部属交换是个长期的过程，已经形成的领导—部属交换对双方为了维护或改善现状的继续努力程度也会发生影响。Vecchio（1997）认为低水平领导—部属交换中的双方会认为他们的关系就是这样而不再努力去改善关系（Vecchio, Griffeth, and Hom, 1986），Scandura 和 Graen（1984）认为低水平领导—部属交换中的部属有改善关系的愿望但是没有做出努力，Maslyn 和 Uhl-Bien 的实证研究表明，对于低水平领导—部属交换来说，双方都想改善关系，也认为自己努力过，但是关系没有改善。这些发现可能意味着双方认为低水平领导—部属交换是对方的错误，尤其是领导，他们认为自己比部属付出了更多的努力（Maslyn and Uhl-Bien, 2001）。

5. 领导—部属交换与变革型领导的关系

前面我们也提到，目前关于领导行为的研究主要有两种观点。

一种是聚焦于领导者，通过发掘和检验领导者的行为以及它与个体、群体和组织绩效的关系来解释领导行为，以 Bass 的变革型领导最有影响；另一种则以领导—部属交换为代表，关注领导与部属一对一的关系以及这种关系对个体绩效的影响。作为各自领域最具有代表性的理论，很少有文章来探讨领导部属交换与变革型领导的关系，目前发表的文章中只有 4 篇把这两种理论放在一起进行研究，探讨它们之间的关系（Basu and Green，1997；Deluga，1992；Howell and Hall-Merenda，1999，Wang，Law，Hackett，and Chen，2004）。Deluga（1992）指出变革型领导能够催化与部属之间高质量的关系，激发部属超越最初的绩效目标和自我兴趣；通过对 145 名美国海军官员的资料分析，Deluga 发现领导魅力和个性化关怀（变革型领导行为的两个维度）能够预测领导—部属交换，这个结果表明是领导的魅力和个性化关怀催化部属采取能够加强与领导关系的行为（Deluga and Perry，1994）。Howell 和 Hall-Merenda（1999）对 109 位银行经理的调研中，发现了变革型领导和交易型领导都可以预测领导—部属交换。但是 Basu 和 Green（1997）对一家制造企业的研究中，通过因素分析发现很难把变革型领导行为中的智慧激发、个性化关怀和领导—部属交换区分开来，他们认为可以把这两个维度看做是对偶社会交换中的不确定的奖酬。Wang 等人对 168 对领导和部属的调查中发现变革型领导行为通过领导—部属交换的中介作用于任务绩效和组织公民行为。作者讨论中指出领导—部属交换的发展经过陌生人、熟人和伙伴三个阶段。每个阶段都更依赖"变革型"的社会交换而不是工具型的交易交换（Graen and Uhl-Bien，1995）。而且，变革型领导与交易型领导相比，因为有领导魅力，能够加强部属对社会交换的接受性，因而能够建设高质量关系。变革型领导特别能够诱发部属对自己的认同，使他们接受扩展的角色职责；而认同领导的部属通过内化领导的价值观和信念，与他们保持一致，加强自我价值。结果，通过工作表现，得到赞扬，丰富工作职责，形成了与领导的高的社会交换。许多领导通过变革型行为来获得部属长期的忠诚和组织承诺。所以这几篇文章发现，领导—部属交换对变革型领导行为与某些结果变量的关系起到中介作用，但是需要更多的研究来进一步验证。

6. 领导—部属交换的研究展望

尽管对领导—部属交换理论的研究已经取得了很多进展，但是还有一些问题没有达成共识：比如如何界定圈内和圈外部属？领导—部属交换究竟是单维度还是多维度的结构，单维和多维之间的关系如何？领导—部属交换可以从领导（L-LMX）和部属（M-LMX）两个方面来测量，但 L-LMX 和 M-LMX 是测量的同一结构吗？领导—部属交换是在低权力距离和个人主义的文化下发展出来的，在高权力和集体主义的中国是否适合？有哪些变量会对领导—部属交换和结果变量间的关系产生影响，比如公平的调节作用？这些内容都需要实证的研究来给予回答。

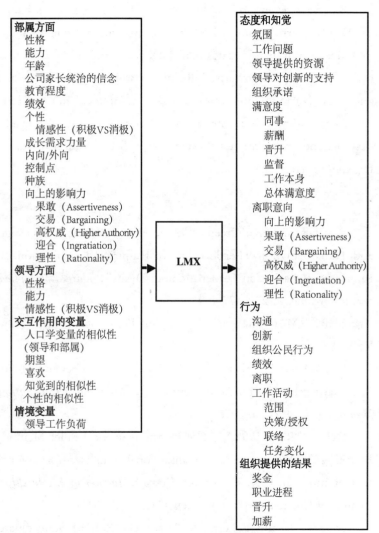

图1　实证研究中包括的领导—部属交换的前因和结果变量
（Liden，R.C. et al.,1997）

Abstract

Based on reviews of the literature on leader-member exchange (LMX), this article summarized the concept, theory, measurement of LMX.Then it demonstrates that LMX is determined by a number of antecedents, and in turn, influences a wide range of individual and organizational outcomes. It also introduces the different constructs and measurements of LMX. Furthmore, the relationship of LMX and transformational leadership is discussed. Finally future research related to LMX is discussed.

参考文献

Basu, R. and S.G. Green (1997), "Leader-Member Exchange and Transformational Leadership: An Empirical Examination of Innovative Behaviors in Leader-Member Dyads", *Journal of Applied Social Psychology*, 27 : 477-499.

Blau, P.M. (1964), *Exchange and Power Social Life*, New York: Wiley.

Day, D. and E. Crain (1992), "The Role of Affect and Ability in Initial Exchange Quality Perceptions", *Group and Organization Management*, 17: 380-397.

Deluga, R.J. (1992), "The Relationship of Leader-Member Exchanges with Laissez-Faire, Transactional, and Transformational Leadership", in C.K. E., et al., (eds.), *Impact of Leadership*, Center for Creative Leadership: New City, pp. 237-247.

Deluga, R. and T. Perry (1994), "The Role of Subordinate Performance and Ingratiation in Leader-Member Exchanges", *Group and Organization Management*, 19:67-86, 19.

Dienesch, R. and R. Liden (1986), "Leader-Member Exchange Model of Leadership: A Critique and Further Development", *Academy of Management Review*, 11: 618-634.

Dockey, T. and D. Steiner (1990), "The Role of the Initial Interaction in Leader-Member Exchange", *Group and Organization Studies*, 15: 395-413.

Duchon, D., S. Green, and T. Taber (1986), "Vertical Dyad Linkage: A Longitudinal Assessment of Antecedents, Measures, and Consequences", *Journal of Applied Psychology*, 71: 56-60.

Fairhurst, G. (1993), "The Leader-Member Exchange Patterns of Women Leaders in Industriy: A Discourse Analysis", *Communication Monographs*, 60: 321-351.

Gerstner, C. and D. Day (1997), "Meta-Analytic Review of Leader-Member Exchange Theory: Correlates and Construct Issues", *Journal of Applied Psychology*, 82 (6) : 827-844.

Graen, G. B. and C. J. (1975), "A Role-Making Model of Leadership in Formal Organizations: A Developmental Approach", in H.J. G and L. L.L., Editors, *Leadership Frontiers*, Kent State University Press.

Graen, G. and M. Uhl-Bien (1995), "Relationship-Based Approach to Leadership: Development of Leader-Member Exchange (LMX) Theory of Leadership over 25 Years: Applying a Multi-Level-Multi-Domain Perspective", *Leadership Quarly*, 6: 219-247.

Graen, G. and T. Scandura, "Toward a Psychology of Dyadic Organizing Research", in L. Cumming and B. Staw. (eds.) ,*Organizational Behavior*, Vol. 9, Greenwich: JAI Press.

Green, S., S. Anderson, and R. Liden (1996), "Demographic and Organizational Influences on Leader-Member Exchange and Related Work Attitudes", *Journal of Applied Psychology*, 68: 298-306.

Hollander, E. (1978), *Leadership Dynamics: A Practical Guide to Effective Relationships*, New York: Free Press.

Howell, J.M. and K.E. Hall-Merenda (1999), "The Ties that Bind: The Impact of Leader-Member Exchange, Transformational Leadership and Transactional Leadership, and Distance on Predicting Follower Performance", *Journal of Applied Psychology*, 84: 680-694.

Hui, C., K.S. Law, and Z.X. Chen (1999), "A Structural Equation Model of the Effects of Negative Affectivity, Leader-Member Exchange and Perceived Job Mobility on in-Role and extra-Role Performance: A Chinese Case", *Organizational Behavior and Human Decision Processes*, 77: 3-21.

Kinichi, A. and R. Vecchio (1994), "Influences on the Quality of Supervisor-Subordinate Relations: The Role of Time-Pressure, Organizational Commitment, and Locus of Control", *Journal of Organizational Behavior*, 15: 75-82.

Liden, R.C. and G. Graen, (1980), "Generalizability of the Vertical Dyad Linkage Model of Leadership", *Academy of Management Journal*. 23 : 451-465.

Liden, R.C., S. Wayne, and D. Stilwell (1993), "A Longitudinal Study on the Early Development of Leader-Member Exchange", *Journal of Applied Psychology*, 78 (4) : 662-674.

Liden, R. and J. Maslyn (1998), "Multidimensionality of

Leader-Member Exchange: An Empirical Assessment through Scale Development", *Journal of Management*, 24: 43-72.

Liden, R., R. Sparrowe, and S. Wayne (1997), "Leader-Member Exchange Theory: The Past and Potential for the Future", *Research in Persnnel and Human Resource Management*, 15 (1): 47-119.

Liden, R. and C. Parsons (1989), "Understanding Interpersonal Behavior in the Employment Interview", in R. Eder and G. Ferris. (eds.), *The Employment Interview: Theory, Research and Practice*, Lawrrence Eilbaum: Hillsdale.

Maslyn, J. and M. Uhl-Bien (2001), "Leader-Member Exchange and its Dimensions: Effects of Self-Effort and other's Effort on Relationship Quality", *Journal of Applied Psychology*, 86 (4):697-708.

McConkie, M.L. (1979), "A Clarification of the Goal Setting and Appraisal Processes in MBO", *Academy of management Review*, 4 (1): 29-40.

Philiphs, A. and A. Bedeian (1994), "Leader-Follower Exchange Quality: The Role of Personal and Interpersonal Attributes", *Academy of management Journal*, 37: 990-1001.

Sahlins, M. (1972), *Stone Age Economics*, New York: Aldine De Gruyter.

Scandura, T. (1999), "Rethinking Leader-Member Exchange: An Organizational Justice Perspective", *Leadership Quarly*, 10 (1): 25-40.

Scandura, T. and G. Graen (1984), "Moderating Effects of Initial Leader-Member Exchange Status on the Effects of a

Leadership Intervention", *Journal of Applied Psychology*, 69: 428-436.

Sparrowe, R. and R. Liden (1997), "Process and Structure in Leader-Member Exchange", *Academy of management Review*, 22 (2): 522-557.

Vecchio, R.P., R.W. Griffeth, and P.W. Hom (1986), "The Predictive Utility of the Vertical Dyad Linkage Approach", *Journal of Social Psychology*, 126: 617-625.

Wakabayashi, M., et al. (1988), "Japanese Management Progress: Mobility into Middle Man-agement", *Journal of Applied Psychology*, 73: 217-227.

Wang, H., K.S. Law, and R. Hackett (2004), "Leader-Member Exchange as a Mediator of the Relationship between Transformational Leadership and Followers' Performance and Organizational Citizenship Behavior", *Academy of management Journal*.

Wang, H. and K. Law, "A Structural Equation Model on Leader-Member Exchange, Task and Contextual Performance, and Work Outcomes".

Wayne, S.J. and S.A. Green (1993), "The Effects of Leader-Member Exchange on Employee Citizenship and Impression Management Behavior", *Human Relations*, 46: 1431-1440.

Youngs, G. (1986), "Patterns of Threat and Punishment Reciprocity in a Conflicts Settings", *Journal of Personality and Social Psychology*, 51: 541-546.

第十二章

领导—部属交换的多维结构及对工作绩效和情境绩效的影响

摘 要

本文通过两项研究，对领导—部属交换的结构及其对员工的工作绩效和情境绩效进行了探讨。本文采用探索性因素分析、验证性因素分析、分层回归分析等方法对来自不同企业的员工及其主管的问卷调查结果进行了分析。结果表明，领导—部属交换是一个多维度的结构，由情感、忠诚、贡献和专业尊敬四个维度组成。单维度的领导—部属交换和多维度的领导—部属交换都对员工的工作绩效和情境绩效具有预测作用，但多维度领导—部属交换的预测作用更强。

关键词：领导—部属交换（LMX）多维测量 工作绩效 情境绩效

1.引言

有关领导问题的研究指出，领导效果的好坏一直是员工士气与组织绩效的重要影响因素，而领导效果的好坏则取决于一定时期内领导与其下属之间的互动与影响。20 世纪 70 年代，Dansereau（1975）、Graen（1976）、Graen 和 Cashman（1975）等学者提出了领导—部属交换理论（LMX，Leader-member Exchange）。无论在对领导效果的解释上还是在对离职率等组织变量的预测上，领导—部属交换理论都有明显的优势（Graen and Uhl-Blen, 1995）。由此引发了学术界对领导—部属交换理论的研究热潮。

领导—部属交换代表下属与其主管之间在工作过程中建立起来的关系，是个体组织经验中重要的组成部分（Graen and Cashman，1975；Graen and Uhl-Bien，1995）。研究者通常使用社会交换理论（theory of social exchange）（Blau, 1964）对领导—部属交换及其效果进行解释。依据该理论，领导—部属交换的性质通常表现为两种截然不同的状态（Liden, Sparrowe，and Wayne，1997）：一种是发生在领导与下属之间的、不超出雇佣合同要求范围的经济性或合同性交换；另一种则是发生在领导与其下属之间的、超出了雇佣合同要求范围之外的社会性交换，这种交换关系是建立在领导与下属之间相互的信任、忠诚与相互负责基础上的。

虽然领导—部属交换这一概念的提出已经有 30 年了，但是目前还很难为它下一个具体、准确的定义，其主要原因在于对领导—部属交换的概念和结构尚未有统一的认识。在以前多数的研究中，研究者将领导—部属交换假定为单一维度的结构，即认为领导—部属交换是一个从低质量到高质量的连续体。这里的低品质，最初被称作圈外交换（out-group exchange），是指仅限于根据雇佣合同所进行的交互作用和影响；而高质量则被称作圈内交换（in-group exchange），是指包括物质的和非物质的，并且超出正式工作范畴以外的交互作用。依据这一单维构想的假设，学者们开发出了 5 题目的 LMX 量表（Duchon，Green，and Taber，1986）和广泛使用的 7 题目的 LMX 量表（LMX-7）（Scandura and Graen，1984）。但是，Dienesch 和 Liden 等人（1986）认为，这种单维的领导—部属交换的高低（圈外交换到圈内交换）会随着双方交换内容的不同而变化，他们认为，领导—部属交换应该是多维的。Dienesch 等人（Dienesch and Liden，1986）假设领导—部属交换主要包括三个维度：工作上的贡献（contribution）、忠诚（loyalty）和情感（affect）。后来，研究者使用关键事件访谈技术，依据归因理论（attribution theory）、角色理论（role theory）和社会交换理论，验证了 Dienesch 等人的多维构想假设，并提出了领导—部属交换的 4 维结构。Dienesch 和 Liden（1986）与 Liden 和 Maslyn（1998）对这一构念的 4 个维度给出了定义如下：

1. 情感，指领导与部属双方建立起来的主要基于个人相互吸引而非工作或专业知识方面的彼此间的情感体验；

2. 忠诚，指领导与部属中的一方对另一方的目标和个人质量公开表示支持；

3. 贡献，指领导与部属关系中双方对共同目标所付出努力的数量、方向和质量方面的知觉；

4. 专业尊敬（professional respect），指领导与部属关系中双方对彼此所拥有的,在工作领域中的声誉的知觉程度。

关于领导—部属交换 4 维构念的观点,既扩大了这一概念的领域,又反映了领导与其下属之间就信任、忠诚和相互责任进行交换的动态性特征。Liden 和 Maslyn(1998)通过实证研究也表明,领导—部属交换的 4 个维度均与组织承诺、工作满意度、离职倾向和主管对下属的绩效评估存在显著的正相关。在有关领导—部属交换影响因素的研究中,Maslyn 和 Uhl-Bien(2001)发现,领导与其下属建立关系的努力程度对形成高水平的领导—部属交换有着重要的影响作用。

国际上,有关领导—部属交换的研究已有很多的积累。中国的管理学者也已经认识到领导—部属交换理论的重要性,并开始了相关研究。杜红和王重鸣(2002)就西方已有的研究结果,对领导—部属交换关系的形成和发展、结构与测量进行了回顾,并对这一理论的研究和应用进行了展望。俞达和梁钧平(2002)对高质量的领导—部属交换有助于提高组织绩效的结论提出了质疑,并给出了一个修正模型。Hui、Law 和 Chen(1999)曾在中国文化背景下进行过领导—部属交换的测量及对员工满意度影响的研究。但是,国内有关领导—部属交换的研究偏于理论,实证研究比较少见。研究者缺乏领导—部属交换的结构以及测量方法的探讨,同时也缺乏领导—部属交换对员工工作结果方面的研究。

本文的目的就是采用 4 维结构的领导—部属交换观点,在中国文化背景下尝试对领导—部属交换的维度结构进行探讨。

同时研究领导—部属交换的不同结构对员工的工作绩效（task performance）和情境绩效（contextual performance）的不同影响。

2. 研究1

　　鉴于至今尚缺乏中文版的领导—部属交换的多维度测量，研究1的目的是采用探索性因素分析的方法（Explorative Factor Analysis，EFA）对领导—部属交换的多维度结构进行研究。

2.1　测量项目的翻译与编制

　　本文研究者首先使用标准的翻译—回译程序（Brislin,1980），先由第一作者将 Liden 和 Maslyn（1998）领导—部属交换量表中的 12 个题目翻译成中文，再由另外一位管理学院的博士生将翻译好的中文返回去翻译成英文，同时邀请一位精通双语的学者就原文题目与回译后的题目进行比较，然后对中文译文进行调整、修订，以确保中英文两个版本在语意上的对等性。

　　由于 Liden 和 Maslyn（1998）的量表共有 12 个题目，每一个维度对应 3 个题目，本项研究在预试中增加了 8 个题目，使得每个维度对应着 5 个题目。这样做的原因有两个：首先，是为了避免因文化差异造成的某些维度上的题目缺失；其次，通过增加题目数来保证量表的信度，降低随机误差。新增加的 8 个题目是本项研究的第一和第三作者通过对英文版量表的 12 个题目进行精确释义后并结合中国文化特征编制而成。

2.2 被试

本文的被试取自中国某大城市的一家银行，总共 168 名普通员工参加了测试。他们被要求就 20 个题目对其知觉到的领导—部属关系进行评价。样本中 41.6% 为男性、53.7% 为女性，平均年龄为 27 岁，中等教育后平均再接受的教育年限为 6 年，在该银行的平均工作年限为 4 年。

2.3 研究结果

使用 Windows 版本的 SPSS10.0 对来自 168 名被试的数据进行探索性因素分析，运用主成份分析和方差最大（varimax）正交旋转法来辨别领导—部属交换的多维结构。采用特征值（eigen value）大于 1，因素负荷不低于 0.50 等标准抽取出了四个因素。但是，有一些题目交叉落在（cross loading）了两个或两个以上的维度上。去除那些交叉落在不同维度上的题目后，得到了一个具有四个维度、每一个维度对应 4 个题目的领导—部属交换的量表。最后的 16 个题目包括了原来的 12 个题目以及本文作者新编制的 4 个题目。表 1 列出了每个题目在 4 个维度上的因素负荷值，带星号的项目是新增加的。16 个题目在 4 个维度（情感、忠诚、贡献和专业尊敬）上的克隆巴赫一致性系数（Cronbach）分别为：0.74、0.85、0.88 和 0.81。

表1　领导—部属交换多维量表的探索性因素分析结果（N=168）

项目	情感	忠诚	贡献	专业尊敬
我非常喜欢我主管的为人	0.70	-0.09	0.37	0.11
和我主管在一起工作非常有意思	0.68	0.29	0.37	0.08
我乐意与我的主管交往	0.52	0.36	0.09	0.08
* 我喜欢与我主管一起工作	0.66	0.08	-0.16	0.42
即使我的主管对事情并没有充分的了解，他／她也会在上级面前为我的工作行为辩护	0.24	0.63	0.36	0.27
如果我被人攻击，我的主管会为我辩护	0.17	0.65	0.36	0.33
如果我犯了无心之失，我的主管会在公司其他人面前为我辩护	0.08	0.80	0.26	0.18
* 当我与他人发生冲突时，我的主管会站在我这一边	0.13	0.76	0.30	0.21
我愿意为我主管的利益而付出超额的努力	0.13	0.30	0.82	0.12
为了我的主管，即使是要完成很多额外工作，我也不介意	0.10	0.23	0.75	0.26
我愿意为我主管做超出我的职责范畴之外的工作	0.15	0.33	0.80	0.16
* 为了我的主管，我会尽自己最大的努力去做自己分内乃至分外的工作	0.27	0.34	0.68	0.20
我的主管所拥有的工作方面的知识是有目共睹的	0.01	0.42	0.38	0.63
我主管的专业技能令人羡慕	0.26	0.13	0.08	0.77
* 我主管工作方面的知识以及他／她的工作能力是众所周知的	0.15	0.18	0.18	0.84
我主管的技术和能力给我留下了深刻印象	0.11	0.35	0.37	0.67
特征值（非旋转值）	7.53	1.51	1.23	1.02
可解释的方差量	47.08	9.41	7.71	5.34
累积可解释的方差量	47.08	56.49	64.20	69.54

注：①抽取方法：主成份分析法；
　　　旋转方法：Varimax with Kaiser Normalization；
　　②带星号的题目是新编制的题目。

3. 研究2

本项研究的目的是在研究 1 的基础上，选取更有代表性的样本对领导—部属交换的单维结构和多维结构进行深入的探讨，并引入 Borman 和 Motowidlo 等人有关工作绩效和情境绩效的概念（Borman and Motowidlo, 1993），研究领导—部属交换的单维和多维结构对员工工作结果的不同影响。

3.1 样本

共有 203 名来自中国某大城市的在职 MBA 学员参加了本项研究。这些学员来自生产、服务、新科技等多个行业，代表了国有、合资、私有等多种企业。他们多数人员正在企业中承担一定的管理工作，其中 101 名为男性（占 49.8%），平均年龄为 33 岁，在组织中的平均工作年限为 8 年。

3.2 测量工具

3.2.1 领导—部属交换的多维测量

本文使用在研究 1 中发展的 4 维度 LMX 量表的中文版对领导—部属交换水平进行测量。该量表由 16 个题目组成，包括情感、忠诚、贡献和专业尊敬等。每一维度对应 4 个题目。

3.2.2 领导—部属交换单维测量

本项研究使用被学术界广泛采用的 LMX-7 量表（Gerstner and Day, 1997）。Hui、Law 和 Chen（1999）曾将该量表翻译成中文并在中国文化背景下使用，因此，本项研究直接采用他们翻译的 LMX-7 中文版。该量表共 7 个题目。在本项研究中，该量表的内部一致性系数为 0.86。

3.2.3 工作绩效

本文采用 Tsui、Pearce、Porter 和 Tripoli（1997）使用过的工作绩效量表对下属的工作绩效进行评估。为了避免同源数据带来的误差（common method bias），沿用通常的惯例，由下属的直接上级对其工作绩效进行评价。在本文中，203 位 MBA 分别邀请他们的主管对他们的绩效进行评估。评估结果直接寄给研究者。该量表共包含 7 个用来测量下属核心任务绩效的题目。该量表的内部一致性系数为 0.89。

3.2.4 情境绩效

情境绩效的测量采用 Van Scotter 和 Motowidlo（1996）编制的，由王辉、李晓轩、罗胜强（2003）修订的量表。该量表包括 15 项题目，涉及情境绩效的两个维度，即人际促进和工作奉献。其内部一致性系数分别为 0.81 和 0.90。

3.2.5 控制变量

我们拟采用分层回归分析的方法（hierarchical regression model）来考察自变量对因变量的影响，但考虑到可能会有其他的变量对因变量产生影响，因此我们选取了一些变量作为控制变量（Liden，Sparrowe，and Wayne，1997；Dienesch，1986）。在研究中，年龄、性别、教育程度、在组织内任职的时间以及与上级交往的时间等 5 个变量作为控制变量，以消除它们对因变量的可能影响。

所有量表都使用 Likert5 点量表形式，从 1 代表"非常不同意"到 5 代表"非常同意"。

3.3 结果分析

3.3.1 多维度领导—部属交换测量的信度与效度

首先，为了更好地了解领导—部属交换的多维度结构，我们对研究 1 发展出来的量表的信度与效度进行了进一步的检验。

（1）内部一致性。203 名被试进行领导—部属交换的多维度测量后，分别计算了情感、忠诚、贡献、专业尊敬 4 个维度分量表的内部一致性系数，分别为 0.87、0.67、0.86 和 0.89。

根据心理测量学的要求，内部一致性系数在 0.65 以上即可接受，研究中，各个维度内部一致性系数均在 0.65 以上，说明该测量工具在信度方面是符合要求的。

（2）结构效度。使用 LISREL 8.20 对来自 203 名被试的数据进行验证性因素分析（confirmatory factor analysis，CFA），结果分别为：x^2 与自由度之比为 1.78，GFI 为 0.98，CFI 为 0.96，TLI 为 0.95，RMSEA 为 0.62。在验证性因素分析中，一般认为 x^2 与

自由度之比小于 4、相对拟合指数 CFI 在 0.85 以上，即说明模型与原始数据的拟合程度达到统计要求。以上结果表明，所有拟合指数均符合要求，从而说明本项研究的数据与假定的模型之间拟合得很好。说明该量表具有一定的结构效度。

3.3.2 领导—部属交换的结构探讨

为了更好地说明多维的领导—部属交换 4 个维度的结构以及多维的领导—部属交换与单维的领导—部属交换的关系，我们进行了一系列验证性因素分析，同时对各个模型之间的差异进行检验。结果参见表 2。

在表 2 中，基本模型是我们想要验证的模型，共有 5 个维度，即 16 个多维的领导—部属交换的题目分别负载（loading）在情感、忠诚、贡献和专业尊敬等 4 个维度上，其他 7 个 LMX-7 题目负载在另外一个维度上。从表 2 的结果可以看出，数据与该模型的拟合是比较好的。同时，我们将该模型与另外两个模型进行了比较。在比较模型 I 中，所有的 23 个题目都负载在一个维度上；而在比较模型 II 中，16 个多维的领导—部属交换的题目负载在一个维度上，其他 7 个题目负载在另外的一个维度上。从表 4 的结果可以看出，数据与这两个模型的拟合程度都不是很理想。尤其重要的是，由于这三个模型是嵌套模型（nested model），因此，我们可以对它们的差异进行显著性检验。其结果表明，基本模型与两个比较模型都存在显著性差异（卡方值在 0.01 的水平上显著）。以上的结果表明，多维领导—部属交换的 4 个维度是存在的，而且多维度的领导—部属交换与单维度的领导—部属交换是相互独立的。

表2　多维度与单维度领导—部属交换不同模型之间的比较

模型	χ^2	d.f.	$D\chi^2$	RMSEA	CFI	TLI
虚无模型（null model）	2714.67	253				
基本模型（5个维度）	416.29	220		0.069	0.92	0.91
比较模型 I（1个维度）	803.50	229	378.21**	0.12	0.81	0.79
比较模型 II（2个维度）	987.67	230	541.38**	0.13	0.76	0.73

注：**，$p < 0.01$。下同。

3.3.3 领导—部属交换的不同结构对员工工作绩效和情境绩效的影响

多维度领导—部属交换与单维度领导—部属交换可以独立存在，那么，二者在预测员工行为上是否存在差别呢？在以前的研究中，尤其是 Gerstner 和 Day（1997）的元分析研究发现，领导—部属交换与员工的工作业绩和角色外行为（extra-role）存在稳定的正相关。在本项研究中，我们将多维度和单维度的领导—部属交换放在一起，运用分层回归的方法对它们进行深入探讨。其结果列在了表3和表4中。

在表3的回归方程中，工作绩效和情境绩效是两个因变量，自变量是领导—部属交换的不同水平。第一步进入回归方程的是下属的年龄、性别、教育程度、在组织任职时间和与主管交往的时间等控制变量。在此基础上，第二步进入回归方程的是单维度的领导—部属交换。从结果中可以看出，单维度的领导—部属交换对工作绩效和情境绩效都有显著的影响（$\Delta R^2=0.05$，$p<0.01$；$\Delta R^2=0.03$，$p<0.05$）。然而，我们在回归方程的第三步加入了多

维度的领导—部属交换后，单维度的领导—部属交换对工作绩效和情境绩效的标准化的回归系数（β）由原来的 0.22（p<0.01）和 0.16（p<0.05）分别变为了 -0.02 和 -0.07，二者都不显著。同时，多维度的领导—部属交换进入方程后，R^2 有显著变化（$\Delta R^2=0.07$，p<0.01；$\Delta R^2=0.07$，p<0.01）。这些结果表明，多维度的领导—部属交换可以在单维度的领导—部属交换基础上，解释更多的因变量的方差。这一结果与表 4 的数据形成鲜明的对比。在表 4 中，回归方程与表 3 的完全一致，唯一的差别是顺序不同。在控制变量之后，进入回归方程的是多维度的领导—部属交换，然后在第三步则是单维度的领导—部属交换。从表 4 的结果可以看出，多维度的领导—部属交换可以显著地预测员工的工作绩效和情境绩效（$\Delta R^2=0.12$，p<0.01；$\Delta R^2=0.10$，p<0.01）。然而，单维度的领导—部属交换却不能显著地增加对因变量的预测。

表3　工作绩效和情境绩效的分层回归分析结果（N=203）

变　量	工作绩效			情境绩效		
	R^2	R^2 的变化	F	R^2	R^2 的变化	F
第一步 控制变量	0.02		0.95	0.03		1.43
第二步 单维度的 LMX	0.07	0.05**	2.55*	0.06	0.03*	2.12+
第三步 多维度的 LMX	0.14	0.07**	3.09**	0.13	0.07**	2.88**

表4 工作绩效和情境绩效的分层回归分析结果（N=203）

变 量	工作绩效			情境绩效		
	R^2	R^2 的变化	F	R^2	R^2 的变化	F
第一步						
控制变量	0.02		0.95	0.03		1.43
第二步						
多维度的 LMX	0.14	0.12**	3.49**	0.13	0.10**	3.18**
第三步						
单维度的 LMX	0.14	0.00	3.09**	0.13	0.00	2.88**

综合表3和表4的结果，我们认为，多维度与单维度领导—部属交换都对员工的工作绩效和情境绩效具有预测作用。然而，与单维度的领导—部属交换相比，多维度的领导—部属交换具有更强的预测作用。后者在结构上涵盖的范围更广，更能反映领导—部属交换的关系特征。

4. 讨论

通过两项研究，本文对领导—部属交换的结构进行了研究。研究结果表明，领导—部属交换是一个多维度的结构，由情感、忠诚、贡献和专业尊敬四个维度组成。单维度的领导—部属交换和多维度的领导—部属交换都对员工的工作绩效和情境绩效具有预测作用，但多维度的领导—部属交换的预测作用更强。

应该指出，领导—部属交换在结构上是单维的，还是多维的，至今还存在不同的看法。Graen（1976）、Graen 和 Scandura

（1987）、Graen 和 Uhl-Bien（1995）等人认为，如果领导与其部属之间的交换仅局限于与工作有关的方面，那么领导—部属交换就应该是单维的，是对领导和部属工作关系好坏的整体反映。但是，现实环境中，领导与部属的交往与互动很难局限于工作情景之中，上下级交换关系的确立过程实际上是双方角色的获得过程，而角色理论所强调的正是"角色是多维度的"（Katerberg and Hom, 1981）。随着理论探讨和实证研究的不断深入，更多的学者主张领导—部属交换应该是多维的。本文的结果可以为今后研究领导—部属交换的学者在考虑维度时，提供一定的参考。在研究领导—部属交换对员工的绩效等结果变量时，建议使用多维度的领导—部属交换。

需要指出的是，关于多维度的领导—部属交换的内容还存在一定的争议。除了本文中文版量表中的情感、忠诚、贡献、专业尊敬 4 个维度之外，还有学者提出信任维度、公平维度等。由于构念上的差异，导致了测量方法上的多样化和不断发展。早期有基于单维度构念的 2 个题目（Dansereau, Graen, and Haga, 1975）、4 个题目（Graen and Uhl-Blen, 1995）、5 个题目（Blau, 1964）、7 个题目的测量（Scandura and Graen, 1984）以及基于多维构念的 10 个题目、12 个题目的测量，甚至有学者使用"领导行为描述问卷"（Leader Behavior Descriptive Questionnaire, LBDQ）来测量领导—部属交换。但是，这些早期的测量都缺乏系统的心理测量学支持，直到 Liden 和 Maslyn（1998）开始在领导—部属交换（LMX）4 维构念的基础上，依据心理测量学的原理，较系统地开发了 12 题目的量表。本文在保持其原量表构念不变的情况下，考虑文化因素，每一维度增加了一个题目，最终形成了共有 16 个题目的领导—部属交换 4 个维度的测量工具。在中国文化背景下，领导与部属良好的关系是建立在相互的喜欢、忠诚、不断努力地工作和互相尊重基础上的。

领导—部属交换的结构及对工作结果的影响仍需进行深入的探讨。尤其是可以结合其他相关的概念一起研究。例如，近年来出现了很多有关中国文化背景下关系（guanxi）的研究。领导—部属交换作为一种特殊的关系，中国文化中的社会取向（social orientation）等特点必定会对领导与部属的互动产生影响。

本文的研究也存在一些缺点。比如样本的规模可以更大一些；同时，因变量只包含工作绩效和情境绩效，员工工作结果的其他方面，如组织承诺、工作满意感等应该包含在今后的研究中。

5. 结论

领导—部属交换理论是组织行为学，尤其是领导行为研究的前沿性研究领域。尽管对这一变量的结构还存在争论，大量的研究不但着重探讨领导—部属交换的影响因素（antecedents）和结果变量（consequences）上，同时也关注其他调节（moderating）或中介（mediating）变量的探讨。本文的结论可以为今后在中国环境下研究领导—部属交换提供一个基础和参考，希望有更多的研究来共同探讨这一结构及其相关变量。

Abstract

Two studies were conducted to explore the construct of leader-member exchange（LMX）and its impact on task performance and contextual performance of employees in Chinese context. The survey data was analyzed with exploratory factor analysis（EFA）, confirmatory factor analysis（CFA）, and hierarchical regression model（HRM）. The results showed that LMX was a multidimensional construct comprised of affect, loyalty, contribution, and professional respect dimensions. Both unidimensional LMX and multi-dimensional LMX have significant power on predicting task performance and contextual performance of employees, while the predicting power of multi-dimensional LMX was larger that that of unidimensional LMX. Limitations and future research were discussed.

参考文献

Dansereau, F. Jr., Graen, G., Haga, W. J.（1975）,"A Vertical Dyad Linkage Approach to Leadership within Formal Organizations : A Longitudinal Investigation of the Role Making Process", *Organizational Behavior and Human Performance*, 13: 46-78.

Graen, G.（1976）,"Role Making Processes within Complex Organization", in Dunnette, M. D.（ed.）, *Handbook of Industrial and Organizational Psychology*, Chicago: Rand McNally.

Graen, G.B., Cashman, J. (1975), "A Role-Making Model of Leadership in Formal Organizations: A Developmental Approach", in Hunt, J.G., and Larson, L.L., (eds.), *Leadership Frontiers*, Kent, OH: Kent State University Press.

Graen, G.B., Uhl-Blen, M. (1995), "Development of Leader-Member Exchange (LMX) Theory of Leadership over 25 Years: Applying a Multi-Level Multi-Domain Perspective", *Leadership Quarterly*, 6: 219-247.

Blau, P. M. (1964), *Exchange and Power in Social Life*, New York: Wiley.

Liden, R.C., Sparrowe, R.T., Wayne, S.J. (1997), "Leader-Member Exchange Theory: The Past and Potential for the Future, in Rowland, K.M., Ferris G.R., (Eds.), *Research in Personnel and Human Resource Management*, Greenwich, CT: JAI Press.

Duchon, D., Green, S.G., Taber, T.D. (1986), "Vertical Dyad Linkage: A Longitudinal Assessment of Antecedents, Measures, and Consequences", *Journal of Applied Psychology*, 71: 56-60.

Scandura, T.A., Graen, G.B. (1984), "Moderating Effects of Initial Leader-Member Exchange Status on the Effects of a Leadership Intervention", *Journal of Applied Psychology*, 69: 428-436.

Dienesch, R.M., Liden, R.C. (1986), "Leader-Member Exchange Model of Leadership: A Critique and Further Development", *Academy of Management Review*, 11: 618-634.

Liden, R. C., Maslyn, J. M. (1998), "Multidimensionality of Leader-Member Exchange: An Empirical Assessment through Scale

Development", *Journal of Management*, 24: 43-7211.

Maslyn, J.M., Uhl-Bien, M. (2001), "Leader-Member Exchange and its Dimensions: Effects of Self-Effort and other's Effort on Relationship Quality", *Journal of Applied Psychology*, 86: 697-708.

Du, H., Wang, Z. (2002), "Research on Leader-Member Exchange and its Application" (in Chinese), *Journal of Zhejiang University*, 32 (6): 73-80.

杜红、王重鸣:"领导—成员交换理论的研究与应用展望",《浙江大学学报》(人文社会科学版)2002 年第 32(6)期,第 73—80 页。

Yu, D., Liang, J. (2002), "A New Perspective on Leader-Member Exchange" (in Chinese), *Economic Science*, 1: 5-18.

俞达、梁钧平 :"对领导者—成员交换理论（LMX）的重新检验———一个新的理论模型",《经济科学》2002 年第 1 期, 第 5—18 页。

Hui, C., Law, K. S., Chen, Z. X. (1999), "A Structural Equation Model of the Effects of Negative Affectivity, Leader-Member Exchange and Perceived Job Mobility on In-Role and Extra-Role Performance: A Chinese Case", *Organizational Behavior and Human Decision Processes*, 77: 3-21.

Brislin, R.W. (1980), "Translation and Content Analysis of Oral and Written Material", in Triandis, H.C. and Berry, J.W. (eds.), *Handbook of Cross-Culture Psychology*, Boston: Allyn and Bacon.

Borman, W.C., Motowidlo, S.J. (1993), "Expanding the Criterion Domain to Include Elements of Contextual Performance", in Schmitt, N. and Borman, W.C. (Eds.), *Personnel Selection in Organizations*, San Francisco: Jossey-Bass.

Gerstner, C.R., Day, D.V. (1997), "Meta-Analytic Review of Leader-Member Exchange Theory: Correlates and Construct Issues", *Journal of Applied Psychology*, 82 (6): 827-844.

Tsui, A.S., Pearce, J.L., Porter, L.W., Tripoli, A.M. (1997), "Alternative Approaches to the Employee-Organization Relationship: Does Investment in Employees Pay Off?", *Academy of Management Journal*, 40: 1089-1121.

Wang, H., Li, X., Law, K. (2003), "The Distinction of Task Performance and Contextual Performance and their Effects on Work Outcomes" (in Chinese), *Chinese Journal of Management Science*, 11(4): 79–84.

王辉、李晓轩、罗胜强:"任务绩效与情境绩效二因素绩效模型的验证",《管理科学》2003年第11(4)期,第79–84页。

Bollen, K.A. (1989), *Structural Equations with Latent Variables*, New York: John Wiley and Sons.

Graen, G.B., Scandura, T.A. (1987), "Toward a Psychology of Dynamic Organizing", in Cummings, L.L., Staw, B.M., (eds.), *Research in Organizational Behavior*, Greenwich, CT: JAI Press.

Graen, G., Schiemann, W. (1978), "Leader-Member Agreement: A Vertical Dyad Linkage Approach", *Journal of Applied Psychology*, 63: 206-212.

Katz, D., Kahn, R. (1978), *The Social Psychology of Organizations*, 2nd ed., New York: Willey.

Liden, E.C., Graen, G.B. (1980), "Generalizability of the Vertical Dyad Linkage Model of Leadership", *Academy of Management Journal*, 23: 451-465.

Ridolphi, J., Seers, A. (1984), "Leader Behavior versus

Leader Member Exchange: A Competitive Test", in Flood, R.G., (eds.), *Proceedings of the Southeast American Institute for Decision Sciences*, Williamsburg, VA: Southeast Section American Institute for Decision Sciences.

Wakabayashi, M., Graen, G. (1984 ）, "The Japanese Career Progress Study: A Seven-Year Followup", *Journal of Applied Psychology*, 69: 603-614.

Katerberg, R., Hom, P. (1981), "Effects of Within-Group and Between-Group Variation in Leadership", *Journal of Applied Psychology*, 66: 218-223.

Yang, K.S. (1993), "Chinese Social Orientation: An Integrative Analysis", in Cheng, L.Y., Cheung, F.M.C, Cheng C.N., (eds.), *Psychotherapy for the Chinese*, Hong Kong: The Chinese University of Hong Kong.

第十三章

中国组织情境下的领导—部属交换：结构内容及维度的初步研究

摘 要

本文采用两组数据，发展出中国组织环境下领导—部属交换的测量工具。在第 1 个研究中，我们采用归纳研究的方法来探讨中国组织情境下的领导—部属交换关系的内容及类别。在第 1 个研究得出的 11 个类别的基础上，研究 2 发展并验证了一个适合中国组织情境的新的领导—部属交换测量工具，包括 5 个维度。其中 2 个维度，即亲近和互动，是植根于中国文化的特殊维度。余下的 3 个维度与在西方发展的多维度领导—部属交换相类似，即贡献、忠诚及情感 3 个维度。我们的研究也给出了这一测量工具的信度和效度的相关信息。

1. 导言

Graen 和他的合作者（Graen and Cashman, 1975）提出领导—

部属交换理论（leader-member exchange，LMX），将均衡交往领导风格理论（average leadership style approach）中所忽视的下属所感知的领导者行为差别反映了出来。从此领导—部属交换在西方管理科学领域引起了很大的关注。领导—部属交换也就成为领导行为研究领域中十分重要的课题。正如 Graen 和 Uhl-Bien（1995）所提到的那样，早期这方面的研究主要关注的是领导—部属交换的前因及结果变量。例如，Graen、Liden 和 Hoel（1982）发现领导—部属交换的水平是一个很好预测员工离职的指标。在后来的一项研究中，Wayne、Shore 和 Liden（1997）证明领导—部属交换对于绩效评价、组织公民行为（organizational citizenship behavior，OCB）和员工表现出友善行为都有显著的预测能力。与此同时，Duarte、Goodsonhe 和 Klich（1994），Masterson、Levis、Goldman 和 Taylor（2000），Dunegan、Duchon 和 Uhl-Bien（1992）用不同的样本进行研究，得出了类似的结论。其他一些研究探讨了领导—部属交换的前因变量（Engle and Lord，1997；LaGrace，1990；Phillisps and Bedeian，1994）。Engle 及其同事（1997）的研究指出，主管和下属各自的自我图式（self-schemas）、下属的消极情感及其感知到的相似性能很好地预测领导—部属交换水平。Phillips 和 Bedeian（1994）在一项实证研究中发现领导—部属关系中的态度相似性以及下属的外向性格都与领导—部属交换之间正相关。

　　然而，尽管已有大量研究探讨了领导—部属交换和许多重要的工作结果之间的关系，但研究者对领导—部属交换在定义、内涵以及测量方法上的模糊性始终是批评不断。例如 Gerstner 和 Day（1997）指出："尽管人们认为领导—部属交换预测结果变量的能力很强，但令人惊讶的是，对于什么是领导—部属交换以及如何更好地测量领导—部属交换始终没有一个结论，尽管他们发现 7 题目的领导—部属交换是最好的测量工具。"（p.828）Liden 和 Maslyn（1998）也认为，关于领导—部属交换的研究至少有 7 种不同的测量方法，但是最好的还是 7 题目的领导—部属交换。这可能也就解释了一些研究为何会得到领导—部属交换对工作结果的影响存在不一致，甚至是截然相反的结论。

本文的目的是探讨领导—部属交换的维度并发展出一套适合中国情境的、本土化的测量工具。正如 Liden 和 Maslyn（1998）所指出的那样，在领导—部属交换量表正式使用之前，应该有一个正规的心理测量学上的证据支持。尽管将领导—部属交换理论应用到中国情境是很有前景的，但是不能将西方的领导—部属交换测量工具直接运用到中国企业中。正如人们所知，东西方社会中主管与下属之间的互动方式存在很大的文化差异。一个清晰的、本土化的领导—部属交换测量工具将有利于推动领导—部属交换研究在中国转型式经济中的发展。

2. 中国组织情境下的领导—部属交换

Hofstede（1980）认为不同文化情境中的个体可能有不同的

价值观念和行为模式。Triandis（2001）也指出，不同文化间最大的不同就是个体主义—集体主义价值观的差异，而中国就是典型的集体主义文化，而美国则是个体主义文化的集中体现（Bond，1986；Hofstede，1980；Hsu，1981）。正如 Hofstede（1991：p.12）所指出的那样："个体主义文化盛行的社会中，个体之间的联结是比较松散的，每一个个体关注的只是他（她）自身或者是他的直系亲属的利益。集体主义文化盛行的社会中，人们从出生伊始就始终被整合在一个紧密团结、相互联结的内群体中，这种内群体会以人们投入组织的忠诚为交换条件，向个体提供长期的保护"。因此，在中国文化情境下发展适合的领导—部属交换测量工具是非常合理和必要的。除了上述个体主义—集体主义差异之外，我们还认为，由于历史发展进程的差异，尤其是中国企业所有制形式、治理环境、管理模式等不同都有可能塑造出与西方不同的、中国式的主管和下属之间互动模式。

具体来讲，中国文化的第一个特点就是关系导向的文化（guanxi orientation）。正如 Kitayama、Markus、Matsumoto 和 Noasakkunkit（1997:p.1248）指出的那样："西方文化整合过程是遵照一套有利于促进个体自我独立性和自主性的规则和实践，相反，很多亚洲文化并不强调个体间的区别，而是强调个体之间的凝聚力，如何在个体之间建立稳定的、基本的联系。"Triandis（1995），Rhee、Uleman 和 Lee（1996），Holtgraves（1997）同样发现集体主义和个体主义之间最大的区别在于前者在圈内人（及家庭)成员上投入更多的关系性的投资。集体主义文化中的领导者，为了同圈内成员保持紧密关系，他们通常会参与到下属个人生活之中(Hui, Eastman, and Yee, 1995；Hui and Luk, 1997)。Farth 和 Cheng(2000)甚至还发展了仁慈型的领导风格——这是在中国情境下的、家长式领导的组成部分。仁慈型的领导根源于儒家理想：这样的领导应该和蔼、温和，对其下属应该是仁慈，例如让他们充分展示自我，从工作和生活方面全面地、周到地关心他们的福祉。Farh 和 Cheng(2000)调查了中国大陆 1, 025 名员工、台湾 1188 名雇员以及香港 256 名员工，并通过因素分析和方差分析得出结论：这三个地区的员工都期望领导者具备仁慈型特质，并且中国大陆地区的员工对这种仁慈型领导有较高的预期。鉴于这样的研究发现，我们有理由相信组织中领导者和下属之间的互动过程中，领导者应该关注、照料其下属的个人生活。

群际间歧视(inter-group discrimination)是中国文化中的另一个特点。集体主义文化中，人们强调社会关系的和谐，但是他们并不总是如此对待所有的社会交往对象。Takahashi 及其同事(2002)的一项研究发现，具有集体主义文化倾向的日本被试与自己周围最重要的人建构了不同等级的情感关系。尽管一些学者也指出在西方社会也存在这样的社会现象，即对圈内人的偏爱(Allen and Wilder, 1975；Billig and Tajfel, 1973)，一些跨文化研究证实中国人更偏爱自己圈内人，而美国人则只偏爱自己，对待圈内人与对待陌生人的方式相同。其他一些学者（Butterfield，1983；Parsons，1949）还发现中国人往往将那些同他们交往的人归为远近亲疏的不同群体，并因此和他们建立不同的交往关系。

Hwang（1997）提出这样一个假设：传统中国人在社会关系中十分重视等级地位。他们通常对不同群体，有多元的互动交往标准。当资源分配者要将资源分配给需求者的时候，这些潜在的分配者最为关注的是："我们之间的关系（联系）怎么样？"Triandis（2001）指出同个体主义文化盛行的社会相比，集体主义文化中的个体，在归因时更强调背景因素而非内容本身。Morris 和 Peng（1994）的一项关于集体主义和个体主义的研究发现，集体主义者和个体主义者有不同的理解行为的方式。集体主义者（例如中国人）偏爱"外在归因"，而个体主义者（例如美国人）偏爱"内在归因"。Bauer 和 Gaskell（1999）、Kim 和 Markus（1999），Wagner（1998）都认为通过比较不同文化中个体行为的差异，就能清楚明白个体主义和集体主义文化本身，因为个体的行动本身就是浸淫在一定社会背景下所形成的。他们的行为以及对行为的解释都是个体和他所处的不同社会环境之间互动的结果。Ng 和 Zhu（2001）通过情境变量的重要中介作用说明情境中角色干预的方法，发现了集体主义者偏向于外部因素，而个体主义者则偏向于内部因素。

因此，区别地对待处于不同类别中的个体是中国的社会规范（Yang，1993）。在中国组织环境中的领导—部属二者关系的交换过程中和其在西方社会里个体之间以获得正义为目标的关系是不同的（Ohbuchi, Fukushima, and Tedeschi, 1999）。正如 Graen、Hui 和 Gu（2004）所指出的那样，中国组织中的管理者更强调过程而非客观绩效的评价标准。

概括来讲，我们有理由相信中国组织环境中的领导—部属交换的表现形式和测量标准与西方社会是不同的。我们假设中国领导者会更注意照顾其下属的个人生活和他们之间在交换互动过程中表现出更多的对圈内人的偏爱。

本文由两个实证研究组成。第 1 个研究是确认属于领导—部属交换关系范畴的一些行为和活动，我们借助与 Law、Lee、Farh 和 Pillutla（2001）以及 Xin、Tsui、Wang、Zhang 和 Chen（2002）研究中类似的方法，运用归纳的研究方法，对中国组织情境中的领导—部属交换中的关键事件进行研究。这种方法需要搜集被调查者对事件的描述，并且通过内容分析，采用多个评分者，使用一致的评分标准将这些关键事件进行分类（Anderson and Gerbing, 1991; Kerlinger, 1986）。这种归纳的方法在跨文化研究中尤为重要，因为在跨文化研究中我们不能理所应当地认为概念和测量方式具有对等性（Van de Vijver, and Leung, 1997）。基于第 1 个研究中的测量维度以及行为事件，第 2 个研究发展出一个适合中国组织环境的测量领导—部属交换的量表。我们还将提供这个本土化量表的心理学测量学的相关信息。

3. 研究1：中国情境下领导—部属交换的内容和类别

方法回顾

本项研究是为了探讨中国组织环境下领导—部属交换这一结构的范畴及其内容。这一研究是通过采用一个结构性的问卷来搜集员工的一些关键事件的信息。我们让被调查者描述一些可以反映其领导者与下属的交换质量的关键事件。在初步搜集到大量样本之后，我们利用一个严格的分类过程对所收集的关键事件进行分类。在编码过程中，我们邀请管理学专业的研究生将这些关键事件分类到一些互斥的类别中，之后再将这些类别和西方社会中的领导—部属交换的维度作对比。

样本

本项研究的数据源于中国北方某知名学校在职 MBA 课程中的 77 位中层管理者。这些 MBA 学生从事不同行业，例如制造业、服务业、信息业等。这些被调查者的平均年龄为 33.4 岁，在组织中的平均工龄为 7.7 年，其中男性占 67%，平均有 5—9 年高中以上的教育水平。表 1 中列举了样本有关的具体信息。

表1 样本特征（样本数 = 77）

特征		频数	百分比
性别	男	52	68.4
	女	24	31.6
年龄	21-30	15	19.5
	31-40	60	77.9
	41-50	2	2.6
任职时间	少于 5 年	26	36.6
	5-10 年	31	43.7
	10 年以上	14	19.7
职位	高层管理者	20	26.3
	中层管理者	33	42.7
	底层管理者	18	23.3
年龄	21-30	62	38.3
	31-40	61	37.7
	41-50	39	24.1
性别	男	52	59.9
	女	24	40.5
高中毕业后受教育年限	4	24	32.4
	5	2	2.7
	6	15	20.3
	7	27	36.5
	8	3	4.05
	9	2	2.7
	10	1	1.35

研究程序

　　每一位被调查者都被要求完成由两个开放问题组成的问卷。第一个问题是：请至少列举 5 个典型的可以表明你同你的直接主管有良好交换关系的典型事件。第二个问题：请至少列举 5 个可以表明你同你的直接下属有良好交换关系的典型事件。在发问卷之前，我们对领导—部属交换理论也做了简短的介绍。由于对领导—部属交换没有一致的、清晰的界定，所以我们是基于社会交换理论（Blau，1964）向调查对象给出了相关说明。我们告诉他们社会交换（高水平的领导—部属交换）和经济交换（低水平的领导—部属交换）的内涵。为了避免误导调查对象，我们没有对他们提过任何西方学者对领导—部属交换维度的研究。我们还让调查对象填写一些他们所在组织的特征以及相应的人口统计学方面的信息。

77 个调查对象总共提供了 778 个事项。本项研究的前两位作者最先对这些事项进行筛选。如果一个事件表达出两种或者更多不同的意思，我们将会将它相应地分为两种或者更多的描述。我们还采用如下两个标准剔除了一些事件：(a) 事项必须具有明确的中文含义；(b) 事项必须与领导—部属的交换关系的质量相关。经过这一过程之后，总共还剩下 771 个可供使用的关键事件描述。

数据编码及类别形成：第一轮

本项研究邀请了 3 名在校博士生来对 771 个事件进行分类。在分类之前，我们给了他们如下的提示：

"这个分类任务的目的是希望你们能将这些从 MBA 课上获得的有关领导—部属交换的描述进行分类。请按照你自己的理解，根据不同描述的相似性进行分类。不同水平的领导—部属交换意味着，一位领导者可能与不同的下属建立起不同关系，比如有的领导者可能和他的某一个重要的下属之间有很好的工作关系，但是同其他的下属之间只有正式的工作关系。换句话说，高水平的领导—部属交换意味着，领导和部属之间的交换关系是一种社会交换；与此相对应的是，较低水平的领导—部属交换意味着某种经济上的交换。现有的一些研究也证实，只有社会交换能促使领导和下属这种二者之间发展出相互信任、责任感和互惠情感，这些都是纯粹的经济交换不能达到的。"

这3名博士生对前200个事件描述进行分类，然后就所有被发展出来的类别的定义和内容展开了讨论。他们分别给出了10、12和20个类别，经过讨论之后他们一致同意划分为9个类别。笔者在综合第一轮分类的结果的基础上，进一步讨论了这9个类别的名称及定义。为更好地把握领导—部属交换的内涵并且为了让分类更加清晰明确，讨论之后笔者和编码者对领导—部属交换类别做了进一步修改。本项研究最终确定出11个类别，并对其进行了清晰界定。

然后这3名编码者将余下的571个事件描述也进行了归类。由于每一个叙述都是由3名学生完全独立地分类的，所以有3种可能出现的结果：（1）完全一致——这3名同学将描述都归到一个类别中；（2）两个吻合——3人中有两人将某个描述归同一个维度下；（3）完全没有重合性——3名学生将同一个描述完全归到3种不同类别。为了检验在编码系统中这3名编码者是否具有一致性和信度，我们在表2中列出了信度检验的结果。

表2　事件条目特征

类别		事件	百分比
事件总数		778	100
可用事件		771	99.1
不可用事件		7	0.9
信度一致性检验结果（第一轮）	三者都同意	330	42.8
	两者同意	321	41.6
	无同意	120	15.6
信度一致性检验结果（第二轮）	三者同意	672	87.26
	两者同意	60	7.78
	无同意	39	5.06

数据编码及类别形成：第二轮

　　尽管我们运用有 11 个类别的分类系统来对 771 份描述说明进行分类编码，并且信度检验也显示这种分类方式是稳定和可信的，但是我们仍然需要用交叉效度分析来检验这种分类体系对于其他群体是否同样适用。因此我们在第二轮的研究中，还邀请了另外 3 名博士生作为编码员，对这些新的编码人员来说，任务相对较为简单。他们只需根据与第一阶段完全相同的指示和分类系统，将这 771 份描述重新进行一次编码。我们在表 2 中列举了评判者之间的信度分析结果。

　　两轮中信度一致性结果表明，编码者使用这种分类系统，能得到一致的结果。在第一轮研究中，3 名编码者对 42.8% 的描述达成共识，两位编码者能对 41.6% 的描述达成共识。然而在第二轮的编码中，3 名编码者能将 87.26% 的事件描述归为同一类。这样的结果表明，不同编码者使用这样的编码系统，能将 771 份事件描述分为不同的类别。这样的编码过程是稳定可信的。

结果

中国组织情境下领导—部属交换的类别

表 3 反映了中国组织情境下存在的 11 种领导—部属交换的事件类别和它们各自的定义以及典型的示例。为了在东西方文化之间做出对比，我们还列举了在西方文化中对应的维度，我们将把东西方研究文献中都有的类别称为共同类别。

表3　中国组织情境下的领导—部属交换类别

共同性分类		
定义	具体事件	相应的西方领导—部属交换维度
信任：一种积极和自信的心理状态，相信另一方不会做出于己不利的事	我的主管不会向我隐瞒一些重要信息 我会将不大方便与其他人说的事情告诉我的下属	信任（Graen and Scandura, 1987） 相互影响（Yukl, 1981）
忠诚：在公共场合表达对领导—部属关系中的另一方的目标和个人特征的支持	我试图在任何地方维护主管的威信并反驳他人对主管的指责 当其他人批评我的下属的表现，我将为其做出申辩	忠诚（Dienesch and Liden, 1986; Liden and Maslyn, 1998）
喜欢：领导—部属关系中双方基于个人吸引力而不是工作或专业技能而产生的相互喜爱	我欣赏主管的为人方式 我欣赏下属的做事方式	喜爱（Dienesch and Liden, 1986; Liden and Maslyn, 1998）
勤勉：在领导—部属关系中，下级为维护与主管的高质量交换关系而在完成任务或为组织谋利上采取恰当的行动	我将尽最大努力完成对组织有益的工作 我的责任就是要完成有利于组织的任务	职业尊重（Dienesch and Liden, 1986; Liden and Maslyn, 1998） 敬业（Graen and Uhl-Bien, 1995）

扩展性类别	
定义	样本事件
亲近：与领导—部属关系中的另一方的互动过程中没有担忧或双方互动频繁，没有心理距离	不时进行聚会 在闲暇时一起聚餐或购物
工作相关的支持：为对方更好地完成工作而在自己职责范围内提供适当的帮助	努力工作以提高主管的绩效 在下属进行谈判的过程中遇到困难时给予一定建议
偏爱：给予额外的偏袒或使其免于处罚，即使这样做会带来不公正	我为下属提供更多的晋升机会 在分房决策过程中我试图为下属保留一套公寓
个人友谊：帮助对方，并在私人生活中主动考虑其利益	当下属在私人生活中遇到困难时我为其提供物质或心理上的支持 我关心主管的个人生活，例如其生日
绩效欣赏：主管对下属贡献的认可并相应地提出表扬	我的主管高度评价了我的表现并给予我物质鼓励 在成功完成一项任务之后，我将提供奖励下属的机会
主动担责：一旦一项工作失败将承担其自己的责任或为另一方的利益而承担额外的责任	当我的下属被更高一级管理者批评时，我将承担起维护他或她的责任
理解：体谅对方的意图及动机，并表现出心理和行为上的支持	我能够无障碍地理解主管的意图并与之配合 我原谅主管对我的误解

（1）共同性类别

第一个共同性类别是**信任**。这是一个积极的、充满自信的心理状况，人们相信其他行动主体不会刻意做对他人不利的事情。这一类别同信任（Graen and Scandura，1987）和相互影响（Yukl，1981）类似。共有92个事件描述被归为这一类，占总数的12.4%。

第二个共同性类别是**忠诚**。这意味着在领导—部属二元关系中，对其他成员的公开支持。这同忠诚类似（Dienesch and Liden，1986；Liden and Maslyn，1998）。共有62个事件描述归入这一类，占总数的 8.4%。

第三个共同性类别是**情感**。在领导—部属关系中，成员间基于人际间的吸引而非工作本身或者是专业价值所产生的相互情感。这一类别同领导—部属交换多维测量方式中的情感维度是完全一致的（Dienesch and Liden，1986；Liden and Maslyn，1998）。共有 15 份事件描述可以归入这一类，占总数的 2%。

第四个共同性类别是**勤勉**。下属为完成任务或者是在二元关系中同管理者保持高水平组织利益。这同专业尊敬（Dienesch and Liden，1986；Liden and Maslyn，1998）和下属的能力（Liden and Graen，1980）是类似的，因为他们都强调同工作相关的行为。共有 92 条事件描述是属于这一类的，占总数的 12.4%。

（2）扩展性类别

第一个扩展性类别是**亲近**。

领导—部属双方之间在交往过程中没有顾虑，或是在频繁的互动过程中没有心理隔阂。这一类的描述有 120 条，占到总数的 16.2%。

第二个扩展性类别是**工作相关的支持**。为了使他人能更好地完成任务、在自己职责范围之内提供适当的帮助。这个类别共有 139 条描述，占到总数的 18.8%。

第三个扩展性类别是**袒护**。指的是虽然可能会导致不公平的产生，却仍然提供一些额外的照顾，或者是对惩罚网开一面。这样的描述有 47 条，占到总数的 6.3%。

　　第四个扩展性类别是**个人友谊**。主动帮助二元关系中的其他成员，并且主动在个人生活中考虑他人的利益。共有 95 条描述提到了这一点，这占到总体的 12.8%。

　　第五个扩展性类别是**绩效欣赏**。领导者能够分辨出某个下属所做的贡献，并相应地表扬其贡献。共有 41 条描述提到了这一点，占到了总体的 5.5%。

　　第六个扩展性类别是**主动担责**。在这领导—部属的二元关系中，每一个主体对与工作相关的任务承担应有的责任，或为对方利益而承担责任。共有 16 个描述提到了该类别，占到总数的 2.2%。

　　最后一个扩展性类别是**理解**。指的是通过心理上的接受和行为上的支持来理解对方的意图和动机。有 23 条描述，占到总体的 3.0%。

4. 研究2：中国组织情境下领导—部属交换的本土化测量

　　在研究 1 归纳性研究的基础上，研究 2 试图深入研究领导—部属交换的维度并提出适合中国情境的本土化的领导—部属交换测量工具。

　　在上面的研究中我们建立起了总共 11 个类别来描述中国组织环境中的领导者—部属交换关系（为简便起见我们将此称为中国式领导—部属交换或 CLMX）。在本项研究中，我们首先从研究 1 中的 11 类中国领导—部属交换关系中的每一类别中选取出 5 个代表性事件，一共挑选出 55 个事件。之后我们从 MBA 学生中搜集数据并检验最后建立起来的测量工具的信度和效度。

样本和研究程序

样本 本文的样本包括 165 名在中国北京地区一所重点大学的在职 MBA 学生。这些学生平均年龄 29.81 岁，在高中毕业之后平均有 7.86 年受教育时间，平均有 7.5 年的工作经验。其中有 73% 是男性。

方法 我们所选取的 55 个题目构成了这一本土化中国式领导—部属交换问卷。为了检验这个新的量表的心理测量学特征，我们还在同一调查问卷中测量了 7 题目的领导—部属交换（Gerstner and Day, 1997）、工作满意度（Tsui, Egan, and O'Reilly, 1992）、组织承诺（Mowday, Steers and Porter, 1979）、离职意愿（Bluedorn, 1982）。所有问题的评分都从 1 代表"强烈不同意"到 7 代表"十分同意"。

结果

我们首先通过探索性因子分析（exploratory factor analysis, EFA）挑选那些收敛于中国式领导—部属交换维度的题目。在探索性因子分析的每一步中，我们将交叉载荷超过 0.3 的题目剔除，然后将剩余题目放入再进行探索性因子分析，不断重复这一过程直到所有题目都收敛于一个具有清晰载荷的因子上。最后，剩余了 17 个题目，形成了 5 个因子。我们将这 5 个因子分别命名为贡献、亲近、情感、忠诚和互动。这些因子及各个题目列在了表 4 中。

表4　探索性因子分析结果

	贡献	亲近	情感	忠诚	互动
如果需要，我愿意为直接主管做任何工作	0.82	0.28	0.13	0.16	0.07
如果我的主管在其工作上遇到困难，我愿意试着提供帮助	0.80	0.33	0.06	0.24	0.12
我愿意为主管的利益作更多的努力	0.74	0.08	0.31	0.16	0.13
我愿意为主管牺牲自己的利益	0.72	0.16	0.31	0.04	0.16
我能够坦率地同主管交流我的观点	0.13	0.79	0.11	0.11	-0.09
我能够理解主管的意图	0.21	0.77	0.10	0.00	0.13
在重要的事情上我的主管总是询问我的建议	0.09	0.70	0.24	0.30	0.19
我总是毫不犹豫地向主管提出我的建议	0.24	0.69	0.02	0.17	0.11
我与主管有相似的价值观	0.27	0.23	0.83	0.10	0.16
我与主管有相同的爱好	0.11	0.07	0.82	0.24	0.18
我非常欣赏主管的为人	0.33	0.11	0.78	0.15	0.04
如果我同他人发生冲突，主管会给予我支持	0.19	0.08	0.10	0.84	0.10
如果我"被人攻击"，我的主管会维护我的利益	0.06	0.18	0.20	0.80	0.14
我的主管从不在公众场合责备我的失误	0.16	0.14	0.10	0.64	0.08
我和主管有很多的个人互动	0.10	0.10	0.18	0.23	0.80
我有时跟主管的家属有互动	0.17	-0.01	-0.02	0.01	0.79
我的主管喜欢和我谈论一些与工作无关的事情	0.07	0.24	0.31	0.11	0.67
特征值	6.39	1.67	1.44	1.28	1.17
方差解释的百分比	37.60	9.83	8.48	7.52	6.88

第一个维度"贡献"，是指领导及下属在共同目标完成的过程中所付出的努力在数量、方向以及质量上的知觉。该维度有 4 个测量题目，信度系数为 0.86。

第二个维度"忠诚"，指的是领导者和下属在公共场合中多大程度上相互支持对方的行动和品格。这一维度包括 3 个具体的测量题目，维度的信度系数为 0.69。

第三个维度"情感"，指的是领导与下属之间，基于个体人际间的吸引而不仅仅是工作和专业价值观所产生的相互的情感。这一维度包含 3 个具体的测量题目，维度的信度系数为 0.86。

第四个维度"亲近"，它指的是在领导与下属之间有较好的互动，是一种人际间的亲密程度。有 4 个题目属于这个维度，维度的信度系数为 0.79。

第五个维度是"互动"，领导与下属在个人生活领域中有一定的互动。有 3 个题目属于这个维度，维度的信度系数为 0.72。

这 5 个维度中的 3 个维度，即情感、忠诚和贡献，与 Liden 和 Maslyn（1998）的研究结论相似。这些维度也就是共同（etic）的领导—部属交换测量维度。另外两个测量维度亲近和互动是本土（emic）的维度。它们反映了儒家文化对人际关系的特殊影响，尤其是在中国情境下领导和下属之间的人际互动。

由于这 5 个因子是通过以因子分析为基础的题目选择方式来确认的，我们仍需要进一步证实它们的区别效度。我们采用两个指数，中位值的相关系数（median of correlation）以及相关系数的差异性（difference in correlation）（Finkelstein，1992）来证明这 5 个因子是独特的中国式的领导—部属交换维度。中位数的相关系数是指在每一个维度中各个题目与维度相关系数的中位数减去这些题目与其他维度的相关系数的中位数。若其为正数，就意味着维度中的题目具有收敛性，能够区分于其他维度的题目。相关系数的差异性指的是每个题目与其维度的相关系数减去这一题目与其他维度的最大的相关系数。同样，若其为正数，说明这一题目与其维度高度相关，并与其他维度的相关程度较弱。表5显示了这两个指数的统计结果，从中我们可以发现有充分的证据表明中国式的领导—部属交换中5个维度之间具有显著的区分效度。

我们检验这一结构与7题目的领导—部属交换的相关性来深入探讨其聚敛效度（convergent validity）。尽管文化特性确实存在，但是由于新的中国式的领导—部属交换与现有的领导—部属交换量表在概念上是对相同结构的测量，因此我们预期新的中国式的领导—部属交换量表中的每一个维度都与7题目的领导—部属交换有显著的相关。表6中的结果也证实了这一假说。贡献、亲近、喜爱、忠诚和互动与7题目的领导—部属交换之间的皮尔逊相关系数分别为0.66、0.67、0.64、0.47和0.42（所有相关系数$p<0.01$）。

为了考察新的中国式的领导—部属交换测量工具的校标关联效度，我们统计了各个维度与工作满意度、组织承诺和离职意愿的相关。表6表明，除了忠诚维度度和离职意愿之间不存在显著相关外，其余5个中国式领导—部属交换维度中的每一个维度都与3个校标变数显著相关（$p<0.05$）。我们也就找到了这个中国式领导—部属交换量表的校标关联效度的证据。

表5　中国领导—部属交换测量题目的区别效度

	同本维度的相关系数	相关系数的中位数	相关系数的差异性
贡献		0.29	
如果需要，我愿意为直接上级做任何工作	0.86		0.46
如果我的上级在其工作上遇到困难，我愿意试着提供帮助	0.87		0.46
我愿意为上级的利益作更多努力	0.83		0.48
我愿意为了上级牺牲自己的利益	0.83		0.51
亲近		0.21	
我能够坦率地同上级交流我的观点	0.80		0.53
我能够理解上级的意图	0.78		0.49
在重要的事情上我的上级总是询问我的建议	0.83		0.43
我总是毫不犹豫地向上级提出我的建议	0.73		0.42
情感		0.39	
我与上级有相似的价值观	0.92		0.52
我与上级有相同的爱好	0.86		0.47
我非常欣赏上级的人格	0.87		0.51
忠诚		0.08	
如果我同他人发生冲突，上级会给予我支持	0.82		0.48
我的主管从不在公众场合责备我的失误	0.82		0.46
如果我"被人攻击"，我的上级会维护我	0.74		0.55
人际互动		0.21	
我和上级有很多的人际互动	0.86		0.48
我有时同上级的家属有互动	0.79		0.60
我的上级喜欢和我谈论一些与工作无关的事情	0.76		0.42

表 6 描述性统计及相关系数

变量	Mean	S.D.	1	2	3	4	5	6	7	8	9
1. 贡献	5.07	0.98	(0.86)								
2. 亲近	5.18	0.95	0.49**	(0.79)							
3. 情感	3.91	1.36	0.55**	0.40**	(0.86)						
4. 忠诚	4.52	1.00	0.41**	0.41**	0.42**	(0.69)					
5. 人际互动	3.85	1.34	0.37**	0.31**	0.41**	0.34**	(0.72)				
6. 领导—部属交换	4.66	0.84	0.66**	0.67**	0.64**	0.47**	0.42**	(0.82)			
7. 工作满意度	4.46	1.33	0.40**	0.40**	0.30**	0.29**	0.24***	0.39**	(0.92)		
8. 组织责任感	4.53	1.14	0.45**	0.48**	0.37**	0.23***	0.20***	0.51**	0.74**	(0.92)	
9. 离职意向	3.69	1.59	-0.34**	-0.29**	-0.33**	-0.11	-0.19*	-0.31**	-0.63**	-0.62**	(0.94)

5. 综合讨论

本文通过归纳性的研究方法首先发展出了一个适合中国组织情境的领导—部属交换测量工具。共有 77 位中层管理者参与了研究 1，由此我们共收集了 771 个有效的事件描述。基于这些描述，我们识别出了 11 个领导—部属交换的类别，其中的 4 类（忠诚、信任、情感和勤勉）同西方领导—部属交换文献中的维度相似（Graen，2003）。这些类别分别与忠诚、信任、情感和专业尊敬相对应。这表明领导—部属交换是一个跨文化现象。我们同样发现了 7 个在中国情境下特有的类别。它们是亲近、工作相关的支持、偏袒、个人友谊、绩效欣赏、主动担责和理解。

在这些结果的基础上，我们在研究 2 中建立起了对领导—部属交换的本土测量工具并检验其信度和效度。我们发现其中有 3 个维度在西方文献中较为常见：贡献、情感和忠诚。Graen 将这些维度称为对相互关系的承诺、相互间的喜好和信任与尊重的结合（Graen，2003）。中国情境下特有的两个维度是亲近和互动，区分效度、内容效度和效标关联效度的结果显示对领导—部属交换的测量具有可接受的效度。

由于文化的影响，中国组织情境下的领导—部属交换着重于人际互动而不同于其西方同僚注重工作相关的内容。互动维度与 7 题目的领导—部属交换的相关系数是 0.42，低于其他维度与 7

题目的领导—部属交换的相关。亲近维度在新的量表中是一个中国文化特有的维度。根据 Hofstede（1984），中国是一个权力距离较高的国家。因为权力复杂性（Hwang，1992），中国的下属会更加主动地同其直接上级建立良好的关系以提升自己的安全感、在奖励性的分配中获得更有利的结果甚至是权力。亲近表示领导与下属的关系良好，并且在组织和个人生活中经常互动。亲近与 7 题目的领导—部属交换的相关系数是 0.67，高于其他维度。

另一个中国文化特有的维度是互动。根据 Hwang（1987）、Greenberg 和 Cohen（1982），主管会与圈内的下属会通过需求规范（need norm）与平等规则（equity rule）相混合的方式来进行互动（Greenberg and Cohen，1982；Leventhal，1976），领导者在同下属的互动过程中，满足下属的情感、安全感以及情感依恋的需求，所以领导者将自己的生活同下属的生活融合到一起是十分正常的。Tsui 和 Farh（1997）也发现个体存在不同的交换原则来指导与自己有特定联系的人的交往，在与他们的关系中，有功利的成分，也有情感表达的因素。

有趣的是，这两个独特的维度同领导者及其下属的工作范畴并不直接相关。从传统角度来看，领导—部属交换严格限制在领导者及其下属的工作关系之内，7 题目的领导—部属交换与贡献、亲近、情感之间的相关系数分别为 0.66、0.67 和 0.64，与忠诚和互动的相关系数是 0.47 和 0.42。我们希望大家能够一起来讨论：这些与工作不相关的维度是否应该纳入到中国式的领导—部属交换测量中。我们也希望能有更多的实证研究进一步关注和探究在中国组织情境下的领导—部属交换的范畴和测量维度。

6. 结论

本文发展出一个适合中国组织情境的领导—部属交换测量工具。研究结果表明，该量表具有良好的信度和效度，可以为今后中国地区的相关研究提供另一个可以选择的测量领导—部属交换的工具。但是本文也存在一定不足，如样本量相对较小，同时也缺乏跨样本的比较。我们今后会致力于完善量表以提供更多的效度证据。

Abstract

Two studies were conducted in this research to explore the domain of leader-member exchange in the Chinese organization context. In the first study, an inductive research method was employed to investigate the contents and categories of leader-member exchange quality with a sample of MBA students. Based on the 11 categories developed in the Study 1, an indigenous measure of LMX was developed in the Study 2. There are five dimensions in the new measure and two of them, that is, closeness and personal interaction, are the emic dimensions which are rooted in the Chinese culture. We also provided the reliability and validity information on the new measure.

参考文献

Allen, V. L., Wilder, D. A. (1975), "Categorization, Belief Similarity, and Intergroup Discrimination", *Journal of Personality and Social Psychology*, 6 : 971-977.

Anderson, J. C., and Gerbing, D. W. (1991), "Predicting the Performance of Measures in a Confirmatory Factor Analysis with a Pretest Assessment of Their Substantive Validities", *Journal of Applied Psychology*, 76: 732-741.

Bauer, M. W., and Gaskell, G. (1999), "Toward a Paradigm for Research on Social Representations", *Journal for Theory of Social Behavior*, 29 : 163-186.

Billig, M., and Tajfel, H. (1973), "Social Categorization and Similarity of Inter-Group Behavior", *European Journal of Social Psychology*, 3 : 27-52.

Blau, P. M. (1964), *Exchange and Power Social Life*, New York: Wiley.

Bluedorn, A. (1982), "A Unified Model of Turnover from Organizations", *Human Relations*, 35: 135-153.

Bond, M. H. (Ed.) (1986), *The Psychology of the Chinese People*, Hong. Kong: Oxford University Press.

Butterfield, F. (1983), *China: Alive in Bitter Sea*, London: Coronet.

Dienesch, M., and Liden, R. C. (1986), "Leader-Member Exchange Model of Leadership: A Critique and Further Development", *Academy of Management Review*, 3 : 618-634.

Duarte, N. T., Goodson, J. R., and Klich, N. R. (1994),

"Effects of Dyadic Quality and Duration on Performance Appraisal", *Academy of Management Journal*, 37 : 499-521.

Dunegan, K.J., Duchon, D., Uhl-Bien, M. (1992), "Examining the Link Between Leader-Member Exchange and Subordinate Performance: The Role of Task Analyzability and Variety as Moderators", *Journal of Management*, 1 : 59-76.

Engle, E. M., and Lord, R. G. (1997), "Implicit Theories, Self-Schemas, and Leader-Member Exchange", *The Academy of Management Journal*, 40 : 988-1010.

Farh, J. L., and Cheng, B. S. (2000), "A Cultural Analysis of Paternalistic Leadership in Chinese Organizations", in J. T. Li, A. S. Tsui, and E. Weldon, (Eds.), *Management and Organizations in the Chinese Context*, London: Macmillan Press Ltd.

Finkelstein, S. (1992), "Power in Top Management Teams: Dimensions, Measurement, and Validation", *Academy of Management Journal*, 35 : 505-538.

Gerstner, C. R., and Day, D. V. (1997), "Meta-Analytic Review of Leader-Member Exchange Theory: Correlates and Construct Issues", *Journal of Applied Psychology*, 82 : 827-844.

Graen, G. B. (2003), "Interpersonal Workplace Theory at the Crossroads", in Graen, G.B., (Ed.) , *Dealing with Diversity. LMX Leadership: The Series*, Greenwich, CT: Information Age Publishing, Inc.

Graen, G., and Cashman, J. F. (1975), "A Role-Making Model in Formal Organizations: A Developmental Approach", in Hunt, J.G. and Larson, L. L., (Eds.) , *Leadership Frontiers*, Kent, OH: Kent State Press.

Graen, G. B., Hui, C., and Gu, Q. L. (2004), "A New Approach to Intercultural Cooperation", in Graen, G. B., (Ed.), *LMX Leadership : The Series, New Frontiers of Leadership*, Greenwich, CT: Information Age Publishing.

Graen, G. B., and Scandura, T. A. (1987), "Toward a Psychology of Dyadic Organizing", in Cummings, L. L. and Staw, B. M., (Eds.), *Research in Organizational Behavior*, Greenwich, CT:JAI Press.

Graen, G. B., and Uhl-Bien, M. (1995), "Development of Leader-Member Exchange Theory of Leadership over 25 Years: Applying a Multi-Level Multi-Domain Perspective", *Leadership Quarterly*, 6 : 219-247.

Graen, G. B., Liden, R. C., and Hoel, W. (1982), "Role of Leadership in the Employee Withdrawal Process", *Journal of Apply Psychology*, 67 : 868-872.

Graen, G. B., and Scandura, T. A. (1987), "Toward a Psychology of Dyadic Organizing", in Cummings, L. L. and Staw, B. M., (Eds.), *Research in Organizational Behavior*, Greenwich, CT: JAI Press.

Greenberg, J., and Cohen, R. L. (1982), "Why Justice? Normative and Instrumental Interpretations", in Greenberg, J. and Cohen, R. L., (Eds.), *Equity and Justice in Social Behavior*, New York: Academic.

Hofstede, G. (1980), *Culture's Consequences: International Differences in Work-Related Values*, Newbury Park, CA: Sage.

Hofstede, G. (1991), *Cultures and Organizations: Software of the Mind*, London: McGraw-Hill.

Hofstede, G. (2003), *Culture's Consequences, Comparing Values, Behaviors, Institutions, and Organizations Across Nations*, Sage Publications.

Holtgraves, T. (1997), "Styles of Language Use: Individual and Cultural Variability in Conversational Indirectness", *Journal of Personality and Social Psychology*, 73 : 624-637.

Hsu, F. L. K. (1981), *The Americans and the Chinese: Passage to Differences*, 3rd edition, Honolulu: University of Hawaii Press.

Hui, C., Eastman, K., and Yee, C. (1995), "The Relationship between Individualism-Collectivism and Satisfaction at the Workplace", *Applied Psychology: An International Review*, 44 : 276-282.

Hui, C., and Luk, C. (1997), "Industrial/Organizational Psychology", in Berry, J., Segall, M. and Kagitcibasi, C., (Eds.), *Handbook of Cross-Cultural Psychology*, Vol.3, Needham Heights, MA: Allynand Bacon.

Hwang, K.K. (1987), "Face and Favor: Chinese Power Game", *American Journal of Sociology*, 92 : 944-974.

Hwang, K.K. (1997), "Guanxi and Mientze: Conflict Resolution in Chinese society", *Intercultural Communication Studies*, 7 : 17-42.

Kerlinger, F. N. (1986), *Foundations of Behavioral Research*, Fort Worth: Holt, Rinehart and Winston.

Kim, H., and Markus, H. R. (1999), "Deviance or Uniqueness, Harmony or Conformity? A Cultural Analysis", *Journal of Personality and Social Psychology*, 77 : 785-800.

Kitayama, S., Markus, H.R., Matsumoto, H., and

Norasakkunkit, V. (1997), "Individual and Collective Processes in the Construction of the Self: Self-Enhancement in the United States and Self-criticism in Japan", *Journal of Personality and Social Psychology*, 72 : 1245-1267.

LaGrace, R. R. (1990), "Leader-Member Exchange: Antecedents and Consequences of the Cadre and Hired Hand", *Journal of Personal Selling and Sales Management*, 10 : 11-19.

Law, K.S., Lee, C., Farh, L., Pillutla, M. (2001), "Organizational Justice Perceptions of Employees in China: A Grounded Investigation", 2001 International Conference of the Global Business and Technology Association, July, Istanbul, Turkey.

Leung, K, and Bond, M. H. (1984), "The Impact of Cultural Collectivism on Reward Allocation", *Journal of Personality and Social psychology*, 47 : 793-804.

Leventhal, G. S. (1976), "The Distribution of Reward and Resources in Groups and Organizations", in Berkowitz L., (Ed.), *Advances in Experimental Social Psychology*, Vol. 9, New York: Academic.

Liden, R. C., and Graen, G. (1980), "Generalizability of the Vertical Dyad Linkage Model of Leadership", *Academy of Management Journal*, 23 : 451-465.

Liden, R. C., and Maslyn, J. M. (1998), "Multidimensionality of Leader-Member Exchange: An Empirical Assessment through Scale Development", *Journal of Management*, 24 : 43-72.

Masterson, S. S., Lewis, K., Goldman, B. M., and Taylor, M. S. (2000), "Integrating Justice and Social Exchange: The Differing Effects of Fair Procedures and Treatment on Work Relationships",

Academy of Management Journal, 4 : 736-748.

Mowday, R. T., Steers, R. M., and Porter, L. W. (1979), "The Measurement of Organizational Commitment", *Journal of Vocational Behavior*, 14 : 224-247.

Ng, S. H., and Zhu, Y. (2001), "Attributing Causality and Remembering Events in Individual- and Group-Acting Situations: A Beijing, Hong Kong, and Wellington Comparison", *Asian Journal of Social Psychology*, 4 : 39-52.

Ohbuchi, K., Fukushima, O., and Tedeschi, J. T. (1999), "Cultural Values in Conflict Management: Goal Orientation, Goal Attainment, and Tactical Decision", *Journal of Cross Culture Psychology*, 30 : 51-71.

Parsons, T. (1949), *The Structure of Social Action*, New York: Free press.

Phillips, A. S., and Bedeian, A. G. (1994), "Leader-Follower Exchange Quality: The Role of Personal and Interpersonal Attributes", *Academy of Management Journal*, 17 : 990-1001.

Rhee, E., Uleman, J., and Lee, H. (1996), "Variations in Collectivism and Individualism by In Group and Culture: Confirmatory Factor Analysis", *Journal of Personality and Social Psychology*, 71 : 1037-1054.

Triandis, H. C. (1995), *Individualism and Collectivism*, Boulder, CO: Westview Press.

Triandis, H. C. (2001), "Individualism-Collectivism and Personality", *Journal of Personality*, 69 : 907-924.

Tsui, A. S., Egan, T. D., and O'Reilly, C. A. (1992), "Being Different: Relational Demography and Organizational Attachment",

Administrative Science Quarterly, 37：549-580.

Tsui, A. S., and Farh, L.J.（1997）, "Where Guanxi Matters: Relational Demography and Guanxi in the Chinese Context", *Work and Occupations*, 24: 56-79.

Xin, K. R., Tsui, A.S., Wand, H., Zhang, Z., and Chen, W. （2002）, "Corporate Culture in Chinese State-Owned Enterprises: An Inductive Analysis of Dimensions and Influences", in Tsui, A. S. and Lau, C.M.,（Eds.）, *The Management of Enterprises in the People's Republic of China*, Kluwer Academic Press.

Wayne S. J., Shore, L. M., and Liden, R. C.（1997）, "Perceived Organizational Support and Leader-Member Exchange: A Social Exchange Perspective", *Academy of Management Journal*, 40：82-111.

Wagner, W.（1998）, "Social Representations and beyond: Brute Facts, Symbolic Coping and Domesticated World", *Culture and Psychology*, 4：297-329.

Wang, H., Law, K. S., Hackett, R. D., Wang, D., and Chen, Z. X.（2005）, "Leader-Member Exchange as a Mediator of the Relationship between Transformational Leadership and Followers' Performance and Organizational Citizenship Behavior", *Academy of Management Journal*, 48（3）: 420-432.

Yang, K.S.（1993）, "Chinese Social Orientation: An Integrative Analysis", in Cheng,L.Y., Cheung,F. M.C., and Chen C. N.,（Eds.）, *Psychotherapy for the Chinese: Selected Papers from the First International Conference*, Hong Kong: The Chinese University of Hong Kong.

Yukl, G.（1981）, *Leadership in Organizations*, Englewood Cliffs, XJ: Prentice-Hall.

第十四章

领导—部属交换、员工绩效和工作结果：中国情境下的一项实证研究

摘　要

在本文中，我们采用多维度领导—部属交换的视角，发展出一个可以测量任务绩效和情境绩效的前因变量及结果变量的模型。我们选取中国大陆地区的样本来检验我们的模型，结果显示，多维度领导—部属交换的情感维度和任务绩效、情境绩效之间是正相关。多维度领导—部属交换的贡献维度和情境绩效的工作奉献精神维度是正相关。管理者对任务绩效的评价和情境绩效的人际促进维度可预测下属的升职潜力，而任务绩效也影响着下属的离职意愿。最后我们也指出了本文存在的局限性及未来的研究方向。

关键词：领导—部属交换　任务绩效　情境绩效　离职意愿　升职潜力

1. 引言

　　对员工绩效准确并全面的评估是人力资源管理研究和实践过程中的重要内容。人们总是理所当然地认为绩效评估应该能反映员工对组织的真实及全面的贡献,而在实现组织目标的过程中,员工完成了许多不直接与他们的任务相关但是对其组织来讲十分重要的情境性活动(Katz,1964),这些情境性活动对于完成工作任务来讲起到重要的催化功能(Borman and Motowidlo,1993)。与此相关的情境绩效(contextual performance)(或者说公民表现)是一整套体现人际关系和主观意愿的行为,而这一套行为为完成组织任务提供了社会的和动机的支持(Borman and Motowidlo,1993;Coleman and Borman,2000;Rotundo and Sackett,2002)。Borman 和 Motowidlo(1993)认为工作绩效的范围除了任务绩效,也应该包括情境绩效。他们认为,情境绩效应该作为绩效评价体系中个人绩效层面的衡量维度之一。从此以后,情境绩效就成为绩效评价研究中的一项重要研究内容(Arvey and Murphy,1998;Harrison,Newman,and Roth,2006)。

　　很多实证研究都可以证明情境绩效和任务绩效是不同的、可被区分的(Motowidlo and Van Scotter,1994;Conway,1996,1999;Van Scotter and Motowidlo,1996;Borman and Motowidlo,1997;Coleman and Borman,2000;Rotundo and

Sachett, 2002）。尽管任务绩效和情境绩效之间可能具有一定的相关性, 人们普遍认为他们是不同的结构, 并各自有其对应的内容（Coleman and Borman, 2000；Rotundo and Sackett, 2002）。大多数的实证研究都将研究重点放在区分情境绩效和任务绩效上（Van Scotter and Motowidlo, 1996；Borman and Motowidlo, 1997；Conway, 1999；Findley, Giles, and Mossholder, 2000）以及确认情境绩效的结果（Kiker and Motowidlo, 1999；Van Scotter, 2000；Van Scotter, Motowidlo, and Cross, 2000）, 然而, 很少研究探索导致情境绩效的前因变量。在本文中, 我们认为, 领导—部属交换的多维度（multidimensional leader-member exchange, LMX-MDM）视角是任务绩效和情境绩效的前因变量。我们将研究多维度领导—部属交换的不同维度对任务绩效和情境绩效的影响, 我们还探讨任务绩效和情境绩效的两个结果变量: 管理者对下属晋升可能性的评价和下属的离职意愿。

本文在三个方面对已有的关于任务绩效和情境绩效的研究做出了贡献。第一, 本研究是检验各种同时对任务绩效和情境绩效产生影响的前因变量的首个研究。我们认为, 这不仅有利于区分任务绩效和情境绩效这两个结构, 同时也有助于清楚地理解导致任务和情境绩效的具体因素; 第二, 我们在研究领导—部属交换作为任务和情境绩效的前因变量时, 采用了多维度的领导—部属交换视角。这种多维度的领导—部属交换视角比单维度的领导—部属交换视角更加完善, 其内容也更加丰富; 并且这种多维度的视角还拓展了领导—成员交换关系的内容（Wang，Law，Hackett，Wang，and Chen，2005）。探讨领导—部属交换的不同维度对任务和情境绩效的影响有利于我们更好地理解领导—部属交换影响绩效评估的内在逻辑机制；第三，研究任务绩效和组织绩效对于下属的晋升可能性和离职意愿的影响也拓展了绩效评估如何影响工作结果的相关研究。

2. 理论和研究假设

2.1　任务绩效和情境绩效

　　在我们提出本文的假设之前，有必要在概念上对情境绩效和任务绩效作一个区分。近来组织环境的改变 [例如，以团队为基础的管理，Borman 和 Motowidlo（1997）] 以及从管理者角度来讲，如何可操作性地评估绩效都发生了相应的变化（Wener，2000），管理者通常认为仅仅是根据与任务相关的绩效来评估下属的工作绩效很难衡量员工对组织的真正贡献（Conway，1999；Werner，2000）。由此就引入了有关情境绩效的概念，以此来扩展传统的工作绩效的内容（Arvey and Murphy，1998）。在组织环境中，员工往往被要求要与其他员工有互动和合作，并且做一些在明确规定的工作要求之外的事情来实现任务。这样的情境性行为有助于提高成员间的交际沟通、提高互动，并且还能缓解冲突或者是不利的情感反应，而这些对组织的生存和成功都是至关重要的（Borman，1978；Katz and Kahn，1978；Arvey and Murphy，1998）。

　　Borman 和 Motowidlo（1993）确认了情境活动和任务活动几个显著的区别。首先，任务活动可以直接或者间接地对组织的核心任务有影响，而情境绩效则与伴随核心任务完成的组织、社会和心理环境相关联。任务活动是角色所规定的，被证实是工作中的一部分；情境活动则是在正式角色规定的责任义务之外的行为（Bateman and Organ，1983；Borman and Motowidlo，1993；Motowidlo，Borman，and Schmit，1997；Coleman and Borman，2000；Werner，2000）。员工们通常自愿在情境活动中付出努力。其次，任务活动在组织中不同的工作和职位上的具体内容是不同的。不同的工作有不同的要求和职位规定，然而情境活动在组织中的不同工作以及不同组织中都可能是比较相似的。第三，知识、技能和能力对于提高任务绩效是十分重要的。对于情境绩效，产生差异的来源并不是熟练及精通程度，而是个人的意愿和性格。诸如志愿行动、坚持不懈的行为、助人行为以及合作这样的情境绩效行为都是和激励变量和人格特点紧密相关的。

　　我们可以从实证研究中找到区分任务和情境绩效的证据。许多实证研究都证明了任务绩效和情境绩效之间的区别（Motowidlo and Van Scotter，1994；Borman，White，and Dorsey，1995；Conway，1996，1999；Van Scotter and Motowidlo，1996；Rotundo and Sackett，2002）。这些研究使用了不同的方法来证

明任务绩效和情境绩效都对整体绩效有所贡献。Van Scotter 和 Motowidlo 在 1996 年的研究就是这方面的代表。他们就情境绩效提出了双维度结构，这两个维度分别是人际促进（interpersonal facilitation）和工作奉献（job dedication）。人际促进指的是贡献于实现组织目标的人际关系行为，这种行为提高了员工的工作士气，鼓励了相互间的合作和对社会情境的支持；工作奉献是工作表现的动机基础，它指的是自律行为，比如遵守规则、努力工作、积极主动地解决工作中的问题等。他们的研究结果表明了任务绩效、人际促进和工作奉献精神都是管理者在为下属的整体表现进行评估时的重要组成部分。

2.2 领导—部属交换和绩效考核

绩效考核是一个与个体差异（Landy and Farr, 1980）、评估者与被评估者之间的互动（Nathan, Mohrman and Milliman, 1991）以及组织情境（Borman, 1978）有关的复杂过程。不少研究者提出绩效考核过程中的社会情境受到了不同因素的影响，如评估者和被评估者之间的相似性、管理者和下属之间的互动以及员工之间的相互影响等因素（Mitchell, 1983）。在这些因素中，管理者和下属的关系被认为是一个重要的影响因素，并且在许多文献中受到了广泛关注（Duarte, Goodson, and Klich, 1994；Deluga, 1998；Judge and Ferris, 1993；Lee and Son, 1999；Wayne and Liden, 1995）。

尽管领导—部属交换和绩效考核之间的关系已经被广泛研究，其结果却是不一致的。不少研究发现这两者之间的正相关关系（Scandura and Graen，1984；Dunegans, Duchon, and Uhl-Bien，1992；Duarte et al.，1994；Liden, Sparrowe, and Wayne，1997），但也有其他研究表明二者之间的关系是微弱的或不存在的（Vecchio and Gobdel，1984；LaGrace，1990；Graen and Uhl-Bien，1995）。Klein 和 Kim（1998）认为，这些研究结果之所以出现矛盾的可能原因是对绩效的定义过于狭窄，并在不同研究中采用不同的定义。他们认为绩效不应该被局限在与特定任务相关的工作领域，而绩效指标也应该包括绩效的其他维度，如情境绩效（Motowidlo et al.，1997；Klein and Kim，1998）。具有高水平领导—部属交换的下属不仅被期望表现出高水平的任务绩效，也被期望为组织良性发展做出贡献，如对组织表现出高度承诺、高水平组织公民行为（organizational citizenship behavior，OCB）等。

在本项研究中，通过将任务绩效和情境绩效加入到工作绩效的定义中，我们扩展了员工绩效的内容。领导—部属交换对任务和情境绩效的影响是这项研究的重点。尤其重要的是，我们采用了多维度领导—部属交换的视角，探讨了领导—部属交换的不同维度对任务和情境绩效产生的影响。

2.3 多维度领导—部属交换

综合了角色理论、社会交换理论和归因理论，Dienesch 和

Liden（1986）提出领导—部属交换应该是一个 4 维的结构。这一结构的组成部分包括情感（affect）、忠诚（loyalty）、贡献（contribution）和专业尊敬（professional respect）。Dienesch 和 Liden（1986）、Liden 和 Maslyn（1998:p.50）对多维度领导—部属交换的 4 个维度定义如下：

1. 情感：指的是在双方关系中对彼此产生的好感，这一情感主要是基于人际吸引而非工作或职业范畴。

2. 忠诚：指的是在双方关系中，对另一方的目标与个人品格所表现的公开支持。

3. 贡献：指的是在双方关系中，个体对彼此为达到共同目标（显性或隐性）所投入的与工作相关的活动，包括数量、方向和质量的感知。

4. 专业尊敬：指的是在双方关系中，个体对彼此在组织内外所建立的工作声誉的感知。

近来的研究都表明了领导—部属交换的多维度概念有效地拓宽了其领域（Dienesch and Liden，1986；Schriesheim，Neider，Scandura，and Tepper，1992；Liden and Maslyn，1998；Maslyn and Uhl-Bien，2001；Wang et al.，2005；Erdogan，Liden，and Kraimer，2006）。为了探讨修正后的领导—部属交换对相关结果变量的影响，Liden 和 Maslyn（1998）发现领导—部属交换的 4 个维度与组织承诺、工作满意度、离职意愿和管理者对下属绩效的评价都存在显著相关。Wang 等人（2005）证明了多维度领导—

部属交换是变革型领导行为和下属绩效以及组织公民行为的中介变量。采用多维度领导—部属交换的视角，Maslyn 和 Uhl-Bien（2001）证明了领导者和下属为建立相互关系所表现的努力程度对领导与部属之间的关系质量有很重大的影响。Erdogan 等人（2006）则证明了企业文化变量调节了组织公正感与多维度领导—部属交换之间的关系。

在本项研究当中，我们认为 4 维度的领导—部属交换中有 3 个维度，分别是情感、忠诚和贡献，是情境绩效的主要前因变量。我们假定第 4 个维度，即专业尊敬，是任务绩效的重要前因变量。对于假设的论点说明如下：

2.4 多维度领导—部属交换、任务绩效和情境绩效

根据领导—部属交换理论（Graen，1976），管理者通过与下属的互动发展出不同的关系。如果管理者将某一下属当做圈内人（in-group member），他就会与其建立高质量的关系。相反，如果下属被当做圈外人（out-group member），管理者就只会和他建立低质量的交换关系。这说明能力是导致管理者是否将下属归于圈内或圈外的重要因素。当管理者评估一个下属的表现时，他会回想起基于以往他与该下属之间的相互交流获得的相关信息。在这两个人关系的起初阶段，与绩效评估相关的指标不是很明显。而管理者对于下属的整体印象将在评估过程中扮演重要角色。根据 Feldman（1981）的认知类别理论（cognitive categorization theory），当管理者被要求做绩效评估时，他们会采用基于对下属的情感和感受所形成的抽象类别来进行。在领导—部属关系发展到后期阶段时，管理者会基于他们与部属之间的实际交流经验来确认之前的类别。认知领域的研究显示，这种类别相对地难以随着时间而改变，而重新分类一般只会被高度不一致的信息所引发（Feldman，1981；Ilgen and Feldman，1983）。也就是说，领导者和下属之间的关系在早期时所形成的情感联系将对领导者在后期进行下属的绩效评估是有重大的影响。

由于任务绩效指的是与工作相关的特定的成就，所以它很容易就能被看到，而且领导者较少依赖于抽象类别。而相反，情境绩效则相当抽象，与任务绩效相比，也更难明确定义。情境绩效通常包括与工作本身不直接相关的一些行为，考虑到这个事实，管理者会比较依赖于将整体的和一般性的类别作为评估下属情境绩效的基础。基于这个理由，情感维度会在管理者评定情境绩效的过程中扮演重要的角色，因为情感会成为在有限的信息情况下影响类别的重要因素（Feldman，1981；Cardy and Dobbins，1986）。

与情感维度类似，下属和主管的相互忠诚也会对管理者对下属情境绩效的评定带来一定的影响。我们认为，上面所说的逻辑对于将忠诚作为影响绩效评估的一个因素也是适用的。由于情境绩效更加笼统并且不太具体地被定义，管理者会在他们评定下属的情境绩效时，将重点放在个人属性上或者以人际关系为基础的要素上，比如说忠诚。相反，任务绩效更加容易被观察到而且更具体一些。管理者很有可能通过观察下属的实际工作行为，并且不用太依赖于人际关系要素，比如说忠诚，来形成他们用来区分好的或者差的任务绩效的认知类别。

最后，Liden 和 Maslyn（1998）指出，在多维度领导—部属交换的贡献维度上获得高分的下属是"完成并履行其工作范围或（和）劳动合约之外的任务和责任"的人。这个对贡献的定义与情境绩效的概念非常符合，而后者所指的是"一套辅助完成组织任务的社会和动机情境的人际和志愿性行为"（Borman and Motowidlo，1993）。因此，很自然地能够假设，领导—部属交换理论中的贡献维度对于情境绩效的影响要远远大于对任务绩效的影响。总的来说，我们认为领导—部属交换理论中的前 3 个维度，即情感、忠诚和贡献对于管理者对下属的情境绩效的评定有很大的影响。

假设 1a：领导—部属交换中的情感、忠诚和贡献 3 个维度对于评定下属的情境绩效有重要影响。

Dienesch 和 Liden（1986）将多维度领导—部属交换中的专业尊敬这一维度定义为"在双方关系中，个体对彼此在组织内外所建立的工作声誉的感知"（Dienesch and Liden，1986）。从这个定义中我们可以清晰地发现专业尊敬维度更关注于工作任务和工作本身，而不是工作表现中的情境领域。根据我们将认知类别理论运用于绩效评定可知，管理者为了评估下属的任务绩效而寻找可能的类别时，如果下属"在组织内外都已建立了工作声誉"，管理者就不会有任何困难地进行评估。也就是说，专业尊敬是工作

表现的任务范畴中一个重要指标。这样我们就有了第一个假设中的第二个部分:

假设 1b:领导—部属交换中的专业尊敬维度对于下属任务绩效的评估有重要的影响。

2.5 任务绩效、情境绩效和工作结果

区分情境绩效和任务绩效的原因之一是为了能够确认任务绩效和情境绩效的不同贡献,尤其是情境活动对组织有效性的贡献。相关的文献中已有不少研究探讨了与任务绩效无关的员工行为对管理者所做的奖励决定、经理人员对员工工作表现的评价、管理者对员工整体表现的评价以及下属升职的影响。如果我们能进一步了解任务和情境绩效对各个不同结果变量(如离职意愿和员工升职潜力等)的影响,这会对绩效评估的相关研究有所贡献。

任务绩效是工作的核心组成部分,而这些任务必须被员工所完成。很显然,有高工作绩效的下属将获得更高的奖励和更多的工作晋升机会。在其他条件不变的情况下,在组织中有更高的薪酬和更好晋升机会的下属应当不会轻易辞职。

如果我们从多维度领导—部属交换绩效的构架中来理解,管理者对情境绩效的评估会显著地影响下属的晋升潜力和离职意愿。根据领导—部属交换理论,如果一个管理者通过相互的交流与一个下属发展了高质量的工作关系,那么这个管理者就会将这个下属当做圈内人。圈内人的一个直接的结果就是管理者将会与

这名下属形成良性的关系，这种良性的关系可以描述成"深层次的相互信任、尊重和责任感，进而说服属下完成更多的责任和行为。领导者因此能够与该下属形成所需要的合作伙伴关系"（Graen and Uhl-Bien, 1995）。Liden 和 Graen（1980:p.451）也发现了"跟管理者有高质量工作关系的下属想要承担更大的工作责任，为他们的部门贡献更多，并且相对于那些跟管理者关系不好的员工来说，他们更多地被评为良好的表现者"。由于下属与主管形成了密切和广泛的交换关系，同时，这些下属通常也是那些有高能力的员工，他们更了解主管，并且更愿意在工作中做额外的努力，因此最终获得了更高水平的任务和情境绩效评估。作为交换过程中的一部分，主管将奖励这些有更好绩效的下属，使下属的晋升可能性大大提高。在其他条件一致的情形下，在与主管建立了高质量的交换关系后，下属也会重视和关心与领导的交换关系，其离开组织的意向也更低。这引出了本项研究的第二个和第三个假设。

假设 2：管理者对于下属晋升潜力的评价与任务和情境绩效正相关。

假设 3：下属的离职意愿与任务和情境绩效负相关。

3. 方法

3.1 样本

本项研究的假设是以中国大陆东北地区的一个城市里的银行

管理人员及员工为样本,以此来检验我们的研究假设。我们之所以选取银行柜员是因为他们的任务绩效定义明确,并且他们的情境绩效很容易理解。虽然领导—部属交换是西方式的概念,但是却已经有很多利用中国样本来检验领导—部属交换的有效性的研究(Hui and Graen, 1997; Hui, Law, and Chen, 1999; Wang et al., 2005; Aryee and Chen, 2006),这也表明在中国情境下这一概念也有较好的效度。利用中国的样本也能进一步检验并证明任务绩效和情境绩效这两个概念的内涵(Law, Wang, Ma, Wang, and Li, 2006)。鉴于这些研究已发表在西方文献中,我们相信基于本样本的研究发现可以推广到西方组织情境中。

本文的样本包括 87 位银行的主管。每一位主管都要对其下属的任务绩效、情境绩效和晋升可能性进行评分。根据问卷的提示,这些主管还要列出一个表现好的下属和一个表现差的下属并且让他们将这两份问卷分别交给这两位下属。下属也被要求填写一个测量领导—部属交换以及离职意愿的问卷。为了研究的保密性,这些参与者被要求将他们填写好的问卷放到一个事先准备好的信封里,并将封好的信封归还到银行人事处。去除了 6 份不符合要求的问卷之后,最后共有 168 对主管—下属的样本。

样本中的下属平均 30 岁。他们平均有 3 年的中专以上教育水平,在组织中有 9 年的平均工作年限,他们和现在的主管之间有平均 4 年的合作关系。同时,样本中的主管平均 33 岁,有 4 年中专以上教育水平,他们平均有 11 年组织工作年限。男性管理者占到所有样本的 62.5%。

3.2 测量工具

领导—部属交换：本项研究中所使用的量表都是基于李克特式的 5 点量表（1 表示强烈反对，5 表示强烈同意）。多维度领导—部属交换的测量是采用了 Wang、Law、Wang 和 Chen（2001）基于 Liden 和 Maslyn 的测量方法（Liden and Maslyn，1998）所修改的量表。这一量表包括最早从 Liden 和 Maslyn 的测量方法中得来的 12 个测试题目和由 Wang 等人在后续的研究中补充的 4 个题目（Wang et al.，2005）。该样本中领导—部属交换的 16 个测量题目的验证性因子分析表明，卡方值为 218.53（p<0.01），其自由度为 98，CFI 的值是 0.92，TLI 是 0.90，RMR 是 0.046。

在模型中的所有因素负荷都是显著的。研究结果表明领导—部属交换的 4 维模型与数据拟合的非常好。它们的情感、忠诚、贡献和专业尊敬的内部一致性系数分别为 0.87、0.82、0.87 和 0.88。这 16 个题目列在了附录 I 中。

任务绩效：为了测量银行柜员的核心业务表现，我们专门设计了一套测量标准。我们首先从银行的人力资源经理处了解了银行内部对柜员表现的评估内容和流程。在此基础上，通过焦点小组访谈（focus group）方法发展可用来测量柜员各方面表现的题目。焦点访谈小组中的成员包括人力资源经理、管理者和柜员。基于焦点小组的讨论结果，我们发展出一套特别为测量柜员业务表现的量表。这个量表有7个题目：(1)为顾客提供一流的服务；(2)满足所有客户的要求；(3)尽最大努力避免失误；(4)为工作的改进提供切实的建议；(5)能适应不同类型的工作；(6)符合该职位的要求；(7)在工作中尝试用不同方法解决问题。这一量表的内部一致性系数是0.87。

情境绩效：由Van Scotter和Motowidlo(1996)发展的量表来测量。这个量表由15个题目组成，它涵盖了情境绩效的两个维度——人际促进和工作奉献。与上述多维度领导—部属交换测量相类似，为了验证它的结构效度，我们对所有的任务绩效和情境绩效题目进行了验证性因子分析，包括一个任务绩效维度和两个情境绩效维度的验证性因子分析的卡方值为454.84(自由度 = 206)。模型的拟合指数均在可接受范围之内(CFI = 0.90，TLI = 0.89，标准化RMR = 0.051，RMSEA= 0.082)。其中情境绩效的人际促进和工作奉献两个维度的内部一致性系数分别是0.89和0.93.

晋升可能性：这一量表的4个测量题目是从Wayne、Liden、Graf和Ferris(1997)的研究中改编来的。这4个题目如下：(1)"如果我必须为我的职位选择一个继任者，那我会选择这名员工"；(2)"我相信这名员工拥有被提拔到更高职位所应有的素质"；(3)"这名员工很有可能被提拔到一个更高的位置"；(4)"如果把这名员工从现有职位提升，在未来五年里对公司是最有益的"。这个量表的内部一致性系数是 0.95。

离职意愿：这一构念是由 Bluedorn（1982）的 4 个题目的测量工具来测量的，其中的 3 个题目措辞都很相近，大致意思都是"我经常考虑离开这家公司"。第 4 个题目是"我计划待在这个公司继续我的职业生涯"（反向评分）。这个量表的内部一致性系数是 0.70。

为了保证这些测量工具中文版和英文版有一样的含义，除了任务绩效因为是为这个研究特别设计的之外，其他所有的量表都按照翻译和回译（Brislin，1980）的标准程序被译成中文。

3.3 资料分析

本项研究中的假设都是使用在 LISREL8.12（Jöreskog and Sörborm，1993）程序中的最大似然估计进行了检验。由于只有 168 个调查样本，我们通过减少某些构念的测量指针的方法来简化模型。我们将测量多维度领导—部属交换的每个维度的题目以及测量任务绩效、情境绩效、晋升可能性和离职意愿的题目得分进行了平均。这在结构方程建模中（Mathieu and Farr，1991；Mathieu，Hofmann，and Farr，1993）是一个很常见的方法而且不会影响到分析的结果。因为任务绩效和情境绩效是相关联的（Van Scotter and Motowidlo，1996；Motowidlo et al.，1997），考虑到以下两个原因，我们允许任务绩效和两个情境绩效维度之间的残差存在关联。第一，尽管任务绩效和情境绩效在文字上是不同的，但是它们就衡量标准来说本质上是相关的。换言之，它们不应该被当做两个相互独立的变量。第二，这个研究的重点是发现多维度领导—部属交换的不同维度对任务和情境绩效的影响。我们并不是要得到一个综合全面的任务和情境绩效的前因及结果变量。因此多维度领导—部属交换的4个维度不能解释这3种绩效因素之间的协方差是合理的。在结构方程建模中（Frone，Russell，and Cooper，1992；Wayne，Shore，and Liden，1997），允许残差之间存在关联也是对待协变变量的常见方法。图1显示了假设的结构方程模型。

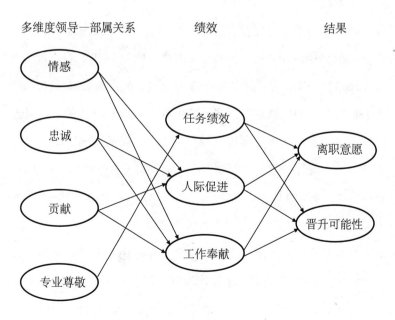

图1　本研究的结构方程模型

3.4 结果

描述性统计

表 1 显示了这个研究中变量之间的 Pearson 相关系数。对变量之间零阶相关的检查显示，多维度领导—部属交换的各个维度与任务绩效以及情境绩效之间的关系是非常显著的。任务绩效和情境绩效都是非常显著地与晋升可能性呈显著的正相关。任务绩效还与离职意愿负相关。

假设检验

图 2 显示了结构方程模型分析的结果。在该图中显示了与假设有关的路径估计系数。模型总体的卡方值是 19.27，自由度为 9（$p<0.017$）。CFI 是 0.99，TLI 是 0.95，IFI 是 0.99，标准 RMR 是 0.035，RMSEA 是 0.081。从这些结果看来，我们假设的模型和数据拟合的非常好。具体来看，多维度领导—部属交换的情感维度，与任务绩效、人际促进及工作奉献维度都呈正相关（分别为 $\beta = 0.23$，$p < 0.05$；$\beta = 0.32$，$p < 0.01$；$\beta = 0.26$，$p < 0.01$）；贡献维度与工作奉献维度也是显著的正相关（$\beta = 0.20$，$p < 0.01$）；而忠诚维度与任务绩效、情境绩效之间的关系则不是那么明显。因此，假设 1a 得到了部分支持。多维度领导—部属交换的专业尊重维度与任务绩效、情境绩效之间的关系也不是很明显。假设 1b 因此不被支持。

表1 多维度领导—部署交换、任务绩效、情境绩效和
结果变换量的均值、方差、可信度及组内关联（N=168）

变量	均值	方差	1	2	3	4	5	6	7
多维度领导									
部属交换									
1. 情感	3.76	0.75	（0.87）						
2. 忠诚	3.37	0.75	0.46**	（0.82）+					
3. 贡献	3.43	0.80	0.67**	0.51**	（0.87）				
4. 专业尊敬	3.72	0.71	0.76**	0.46**	0.64**	（0.88）			
绩效									
5. 任务绩效	3.65	0.74	0.33**	0.20*	0.27**	0.28**	（0.87）		
6. 人际促进	3.67	0.72	0.37**	0.23**	0.37**	0.28**	0.74**	（0.89）	
7. 工作奉献	3.53	0.82	0.33**	0.23**	0.29**	0.23**	0.84**	0.84**	（0.93）

注：+，p<0.1；**，p<0.01。

对于假设2，任务绩效及情境绩效的人际促进维度都与晋升可能性正相关（分别是 $\beta = 0.28$，$p < 0.01$ 和 $\beta = 0.63$，$p < 0.01$），而工作奉献维度对晋升可能性的效果并不明显。因此假设2部分地被支持。

对于假设3，任务绩效和下属的离职意愿是负相关的（$\beta = -0.24$，$p < 0.05$）而情境绩效和离职意愿则几乎没有关系。因此假设3也只得到部分支持。

4. 讨论

基于以上的分析，我们揭示了领导—部属交换的不同维度对任务绩效和情境绩效分别有着不同的影响。具体来讲，情感维度与任务绩效及情境绩效中的人际促进和工作奉献维度正相关。领导—部属交换的贡献维度五情境绩效的工作奉献维度正相关。任务绩效及情境绩效的人际促进维度都能够预测晋升可能性，而且后者比前者有更大的预

测作用。任务绩效和下属的离职意愿负相关,而情境绩效则不是这样。

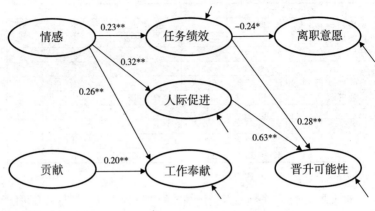

注:*,p<0.05;**,p<0.01。

图2 结构方程模型的估计路径系数

本文首先同时检验了任务绩效和情境绩效的不同前因变量。尤其是检验了包括情感、忠诚、贡献和专业尊重在内的领导—部属交换关系对任务和情境绩效的影响。与我们预期不同的是,忠诚和情境绩效之间的联系以及专业尊重与任务绩效之间的关系并不显著。这有可能是因为这4个维度之间相对较高的相关性(从0.46到0.76)导致了多重共线性(multi collinearity)。当这4个领导—部属交换维度指针被用来预估任务绩效时,我们查看了它的方差膨胀因子(VIF)。我们得到情感、忠诚、专业尊重和贡献的VIF分别为2.7、1.4、2.6和2.1。这些值远远小于10这一阈值。由此看来,多重共线性在我们的数据里并不是一个很明显的问题。

　　然而，我们从表 1 中观察到领导—部属交换的所有 4 个维度指标和全部 3 个绩效评价维度都显著相关。图 2 结果显示忠诚和专业尊重维度的影响并不显著，如果不是多重共线性导致了这一结果，另一个可能的原因就是领导—部属交换的 4 个维度可能在不同时序上影响了绩效的不同方面。由于情感维度和 3 个绩效维度有着最高的相关系数，它和绩效评价的关系最紧密。可能忠诚和专业尊重维度是情感维度的前因变量。换句话说，情感维度可以被当做忠诚 / 专业尊重维度与绩效考核之间的中介变量。主管可能因为下属的忠诚和他们对下属的专业尊重而对下属拥有良好印象。这一在主管与下属之间的正面积极情感随后便会进一步提高他们之间交流的质量，改善下属的工作绩效和情境绩效。这个潜在的中介模型还需要在理论和实证上进一步的研究。

　　我们的研究结果还表明任务绩效和情境绩效中的人际促进可以预测下属晋升可能性，任务绩效还能预测下属离职意愿。这些发现同 Kiker 和 Motowidlo 的研究（1999）中管理者会对在任务和人际促进维度表现较好的下属，给予更好的奖赏这一发现是一致的。本文的结果同 Wang 等人（2001）的研究结果相似。在那个研究中，员工个人和主管对组织公民行为的评分都同下属的晋升相关。在那个研究中组织公民行为使用利他行为和遵从两个维度来衡量的。在 Wayne、Graf 和 Ferris（1995）更早的研究中表明，晋升可能性是同主管对下属的表现的评分正相关的。换句话说，我们的研究结果表明主管既注重下属实际的任务绩效，同时也看重他们对于人际促进的贡献。一个只是认真、刻苦的下属（工作贡献）未必能有助于他的晋升。

在 Van Scotter 的研究（2000）中，任务绩效和情境绩效都可以预测人员流动。然而本文的结果表明只有任务绩效是和下属的离职意愿有弱相关。有较高任务绩效的下属更可能留在组织中。人际促进或者是工作奉献同下属的离职意愿均没有关联。对此一个可能的解释是人际促进强调的是员工间的互动，而非员工和组织之间的关系。对于工作奉献维度也是如此，它是指向工作本身而非指向组织的。另一个可能的解释就是工作奉献和人际促进可能有很强的个体性的前因变数（dispositional antecedent），而不纯粹是主管—下属互动过程的结果。如果这种解释正确的话，那么工作奉献和人际促进和离职意愿无关也就是可能的。对此还有待更多的研究来探索情境绩效和员工离职意愿之间的关系。

本文还发现了一个十分有趣的现象：情境绩效的工作奉献维度不能预测晋升可能性和离职意愿。只有当下属有较高的任务绩效和人际促进的行为才有可能使得领导者愿意提拔该下属。对此一个可能的解释是工作奉献与人格及其他一些个体本身特征的关联更加紧密。相反地，或许是实际的绩效和下属的助人行为而不是个体特征变量，才与离职意愿和晋升可能性相关。以后可以有更多的研究对这一有趣的现象做深入探索。

5. 局限性

本文有三个局限性。首先是任务绩效和情境绩效的测量方法问题。尽管有关这两个概念的验证性因子分析结果可以接受，但是任务绩效和情境绩效的两个具体维度之间的相关性过高（与人际促进和工作奉献维度的相关分别达到了 0.74 和 0.84 ）。本文中测量任务绩效和情境绩效的量表有很大的重合。未来有关情境绩效的研究，尤其在中国情境下的研究，应该更多地去探索情境绩效的内涵。

第二个研究局限性在于这是第一个将多维度领导—部属交换看做是任务绩效和情境绩效前因变量的研究。日后应该重复领导—部属交换这一结构对于绩效评价的影响。

第三个局限性来自数据收集过程本身。尽管我们是让被试者将填答的问卷装在一个密封的信封中之后交还给银行的人事部门，但是他们仍然担心他们问卷结果可能会被所在公司知道。

6. 结论

本文考察了多维度领导—部属交换对于任务绩效和情境绩效的不同影响机制。研究结果扩展了我们对于领导—部属交换的不同维度对于绩效评估具体过程的认识。并且，任务绩效和情境绩效的人际促进维度对于晋升可能性和离职意愿的预测有不同的解释力。这些研究结果证明区分情境绩效和任务绩效的重要性和必要性。

Abstract

In this study, we employed the multidimensional view of LMX (LMX-MDM) to develop a model that captured different antecedents and outcomes of task and contextual performance. We tested this model with a sample drawn from subjects from the People's Republic of China. The results indicated that the affect dimension of LMX-MDM was positively associated with task performance and contextual performance. The contribution dimension of LMX-MDM was positively related to the job dedication dimension of contextual performance. Supervisory ratings of the task performance and the interpersonal facilitation dimension of contextual performance predicted the promotability of subordinates, and task performance influenced subordinates' intention to quit. Limitations and future research were discussed.

参考文献

Arvey, R.D. and Murphy, K. R. (1998), "Performance Evaluation in Work Setting", *Annual Review of Psychology*, 49: 141-168.

Aryee, S. and Chen, Z.X. (2006), "Leader-Member Exchange in a Chinese Context: Antecedents, the Mediating Role of Psychological Empowerment and Outcomes", *Journal of Business*

Research, 59（7）: 793.

Bateman, T.S. and Organ, D.W.（1983）, "Job Satisfaction and the Good Soldier: The Relationship between Affect and Employee 'Citizenship'", *Academy of Management Journal*, 26 : 587-595.

Bluedorn, A.（1982）, "A Unified Model of Turnover from Organizations", *Human Relations*, 35, 135-153.

Borman, W. C.（1978）, "Exploring Upper Limits of Reliability and Validity in Job Performance Rating", *Journal of Applied Psychology*, 63 : 135-144.

Borman, W.C. and Motowidlo, S.J.（1993）, "Expanding the Criterion Domain to Include Elements of Contextual Performance", in Schmitt, N. and Borman, W.C.,（Eds）, *Personnel Selection in Organizations*, San Francisco: Jossey-Bass.

Borman, W.C., White, L.A., and Dorsey, D.W.（1995）, "Effects of Ratee Task Performance and Interpersonal Factors on Supervisor and Peer Performance Ratings", *Jourmnal of Applied Psychology*, 80 : 168-177.

Borman, W. C., and Motowidlo, S. J.（1997）, "Task Performance and Contextual Performance: The Meaning for Personnel Selection Research", *Human Performance*, 10 : 99-109.

Brislin, R. W.（1980）, "Translation and Content Analysis of Oral and Written Material", in Triandis, H. C. and Berry, J. W.,（Eds.）, *Handbook of Cross–Culture Psychology*, Vol. 2, *Methodology*, Boston: Allyn and Bacon.

Cardy, R. L. and Dobbins, G. H.（1986）, "Affect and Appraisal Accuracy: Liking as an Integral Dimension in Evaluating

Performance", *Journal of Applied Psychology*, 71 : 672-678.

Coleman, V. I. and Borman, W. C. (2000), "Investigating the Underlying Structure of the Citizenship Performance Domain", *Human Resource Management Review*, 10 : 25-44.

Conway, J. M. (1996), "Additional Construct Validity Evidence for the Task/Contextual Performance Distinction", *Human Performance*, 9 : 309-329.

Conway, J. M. (1999), "Distinguish Contextual Performance from Task Performance for Managerial Jobs", *Journal of Applied Psychology*, 84 : 3-13.

Deluga, R. J. (1998), "Leader-Member Exchange Quality and Effectiveness Ratings", *Group and Organization Management*, 23 : 189-216.

Dienesch, R., and Liden, R. (1986), "Leader-Member Exchange Model of Leadership: A Critique and Further Development", *Academy of Management Review*, 11 : 618-634.

Duarte, N. T., Goodson, J. R., and Klich, N. R. (1994), "Effects of Dyad Quality and Duration on Performance Appraisal", *Academy of Management Journal*, 37 : 499-521.

Dunegans, K. L, Duchon, D., and Uhl-Bien, M. (1992), "Examining the Link between Leader-Member Exchange and Subordinate Performance", *Jourmanl of Management*, 18 : 215-239.

Erdogan, B., Liden, R.C., and Kraimer, M. L. (2006), "Justice and Leader-Member Exchange: The Moderating Role of Organizational Culture", *Academy of Management Journal*, 49 : 395-406.

Feldman, J. M. (1981), "Beyond Attribution Theory:

Cognitive Process in Performance Appraisal", *Journal of Applied Psychology*, 66 : 127-148.

Findley, H. M., Giler, W. F., and Mossholder, K. W.(2000), "Performance Appraisal and System Facets: Relationship with Contextual Performance", *Journal Applied Psychology*, 85 : 634-640.

Frone, M. R., Russell, M., and Cooper, M. L.(1992), "Antecedents and Outcomes of Work-Family Conflict: Testing a Model of the Work-Family Interface", *Journal Applied Psychology*, 77 : 65-78.

Graen, G. B.(1976), "Role Making Processes within Complex Organization", in Dunnette, M. D., (Ed.), *Handbook of Industrial and Organizational Psychology*, Chicago: Rand-Nally.

Graen, G. B. and Uhl-Bien, M.(1995), "Development of Leader-Member Exchange (LMX) Theory of Leadership over 25 Years: Applying a Multi-Level Multi-Domain Perspective", *Leadership Quarterly*, 6 : 219-247.

Harrison, D. A., Newman, D. A., and Roth, P.L.(2006), "How Important are Job Attitudes? Meta-Analytic Comparisons of Integrative Behavior Outcomes and Time Sequences", *Academy of Management Journal*, 49 : 305-326.

Hui, C., and Graen, G.(1997), "Guanxi and Professional Leadership in Contemporary Sino-American Joint Ventures in Mainland China", *Leadership Quarterly*, 8(4): 451-466.

Hui, C, Lam, S. S. K, and Law, K. S.(2000), "Instrumental Values of Organizational Citizenship Behavior for Promotion", *Journal Applied Psychology*, 85 : 822-28.

Hui, C., and Law, K.S. (1999), "A Structural Equation Model of the Effects of Negative Affectivity, Leader-Member Exchange, and Perceived Job Mobility on In-Role and Extra-Role Performance: A Chinese Case", *Organizational Behavior and Human Decision Processes*, 77 (1): 3-22.

Ilgen, D. R. and Feldman, J. M. (1983), "Performance Appraisal: A Process Focus", in Staw, B.M. and Cummings, L.L., (Eds.), *Research in Organizational Behaviors*, 4: 141-97, Greenwich, CT: JAI Press.

Jöreskog, K. G. and Sörborm, D. (1993), *LISREL 8: Structural Equation Modeling with the SIMPLIS Command Language*, Chicago, IL: Scientific Software International.

Judge, T. A. and Ferris, G. R. (1993), "Social Context of Performance Evaluation Decision", *Academy of Managemnt Journal*, 36 : 80-105.

Katz, D. (1964), "The Motivation Basis of Organizational Behavior", *Behavioral Science*, 9 : 131-133.

Katz, D. and Kahn, R. L. (1978), *The Social Psychology of Organizations*, 2nd Ed., New York:Wiley.

Kiker, D. S. and Motowidlo, S. J. (1999), "Main and Interaction Effects of Task and Performance on Supervisory Reward Decisions", *Journal Applied Psychology*, 84 : 602-609.

Klein, H. J. and Kim, J. S. (1998), "A Field Study of the Influence of Situational Constrains, Leader-Member Exchange and Goal Commitment on Performance", *Academy of Management Journal*, 41 : 88-95.

LaGrace, R. R. (1990), "Leader-Member Exchange:

Antecedents and Consequences of the Cadre and Hired Hand",
Jourrnal of Personal Selling and Sales Management, 10 : 11-19.

Landy, F. J. and Farr, J. L. (1980), "Performance Rating",
Psychological Bulletin, 87 : 72-107.

Law, K.S., Wang, H., Ma, Y., Wang, J. and Li, Q. (2006),
"The Domain of Job Performance and their Antecedents and
Consequences: An Integrated Model", *Academy of Management
Meeting*, August 11-16, Atlanta, Georgia.

Lee, M., and Son, B. (1999), "The Agreement between
Self-and Supervisor Ratings: An Investigation of Leader-Member
Exchange Effects", *International Journal of Management*, 16 : 77-
88.

Liden, R.C., and Graen, G.B. (1980), "Generalizability
of the Vertical Dyad Linkage Model of Leadership", *Academy of
Management Journal*, 23 (3): 451-465.

Liden, R. C., and Maslyn, J. M. (1998), "Multidimensionality
of Leader-Member Exchange: An Empirical Assessment through
Scale Development", *Journal of Management*, 24 : 43-72.

Liden, R. C., Sparrowe, R. T., and Wayne, S. J. (1997),
"Leader-Member Exchange Theory: The Past and Potential for the
Future", in Rowland, K. M. and Ferris, G. R. (Eds.), *Research in
Personnel and Human Resource Management*, Vol.15, Freenwich, CT:
JAI Press.

MacKenzie, S. B., Podsakoff, P. M., and Fetter, R.
(1991), "Organizational Citizenship Behavior and Objective
Productivity as Determinants of Managerial Evaluations of
Salespersons' Performance", *Organizational Behavior and Human*

Decision Process, 50 : 123-150.

Maslyn, J. M. and Uhl-Bien, M. (2001), "Leader-Member Exchange and it is Dimensions: Effects of Self-Effort and other's Effort on Relationship Quality", *Journal of Applied Psychology*, 86 : 697-708.

Mathieu, J. E. and Farr, J. L. (1991), "Further Evidence for the Discriminant Validity of Measures of Organizational Commitment, Job Involvement, and Job Satisfaction", *Journal of Applied Psychology*, 76 : 127-133.

Mathieu, J. E., Hofmann, D. A., and Farr, J. L. (1993), "Job Perception-Job Satisfaction Relations: An Empirical Comparison of Three Competing Theories", *Organizational Behavior and Human Decision Processes*, 56 : 370-387.

Mitchell, T. R. (1983), "The Effects of Social, Task, and Situational Factors on Motivation, Performance, and Appraisal", in Liden, F., Zedeck, S. and Cleveland, J., (Eds) , *Performance Measurement and Theory*. Hillsdale, NJ: Erlbaum.

Motowidlo, S. J. and Van Scotter, J. R. (1994) , "Evidence that Task Performance should be Distinguish from Contextual Performance", *Journal of Applied Psychology*, 79 : 475-480.

Motowidlo, S. J., Borman, W.C., and Schmit, M. J. (1997), "A Theory of Individual Differences in Task and Contextual Performance", *Human Performance*, 10 : 71-83.

Nathan, B. R., Mohrman, A. M. Jr., and Milliman, J. (1991), "Interpersonal Relations as a Context for the Effects of Appraisal Interviews on Performance and Satisfaction: A Longitudinal Study", *Academy of Management Journal*, 34 : 352-369.

Park, O. S. and Sims, H. P. (1989), "Beyond Cognition in Leadership: Prosocial Behavior and Affect in Managerial Judgement", paper present at the annual Academy of Management Meeting, Washington, DC.

Rotundo, M. and Sackett, P. R. (2002), "The Relative Importance of Task, Citizenship, and Counterproductive Performance to Global Ratings of Job Performance", *Journal of Applied Psycholog*, 87 : 66-80.

Scandura, T. A. and Graen, G. B. (1984), "Moderating Effects of Initial Leader-Member Exchange Status on the Effects of a Leadership Intervention", *Journal of Applied Psychology*, 69 : 428-436.

Schriesheim, C. A., Neider, L.L., Scandura, T. A., and Tepper, B. J. (1992), "Development and Preliminary Validation of a New Scale (LMX-6) to Measure Leader-Member Exchange in Organizations", *Educational and Psychological Measurement*, 52 : 135-147.

Van Scotter, J. R. (2000), "Relationships of Task Performance and Contextual Performance with Turnover, Job Satisfaction, and Affective Commitment", *Human Resource Management Review*, 10 : 79-96.

Van Scotter, J. R., and Motowidlo, S. J. (1996), "Interpersonal Facilitation and Job Dedication as Separate Facets of Contextual Performance", *Journal of Applied Psychology*, 81 : 525-531.

Van Scotter, J. R., Motowidlo, S. J., and Cross, T. C. (2000), "Effects of Task Performance and Contextual Performance on Systemic Rewards", *Jouranl of Applied Psychology*, 85 : 526-535.

Vecchio, R. P., and Gobdel, B. G. (1984), "The Vertical

Dyadic Linkage Model of Leadership: Problems and Prospective", *Organizational Behavior and Human Performance*, 34 : 5-20.

Wang, H., Law, K.S., Wang, D., and Chen, Z. (2001), "The Linkage Role of LMX: A Mediating Effect of LMX on the Relationship between Transformational Leadership and Followers' Performance and OCB", paper presented at the Annual Academy of Management Meeting. Washington, DC.

Wang, H., Law, S. K, Hackett, R., Wang, D., and Chen, Z. (2005), "Leader-Member Exchange as a Mediator of the Relationship between Transformational Leadership and Followers' Performance and Organizational Citizenship Behavior", *Academy of Management Journal*, 48 : 420-432.

Wayne, S. J., Graf, I. K., and Ferris, G. R. (1995), "The Role of Employee Influence Tactics in Human Resources Decisions", *Academy of Management Journal*, 38 : 232-260.

Wayne, S. J., Liden, R. C., Graf, I. K., and Ferris, G.R. (1995), "The Role of Upward Influence Tactics in Human Resource Decisions", *Personnel Psychology*, 50 : 979-1006.

Werner, J. M. (2000), "Implication of OCB and Contextual Performance for Human Resource Management", *Human Resource Management Review*, 10 : 3-24.

附录 本文使用的多维度的领导—部属交换的测试题目

情感

1. 我非常喜欢我的管理者。

2. 和我的管理者一起工作十分有趣。

3. 我的管理者就是一个可以做朋友的人。

4. 我喜欢和我的管理者一起工作。

忠诚

1. 我的管理者在面对更高层的人的时候会维护我的工作，甚至是在我没能解决问题的时候。

2. 假如我被其他人"攻击"时我的管理者将会来保护我。

3. 如果我犯了无心之过，我的管理者将会在他人面前维护我。

4. 如果我同他人冲突，我的管理者将会站在我这边。

忠诚

1. 我不在意为我的管理者竭尽全力地工作。

2. 我会为我的管理者在明确规定的工作范围之外工作。

3. 我愿意在正式规定的、达到管理者的工作目标以外，付出额外努力。

4. 我将会在管理者规定的职位描述之内或者之外，尽我所能地完成工作任务。

专业尊敬

1. 我尊敬我的管理者的知识和工作能力。

2. 我敬佩我的管理者的专业技能。

3. 我的管理者有专业知识和技能是广为人知的。

4. 我的管理者的工作知识给我留下了深刻印象。

第十五章

领导—部属交换在变革型领导与员工绩效及组织公民行为之间的中介作用

摘　要

本文构建了一个模型，其中领导—部属交换在变革型领导行为与员工的任务绩效及组织公民行为之间起到中介作用。我们采用 162 对来自中国企业的领导及其下属样本进行研究，研究表明，领导—部属交换在变革型领导行为与任务绩效及组织公民行为间发挥完全的中介作用，同时讨论了该结论对于领导研究的理论贡献和实践意义，并提出了今后的研究方向。

关键词：变革型领导　领导—部属交换　员工绩效　组织公民行为

在管理学的学术和应用研究中，盛行两种关于组织中领导行为的视角。第一种视角以领导者为重点，通过确认和检验领导者的具体行为来解释个体、群体和组织的绩效，例如变革型领导理论（Bass，1985）。第二种视角则强调以领导—部属交换为基础，明确地将研究重点放在领导和部属两个特定个体间互惠的社会交换如何发展、培育以及维持上。这种研究取向的最佳例证即领导—部属交换理论（Leader-Member Exchange，LMX）（Graen and Uhl-Bien，1995）。变革型领导研究主要关注的是领导者对其属下的单向影响，而领导—部属交换研究主要关注的是领导者和下属之间的双向的、互惠的交换。

迄今已有不少整合变革型领导和领导—部属交换研究的呼声（Avolio，Sosik，Jung，and Berson，2003；Gerstner and Day，1997；Graen and Uhl-Bien，1995；Howell and Hall-Merenda，1999）。我们这项研究，正是试图做这样一个整合的工作。Howell 和 Hall-Merenda（1999）主张在领导力研究中一般假定领导者和下属之间存在一定的关系，并进一步假定这种关系的基本性质和质量是联系领导者行为与下属反映的基本因素。换句话说，正是领导—部属的关系好坏，使得领导者行为影响了下属的绩效。以此逻辑推理，我们建构并检验了一个关于领导—部属交换的结构模型，其中领导—部属交换作为变革型领导行为与下属绩效（任务绩效和组织公民行为）之间的中介变量。

1. 理论和假设

1.1 变革型领导

变革型领导者最常表现的行为包括：描画一个令人振奋的组织未来，率先垂范实施愿景目标，促进组织目标在员工中的接纳，提供个人支持，心智激发以及塑造高水平绩效的预期。以往研究的结果一致表明，下属对于领导者的变革型行为的评分与个体、群体和组织绩效具有正相关关系。这些结果表明了领导者的这些行为能够使下属的基本价值观念、信念以及态度都与组织的共同利益保持一致（Podsakoff，MacKenzie，Moorman，and Fetter，1990）。

变革型领导与任务绩效之间正向关系的理论基础是 Kelman 的社会影响理论（1958），其中最主要的两个观点就是个体的认同和内化。具体来讲，当下属将一个特别积极的特征，如描画组织愿景的能力，归因于某位变革型领导者时，个体对该领导者的认同就出现了。他们将领导者的价值观念、个人信仰内化为自己的一套行为准则并严格遵循，包括将集体利益放在个人利益上。通过这种内化的方式，下属可以得到领导者的赞许和认同。这种情感上的肯定反过来又有利于实现下属的自我价值感，同时还让他们自我认定他们有责任和领导者之间维持这种互惠的行为，因此也就激励下属能服从于这种义务（Bass，1985；Yukl，2002）。另外一个更加相关的、也能够解释变革型领导与任务绩效之间存在正向关系的理论就是社会认同过程。社会认同理论的基础是认为下属为成为一个团队或者是组织的一员而感到骄傲，因此他们认为个人的辛勤努力和在组织中所扮演的角色将会对更大范围的集体作出贡献。这一认识有利于提高个人价值及工作的重要性。变革型领导者通过强调具有启发性和统一性的愿景的重要性，并将这一愿景与下属的自我概念相联系，从而建立起社会认同和下属的自我概念。

实际上，下属对于领导者的信念和价值观念的内化更多的是出自对于认同集体目标的意愿，而不是单纯地想要模仿领导者个人（Shamir，House，and Arthur，1993）。由于行为模式与所在组织的价值观念和信念相一致，下属的自我概念能够得到加强。当变革型领导者表现出对下属能力肯定并表扬他们的成就时，下属的自我效能也有所增强。变革型的领导和下属的任务绩效之间的这种正向的相关关系已经得到了大量实证研究的证实（Lowe，Kroeck，and Sivasubramaniam，1996）。

1.2 变革型领导与组织公民行为

组织公民行为（Organizational Citizenship Behavior，OCB）是一种在组织的正式考核体系中没有明确规定的，在很大程度上由组织成员自发地表现的行为，这种行为可以为更好地完成任务绩效提供社会和心理环境。变革型领导者通过使下属内化组织信念以及将集体利益置于个人利益之上来激励下属。那些拥有内在动机去实现集体愿景，同时不期望得到实时的、实质性回报的员工可能更倾向于完成那些并不属于其角色范围的共享目标。这些下属做出这些贡献的原因在于，当他们在为集体做出贡献的过程中，自我价值和自我意识得到提升。而那些在个人利益和集体利益之间没有建立起联系的个人，相对来讲就不太可能有这种自发性的、没有获得实质物质回报的组织公民行为。因此，变革型领导与组织公民行为之间应该有正向的相关关系，而已有的实证研究也证明了这一正向关系（Podaskoff et al.，1990）。

1.3 领导—部属交换

领导—部属交换理论建立在个体的角色形成（Graen，1976）、社会交换、互惠和公平等概念基础之上（Deluga，1994）。领导者向他们的下属传递其对于角色的预期，并且以各种有形或无形的形式奖励那些符合这些预期的下属。与此类似的是，下属也对他们的领导者有一定的期望，其中包括自己作为部属应该如何被对待以及他们在满足了领导者预期后所能够获得的奖励。下属并不是被动角色的接受者，他们可能会拒绝、接受或者是重新协商由领导者所规定的角色。领导者和下属之间存在着一个互惠的、双向的交换关系，其中双方都可能提供不同类别的用于交换的资源。随着时间的推移，角色协商开始出现，而其界定了领导—部属交换的质量和成熟程度。领导者会针对不同的下属建立起不同质量的领导—部属交换（Graen，1976；Graen and Uhl-Bien，1995）。

1.4 领导—部属交换与任务绩效

领导者行使正式权力，给予标准的报酬是为了回报以低质量交换为特征的标准工作绩效。这种交换关系强调的是补偿性和合约性。然而，在高质量的领导—部属交换关系中，社会交换上升到一个更高的层次，这种交换在相互信任、尊重和义务感中得以巩固（Graen and Uhl-Bien，1995）。为奖励下属突出的绩效贡献（例如为按时完成项目而不断地自愿加班），领导者会给予他们一些特权（例如，获得有关人事任免的信息）、升职的机会（例如特殊的工作任务）或者是提高下属在工作中的灵活性。因此，任务绩效是领导和下属间社会交换的货币，同时也是履行互惠义务的有效途径。具体来说，根据 Liden 和 Maslyn（1998）的研究，积极的情感、尊敬、忠诚以及高质量领导—部属交换中的义务特征，是建立在领导者给予的优厚待遇的基础上，体现了较高的任务绩效，这实现了互惠的预期。Gerstner 和 Day（1997）的元分析表明：领导—部属交换和管理者对绩效的评估之间的相关系数为 0.31；而领导—部属交换和员工绩效的客观测量之间的相关系数为 0.11。

1.5 领导—部属交换与组织公民行为

在高质量的领导—部属交换中，义务通常是弥漫的、不确定的，往往没有可以用来衡量礼物、恩惠或是贡献的评判标准或价值准则（Blau，1964）。因为组织公民行为有助于下属履行互惠的义务，它还代表了一种弥漫的、不确定的、只有部分时间限制的交换形式，所以领导—部属交换和组织公民行为之间存在正相关关系。同时在高质量的交换中，领导者呼吁下属将集体利益放在短期的个人利益之上，进而提倡建立一种更高层次的社会需求（Graen and Uhl-Bien，1995）。个体自己想要成为"好公民"的这种意识也有助于提高更大集体的福利。因此可以说领导—部属交换和组织公民行为之间是正相关的。而 Hackett、Fart、Song 和 Lapierre（2003）通过元分析，指出在领导—部属交换和整体性的组织公民行为之间的平均相关系数为 0.32，由此他们得出结论，组织公民行为在领导—部属交换的互惠性的社会交换过程中发挥了重要作用，这项研究也就为领导—部属交换和组织公民行为之间存在正相关提供了有力支持。

1.6 有关变革型领导和领导—部属交换的研究

在已发表的研究中，仅有 3 篇既有对变革型领导又有对领导—部属交换测量的文章（Basu and Green，1997；Deluga，1992；Howell and Hall-Merenda，1999）。Deluga（1992）认为变革型领导"催化"了通常意义的社会交换，促使下属超越其最初的绩效目标和自我利益。更具体地来说，他的实证数据表明，变革型领导产生的员工高水平任务绩效，源于下属和领导者间的双向交换关系。Deluga（1992）指出"变革型领导者可能会促成高质量交换关系以及同个别的下属间共同的命运感的形成；而在这种社会交换的过程中，下属也会激励和巩固领导者的地位"。Degula 根据 145 名美国海军军官样本所得数据的回归分析指出：个性化的关怀和个人魅力是两个可以预测领导—部属交换的因素。这些结果表明领导者的个人魅力以及个性化关怀都是领导与下属之间的影响过程（Seltzer and Bass，1990）——这使得部属会表现出相应的行为（如做出一些额外的努力）以加强与领导的关系。

Basu 和 Green（1997）研究了世界 500 强中的一个制造业工厂的员工，分析了他们对于领导—部属交换 8 个测量题目以及变革型领导中的 28 个测量题目的评价。这一研究没能将领导—部属交换与心智激发和个性化关怀相区分，他们的解释是这两个维度是领导—部属双向社会交换中的无形的奖励。

Howell 和 Hall-Merenda（1999）调查了 109 个小区银行的管理者。他们收集了银行中下属对管理者的变革型领导和领导—部属交换的评价。大约 6 个月后，这些管理者也提供了对下属的绩效评价。由最小二乘法可得，在领导—部属交换、变革型领导和 3 个交易型领导维度的评分中，领导—部属交换是一个重要的预测下属绩效的指标，而变革型领导的预测能力则不高。具体来说，当其他领导者行为和领导—部属交换被纳入到统计模型后，变革型领导对绩效的影响力并不具有统计意义上的显著性。这些研究者也发现：由变革型领导和 3 个交易型领导维度的评分构成的预测模型中，都是领导—部属交换的重要预测变量，但是对其影响最大的是变革型领导，其次是交易型领导中的持续奖励维度。这些研究结果表明从变革型领导到领导—部属交换以及从领导—部属交换到下属的绩效之间都有相互关联。

以上所列举的 3 个研究都没能说明变革型领导和领导—部属交换说如何相互关联并进而影响到工作绩效的。变革型领导理论在解释领导者行为和绩效之间的中介过程仍处于早期发展阶段

（Dvir，Eden，Avolio，and Shamir，2002）。本文的贡献就在于明确构建并证明了领导—部属交换可以作为变革型领导行为与任务绩效／组织公民行为之间的中介变量。尽管变革型领导和领导—部属交换看上去存在概念上的重合，但我们认为，变革型领导是由一整套直接影响和维持领导—部属交换关系的行为构成的。

1.7 领导—部属交换的中介作用

领导—部属交换在变革型领导和任务绩效／组织公民行为之间起到中介作用，是建立在高质量的领导—部属交换关系基础上的，而这种交换关系表现在充分的互惠预期所形成的情感联系上。这种领导—部属交换关系产生自交易型交换，并逐渐转化为社会水平的交换，并融入了相互信任、尊敬、忠诚（Graen and Uhl-Bien，1995）。我们认为变革型领导建立并不断促进高质量领导—部属交换的发展。Dvir 及其合作作者（2002）的研究证明下属的社会联结关系在变革型领导行为与对部属绩效之间起中介作用。他们指出："或许下属与变革型领导之间的互动达到一个关键的水平才能有利于员工的发展"（Dvir et al.,2002: 742）。Deluga（1992）指出，变革型领导导致的绩效提升来源于特定的下属和领导者间的相互交换关系。

领导—部属交换是一个三阶段连贯发展的过程，依次是"陌生人""熟人"和"合作伙伴"三个阶段，每一个阶段要向前发展更多地依赖于"转型式"的社会交换，而不是工具性的交易型交换（Graen and Uhl-Bien，1995）。在陌生人阶段，领导者只是给下属"提供"少量的角色任务，并评估他们是否成功完成了这些任务。当下属成功完成这些角色任务后，他们将承担更大的责任、拥有更大的灵活性和更丰厚的回报。当下属从满足实时的自我利益的交易型交换，转变为追求更长远的、更广泛的集体利益满足时，也就标志着成熟的领导—部属交换关系的形成。

同时，由于变革型领导者个人的感召，他们也就比那些纯粹的交易型领导者更有可能促使下属接受社会交换并且因此建立起较高质量的领导—部属交换。变革型领导者尤其擅长激发下属个人认同，并让他们接受扩展的角色责任。对领导有强烈个人认同的下属，将通过内化其领导者的价值观念、信仰，采取和他们相一致的行为以提高自我价值。由此下属可以获取赞扬、认可，扩展角色责任感，并且让下属同领导有更高质量的社会交换。这个过程同变革型领导超越了上下级关系的交易型交换的研究结果相一致，它反映出领导者和下属间内化了相互信任和互惠交换的关系（Goodwin，Wofford，and Whittington，2001）。大多数成功的领导者通过有效运用变革型领导行为，建立了下属长期的忠诚和组织承诺（Graen and Uhl-Bien，1995）。

我们也认为变革型领导是通过领导—部属交换实现下属的与自己的认同和内化。Graen（1976）指出在领导—部属交换的角色承担过程中领导行为的重要性，强调了领导者为确保组织中下属的意识形态，向他们传达强制性的、统一的组织任务的重要性。

领导者通过以身作则和善待下属，建立高质量的领导—部属交换，使下属相信这个组织是值得投入和付出的（Graen，1976）。因此，变革型领导可能会提供一些更广泛的组织文化框架，改善物质条件，从而使得下属在领导—部属交换关系的建立过程中内化领导的理念和行为。正如 Avolio 及其合作者（2003）所指，"为了使每个下属的未来都是'有意义的'，就要求领导者能建立起让下属与其有一致观念的关系"。领导—部属交换过程正是为这种关系的建立提供了可能。

本文提出了如下的假设：

假设 1：变革型领导与任务绩效和下属的组织公民行为之间正相关。

假设 2：领导—部属交换与任务绩效和组织公民行为正相关。

我们假设组织公民行为和任务绩效也是相关的。组织公民行为在很大程度上是自发的、无补偿的。表现组织公民行为的个体通常表现出利他主义、组织承诺和责任心（LePine，Erez，and Johnson，2002），这些变量都和任务绩效正相关。由此可以推测组织公民行为和任务绩效之间是正相关的，组织公民行为似乎对员工的角色内绩效，尤其是管理者对员工表现业绩的评价有重要影响（Allen and Rush，1998；Werner，1994）。因此遵循 Wayne、Shore、Bommer 和 Tetrick（2002）的研究思路，我们在本文中加入了一个从组织公民行为到任务绩效的路径。

假设 3：领导—部属交换在变革型领导与下属的任务绩效及组

织公民行为之间起到中介作用。

2. 预研究

我们通过一个预实验来评定领导—部属交换和变革型领导行为在中国样本中的心理测量学特征。本次预研究以中国南方地区的一大城市里的某银行中的 262 个员工为样本。参与者平均 29 岁，其中 46% 是男性，他们在组织中有 8 年的平均工作年限，平均有 3 年的中专以上教育水平。

我们使用 12 个题目的多维度领导—部属交换测量工具（Liden and Maslyn，1998），这是一个多维度的量表，而不是像 7 题目的领导—部属交换量表的单一维度（Scandura and Graen，1984）。多维度领导—部属交换量表的测量内容更广泛，并且相对于单一维度的领导—部属交换量表来讲，它更能反映部属交换关系的特征和质量。

Liden 和 Maslyn（1998）建议在以领导—部属交换为核心变量的结构方程中，应使用多维度领导—部属交换，其中每一维度都是整体领导—部属交换的指标变量（indicator）。因为我们的数据来自中国，所以多维度领导—部属交换量表先从英文译成中文，随后又译成英文以确保翻译在意义上对等（Brislin，1980）。所有测试题目的回答都是用 1 代表"十分不同意"，用 5 表示"十分同意"。我们用 LISREL 8.50 统计软件（Jöreskog and Sörbom，2001）进行验证性因子分析（confirmatory factor analysis，CFA）来检验多维度领导—部属交换的 4 个维度。这个整体为二阶因子的 4 因素模型在一定程度上与我们的数据是相匹配的（$\chi^2 = 74.92$，df = 50；RMSEA = 0.05；CFI = 0.98；TLI = 0.97），与此相对的单因子模型不适合我们的数据（$\chi^2 = 310.39$, df = 54; RMSEA = 0.15；CFI = 0.80；TLI = 0.75）。领导—部属交换的 4 个维度（情感、忠诚、专业尊敬和贡献）的信度系数分别为 0.82、0.63、0.86 和 0.80。量表的示例题目包括，"我非常喜欢我的主管"（情感）、"如果我犯了无心之过，我的主管会在组织中为我辩护"（忠诚）、"我钦佩我主管的专业技能"（专业尊敬）以及"我不介意竭尽所能地为我的主管工作"（贡献）。

我们使用由 Podsakof（1990）及其合作者设计的，由 Chen 和 Farh（1999）修订并译成中文的，有 23 个测试题目的量表来测量变革型领导行为。量表中 1 代表"十分不同意"，5 代表"十分同意"，这与领导—部属交换的测量方法相同。相比于多维度领导—部属交换这种强调领导—部属交换的关系水平的研究，Podaskoff 等人（1990）提出变革型领导量表的研究焦点则是下属可感知的领导者行为。量表中的题目包括"我的主管鼓励下属拥有团队精神"（属于促进合作维度）、"我的主管做事时考虑到我的个人需求"（属于提供个人支持维度）、"我的主管以身作则"（属于个人表率维度）、"我的主管鼓励我给自己设定高目标"（属于高绩效期望维度）、"我的主管通过对于未来的计划来启发我们"（属于愿景规划维度）、"我的主管激发我用新的思维方式去反思一些老问题"（属于心智激发维度）。

我们使用验证性因子分析（CFA）来检验整体为二阶因子的6因子模型是否适用于我们的资料。结果显示匹配系数落入可接受区域内（ $\chi^2 = 477.18$ ，自由度 = 224；RMSEA = 0.08；CFI = 0.91；TLI = 0.90），由此表明该模型能合理解释这些资料。变革型领导6个维度的内部一致性系数如下：促进合作（0.85）、心智激发（0.84）、个人表率（0.87）、高绩效期望（0.73）、愿景规划（0.90）、个人支持（0.87）。

3. 主研究

3.1 方法

3.1.1 样本与施测过程

本项研究的假设是以中国北方一个大城市中的多家企业的员工为样本，以此来检验我们的研究假设。我们给主管与下属分别发放不同的问卷。我们给119位企业的主管发放了领导者问卷，同时，我们给这些主管的238位下属发放了员工问卷。每位主管在工作绩效表现和组织公民行为两方面对他的两位下属打分，其中一个绩效良好，另一个绩效不好。每位下属则填写包含变革型领导及领导—部属交换4维度量表的问卷。参与者的回答被确保是保密的。

　　填写好的调查问卷被密封好并直接寄送回给我们。因为每个下属对变革型领导和领导—部属交换都要评分，所以就产生了共同方法偏差问题（common method bias）。为了最大限度地限制由此产生的影响，我们用每个主管的两位下属打分的平均分作为其变革型领导的得分。因此我们的数据分析仅限于那些有两个下属打分的主管，因此，119 名被试中只得到 84 份有效数据，去掉不匹配的资料后，最终取得 81 名主管与其 162 名下属的数据。我们将两位下属的得分加以平均，部分原因是考虑到变革型领导与领导—部属交换的同源方法偏差问题，另外的原因是考虑到变革型领导行为通常是作为一个主管对其下属的整体的行为方式（House and Aditya，1997；Yukl，2002）。理论上，一个变革型领导会对所有下属施用相似的变革型领导行为。

　　这种以个体的平均分来代表某种集体性概念，并把这个平均分施用到集体中的全部个体的办法在跨层级研究中是常见的。例如，Campion 和 Wong（1991）在估计工作满意度时就曾把部分参与者的资料推广到做同种工作的全部个体中。

　　在我们的样本中，162 个下属有一半是男性，平均 32 岁，平均有 8 年在企业的工作年限，平均 6 年中专以上教育水平，他们和现在的主管之间有平均 4 年的合作关系。主管中有 74% 是男性，平均 36 岁，平均有 10 年企业工作年限，平均有 8 年中专以上教育水平。

3.1.2 测量工具

　　我们的测量工具中每个题目的回答都从 1 代表"十分反对"

到 5 代表"十分同意"。

领导—部属交换　我们使用多维度领导—部属交换这一已经得到验证的量表来测量领导—部属交换。我们使用了本样本的数据又进行了验证性因子分析（CFA），来进一步评估这种测量方法的效度。4 个一阶因子加上 1 个二阶因子的模型拟合指数落在了可接受区域内（ $\chi^2 = 86.97$ ，自由度 = 50；RMSEA = 0.08；CFI = 0.96；TLI = 0.95；情感、忠诚、专业尊重、贡献的信度系数分别为 0.85、0.68、0.88 和 0.83）。

变革型领导行为　我们使用了中文版的 23 个题目的变革型领导量表，同时仍使用验证性因子分析进行效度评估，确认了 6 个一阶因子加上 1 个二阶因子的模型结构（ $\chi^2 = 428.42$ ，自由度 = 224；RMSEA = 0.07；CFI = 0.90；TLI = 0.90；促进合作、心智激发、表率作用、高绩效期望、愿景规划、个人支持等 6 个维度的信度系数分别为 0.89、0.81、0.83、0.65、0.85 和 0.83）。

组织公民行为　中文版（Lam，Hui，and Law，1999）组织公民行为量表来源于 Podsakoff 等人（1990）。这一量表测量了 5 个组织公民行为的维度：利他行为（5 个题目，信度 =0.85）、责任意识（4 个题目，信度 =0.79）、吃苦耐劳（5 个题目，信度 =0.82）、（4 个题目，信度 =0.68）、礼貌周到（5 个题目，信度 =0.79）。数据拟合指数落入可接受区域（ $\chi^2 = 415.67$ ，自由度 = 225；RMSEA = 0.07；CFI = 0.89；TLI = 0.87）。

任务绩效　我们采用 Tsui、Pearce、Porter 和 Tripoli（1997）

使用的 7 个题目（信度 = 0.89）来测量任务绩效。一个典型的题目是"工作质量远高于平均值"。

3.2 数据分析

我 们 用 LISREL8.50 软 件（Jöreskog and Sörbom，2001），采用两步分析过程（Anderson and Gerbing，1988；Medsker，Williams，and Holahan，1994）来验证我们的假设。在第一步中，我们使用 3 个检验来验证研究中的变革型领导和领导—部属交换这两个关键变数的区分效度。在第二步中，我们使用模型比较程序来评估我们的结构方程模型。

为了验证变革型领导是与领导—部属交换不同的概念，我们首先进行了一个维度水平的验证性因子分析（CFA）来检验在研究中用到的所有变量。我们将 4 个维度的多维度领导—部属交换作为领导—部属交换的指标变量。与此类似地，我们还将 6 个维度的变革型领导作为指标变量。对于任务绩效，我们随机平均了这个量表中的 7 个题目，让其形成了 3 个指标变量。

变革型领导和领导—部属交换区分效度的第二个检验是比较这两个变量与任务绩效的相关系数。如果二者之间的相关系数不一致，则说明有区分效度。Cohen 和 Cohen（1983: 56-57）给出了一个从单一样本中计算出来的两个相关系数差别的检验公式。该检验属于 t 检验，自由度为 n-3。最后，在变革型领导和领导—

部属交换区分效度的第 3 个检验中，我们将变革型领导纳入到回归方程中，来预测任务绩效和组织公民行为。随后，我们在第二步中加入领导—部属交换，检验在已解释的差异中是否有显著的变化。如果加入领导—部属交换后，模型中 R^2 的变化很大，就表明领导—部属交换可以解释变革型领导所不能解释的因变量中的其他变异。

3.3 主要研究：结果

3.3.1 验证性因子分析（Confirmatory Factor Analyses,CFA）

表 1 呈现了验证性因子分析的结果。基准模型中的 4 个因子与数据拟合的很好（ $\chi^2 = 258.99$，自由度 = 129；RMSEA = 0.07；CFI = 0.92；TLI = 0.91）。与 4 因子基准模型相对应，我们检验了 3 个替代模型：模型 1 是一个把变革型领导与领导—部属交换合并成一个因子后形成的 3 因子模型；模型 2 是一个把任务绩效和组织公民行为合并成一个因子的 3 因子模型；模型 3 是将变革型领导和领导—部属交换合并成一个因子，同时，将任务绩效和组织公民行为合并成另一个因子的 2 因子模型。如表 1 所示，在可接受区域内的拟合系数支持了假设中的 4 因子模型，证明了变革型领导与领导—部属交换、组织公民行为和任务绩效的概念是不同的。

表1 测量模型间的比较

模型	χ^2	d.f.	$D\chi^2$	RMSEA	CFI	TLI
零模型	1877.41	153				
基准模型（4个因素）	258.99	129		0.073	0.92	0.91
模型1（3个因素）（变革型领导和多维度领导—部属交换综合为一个变量）	324.75	132	65.76^{**}	0.093	0.89	0.87
模型2（3个因素）（任务绩效和组织公民行为综合为一个变量）	298.73	132	39.74^{**}	0.085	0.90	0.89
模型3（2个因素）（变量型领导和多维度领导—部属交换综合为一个变量；任务绩效和组织公民行为综合为一个变量）	362.40	134	103.41^{**}	0.10	0.87	0.85

注：**，$p<0.01$。

根据 Fornell 和 Larcker（1981）以及 Netemeyer、Johnston 和
Burton（1990）的建议，通过比较每个结构的变异与两个结构共
有的变异（潜变量），我们进一步检验了变革型领导与领导—部属
交换的区别效度。为了符合这一要求，变革型领导和领导—部属
交换量表的方差要大于 0.50 且要小于这两个潜变量间的相关系数
的平方。变革型领导和多维度领导—部属交换的方差估计值分别
是 0.68 和 0.55（都超过了基准的 0.50）。前者超过了变革型领导
和多维度领导—部属交换潜变量间的相关系数的平方（χ^2=0. 64），
然而后者并没有。Phi 系数明显小于 1（$p < 0.05$，s.e. = 0.04）。这
些统计结果以及验证性因子分析的资料，共同证明了变革型领导
和多维度领导—部属交换是两种不同的概念。变革型领导、领导—
部属交换、任务绩效和组织公民行为的综合信度系数分别是 0.92、

0.82、0.86 和 0.81。

对于 Cohen 和 Cohen（1983）的来自同一个样本皮尔逊相关系数差异的检验，变革型领导和任务绩效之间的相关系数与领导—部属交换和任务绩效之间的相关系数的 t 检验值是 3.19（df=159，p < 0.01）。若以组织公民行为为标准，t 检验结果为 1.98（df = 159，p < 0.05）。通过层级回归分析，在预测任务绩效时，若先考虑变革型领导，再考虑领导—部属交换，其能够解释的方差变化为 0.11（p < 0.01）。而用组织公民行为作标准的时候，方差变化（ΔR^2）是 0.06（p < 0.05）。因此，任务绩效和组织公民行为作为因变量得到了相同的结果，即变革型领导是不同于多维度的领导—部属交换。

3.3.2 描述性统计

表 3 是关于本文各变数的均值、标准偏差、信度系数和零阶相关。变革型领导行为与任务绩效及组织公民行为显著相关（分别是 r =0.20 和 r= 0.18，p <0.01），并且领导—部属交换与这两个变数也显著相关（分别是 r = 0.38 和 r= 0.29，p < 0.01）。

3.3.3 研究假设检验

变革型领导与任务绩效的相关系数（r = 0.20，p < 0.01）及组织公民行为（r = 0.18，p < 0.01）的相关系数为支持假设 1 提供了初步证据，表明变革型领导和任务绩效正相关。领导—部属交换也与这些变量正相关（任务绩效，r=0.38，p < 0.01；组织公民行为，r= 0.29，p < 0.01），这也证实了假设 2。

表2 测量属性

概念和指标	标准化负荷	信度	估计方差
变革型领导		**0.93***	**0.68**
促进合作	0.43	0.18	
心智激发	0.42	0.18	
提供适当模范	0.43	0.18	
高水平绩效预期	0.43	0.18	
描画愿景	0.46	0.21	
提供个人支持	0.41	0.17	
多维度领导—部属交换		**0.82***	**0.55**
情感	0.63	0.40	
忠诚	0.36	0.13	
专业尊敬	0.54	0.29	
贡献	0.57	0.32	
任务绩效		**0.86***	**0.68**
指标1	0.77	0.59	
指标2	0.72	0.52	
指标3	0.67	0.45	
组织公民行为		**0.81***	**0.46**
利他行为	0.47	0.22	
自我意识	0.63	0.40	
运动员精神	0.33	0.11	
公民道德	0.43	0.18	
恩惠	0.45	0.21	

表3 均值、标准方差和领导力、领导—部属关系
和结果变量之间的交互相关

变量	均值	标准方差	1	2	3	4
1. 变革型领导	3.86	0.45	（0.93）			
2. 多维度领导—部属交换	3.81	0.58	0.71**	（0.81）		
3. 任务绩效	3.55	0.79	0.20*	0.38**	（0.89）	
4. 组织公民行为	3.47	0.52	0.18*	0.29**	0.68**	（0.80）

注：①N=162；对角线括号内的数据表明量表的信度系数。
②**，p<0.01。

假设 3 预测领导—部属交换在变革型领导与员工绩效及组织公民行为之间起中介作用，这一假设通过一系列嵌模式模型比较后，也得到证实，表 4 列出了研究结果。

表4　结构方程式模型的比较

模型	χ^2	d.f.	$D\chi^2$	RMSEA	CFI	TLI
M_1 变革型领导 -> 领导—部署交换 -> 组织公民行为 & 任务绩效（基准模型）	263.11	131	-	0.073	0.92	0.91
M_2 变革型领导 -> 领导—部署交换 -> 组织公民行为 & 任务绩效，且变革型领导 -> 组织公民行为	261.16	130	1.95	0.073	0.92	0.91
M_3 变革型领导 -> 领导—部署交换 -> 组织公民行为 & 任务绩效，且变革型领导 -> 任务绩效	260.30	130	2.81	0.072	0.92	0.91
M_4 变革型领导 -> 领导—部署交换 -> 组织公民行为 & 任务绩效，且变革型领导 -> 组织公民行为 & 任务绩效	258.99	129	4.12	0.073	0.92	0.91
M_5 领导—部署交换 -> 变革型领导 -> 组织公民行为 & 任务绩效	274.40	131	-	0.076	0.92	0.91
M_6 组织公民行为 & 任务绩效 -> 领导—部署交换 -> 变革型领导	500.87	132	-	0.14	0.79	0.75
M_7 组织公民行为 & 任务绩效 -> 变革型领导 -> 领导—部署交换	512.18	132	-	0.14	0.78	0.74
M_8 变革型领导 & 领导—部署交换 -> 组织公民行为 & 任务绩效	295.58	130	-	0.14	0.90	0.89

注：*，p<0.05;**，p<0.01。

模型 1——我们的基准模型，是一个完全的中介模型。我们将模型中的路径从变革型领导直接指向领导—部属交换，并从领导—部属交换直接指向任务绩效和组织公民行为。本模型中，没有从变革型领导到员工绩效或者是组织公民行为的直接路径。正如表 4 所显示的那样，所有拟合系数都很理想（χ^2 = 263.11，自

由度 = 131；RMSEA = 0.07；CFI = 0.92；TLI = 0.91）。

　　与我们的基准模型所不同的是，我们还验证了3个嵌套模型。模型2中，我们加入了从变革型领导到组织公民行为的直接路径。模型3除了加入了从变革型领导到任务绩效这一直接路径之外，其他和模型1都是完全一致的。在我们的第3个嵌套模型——模型4中，我们加入了从变革型领导到组织公民行为和到任务绩效之间的直接路径。因此模型1是内嵌于模型2、3、4的。表4的结果显示出模型1的卡方检验的显著性并不如模型2、3、4明显。为保证模型的精简性，这些结果表明模型1同我们的数据最相符。我们最终认为领导—部属交换在变革型领导和任务绩效之间起完全的中介作用。

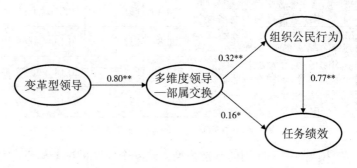

注：*，p<0.05;**，p<0.01。

图1　对领导—部属关系的中介作用的结构议程式模型的结果

　　模型5—8是非嵌套的替代模型。我们运用这些替代模型来检验改变上述变量的顺序所产生的影响。在模型5中，我们考察变革型领导在领导—部属交换与任务绩效和组织公民行为之间中介作用，数据拟合的结果比较好（ χ^2 = 274.40，自由度 = 131；RMSEA = 0.08；CFI = 0.92；TLI = 0.91），可是，从变革型领导到任务绩效和组织公民行为之间的解释路径并不显著。模型 6 表现的是组织公民行为和任务绩效对于变革型领导的影响，而领导—部属交换在其中起中介作用。模型 7 是组织公民行为和任务绩效对领导—部属交换的影响，变革型领导在中间起中介作用。但模型 6（ χ^2 = 500.87，自由度 = 132；RMSEA = 0.14；CFI = 0.79；TLI = 0.75）和模型 7（ χ^2 = 512.18，自由度 = 132；RMSEA = 0.14；CFI = 0.78；TLI = 0.74）都与我们的数据拟合得不好。我们用模型 8 检验了变革类型领导和领导—部属交换直接影响下属的任务绩效及组织公民行为。这一模型的拟合系数（ χ^2 =295.58，自由度 = 130；RMSEA = 0.14；CFI = 0.90；TLI = 0.89）表明没有比基准模型拟合得更好。

简而言之，表 4 的结果支持了假设 3：领导—部属交换在变革型领导和绩效（任务绩效和组织公民行为）间发挥了中介作用。图 1 表明从变革型领导到领导—部属交换的路径系数显著（ β = 0.80，p <0.01），同样从领导—部属交换到任务绩效的路径（ β = 0.16，p < 0.05）和组织公民行为的路径（ β = 0.32，p < 0.01）也都显著。

我们发现领导—部属交换到任务绩效和组织公民行的路径系数显著正相关，这一发现也有力地证明了假设 2。最后要说明的是从组织公民行为到任务绩效的路径系数（ $\beta = 0.77$ ）表明组织公民行为会影响主管对员工任务绩效的评估。

4. 讨论

本文回应了变革型领导和领导—部属交换在概念上和实证性上具有联系这一个论点，并在理论上将变革型领导和领导交换模型整合了起来（Gerstner and Day，1997；Graen and Uhl-Bien，1995）。关于变革型领导的相关研究更多的是将领导者的行为直接同绩效结果相联系的，然而领导—部属交换的相关研究也极少涉及关于行为的研究，而主要是聚焦于对领导和部属之间互动关系的研究。我们的研究则是从领导—部属交换作为变革型领导和绩效（任务绩效和组织公民行为）的中介作用入手。

这一研究结果支持了以下 4 个观点：第一，变革型领导行为是社会性货币（social currency），促进了高质量的领导—部属交换的发展；第二，变革型领导同任务绩效和组织公民行为正相关；第三，变革型领导者采用个人和 / 或社会认同，使下属更易接受角色的扩展并从事一些角色规定之外的事情；第四，领导—部属交换使得变革型领导在个体层面上更有意义。

我们的研究发现变革型领导对员工绩效的影响，依赖于每一个员工个人的体验以及他们各自对这些领导行为的解释（Dasborough and Ashkanasy，2002）。领导和员工之间的社会联结关系十分重要，并且达到一定水平的同变革型领导的互动关系，对于员工的发展和社会联结的形成都至关重要（Dvir et al.，2002）。

5. 结果的一般性意义

虽然我们的样本来源于中国大陆，但是我们不能因此推断说在西方社会用同样的研究方法会得到不同的结果。尽管也有人质疑西方式的领导模型是否同样适用于具有高度集权、集体主义文化的中国大陆地区，研究结果明确表示跨文化之间的研究结果具有一致性（Chen and Farh，1999；Hackett et al.，2003；Hui，Law and Chen，1999）。本文与其他大量的研究表明，在西方领导与绩效之间的相关性在中国也同样存在，这提高了西方以前研究结果的普遍适用的程度。因为本文是第一个证明领导—部属交换在变革型领导和绩效间的中介作用的研究，以后的研究应该尝试选取其他文化情境下的样本进行研究。

6. 局限性

员工既给变革型领导行为也给领导—部属交换评分，而组织领导者既给组织公民行为也给员工的任务绩效评分，这就可能导致研究结果在数据源上有一定的偏差。我们试图通过将员工作出

的对变革型领导的评分做平均以在一定程度上减小误差。变革型
领导和领导—部属交换之间有显著性差异主要有三个支撑的观点：
第一是对我们模型的验证性因子分析（CFA），第二个就是 Fornell
和 Larcker（1981）不同概念的区分效度的研究，第三个是利用层
级回归分析。领导—部属交换解释了变革型领导所不能解释的任
务绩效和组织公民行为的差异，而且，我们发现领导—部属交换
与任务绩效、组织公民行为的相关系数比变革型领导与这两个变
数的相关系数更高，这也表明尽管测量来源相同，但也有不同的
相关关系。

综上所述，虽然我们承认本文所采用的测量方法对于收集数
据有一定的误差，但是这样的研究结果还是可以为我们提供一个
关于变革型领导和领导—部属交换在概念上、实证研究上存在区
别的有利的证明。同时我们的研究是基于可感知的（而非实际的
行为）数据的结果，具体来讲，研究参与者对领导行为、组织公
民行为的评分都是基于他们个人主观感知的，并没有可以取代这
种主观感知评价方式的自变量测量（如，记录实际的领导行为）。
当然，有一些学者也开始提出一些策略方法避免同源误差的影响。
Podsakoff 及其合作者（2003）提出了不同的策略方法，如在两个
不同的时间点上收集关于变革型领导和领导—部属交换的评价。
本文中采用的横截面设计确实使我们无法如同追踪研究那样确定
变量间的因果关系。以后的研究可以考虑采用追踪研究方法，以
便在重复的观察中收集定量和定性的各种资料。这样的研究设计

在解释为何领导者的行为会影响下属的感知、归因、行为以及领导—部属交换的发展的时候更有说服力。未来的研究应该除了收集感知的测量之外，还应该收集变革型领导和组织公民行为的行为测量。

7. 实践意义

简而言之，本文证明有效的领导者会在个性化的、动态的交换关系情境中表现出变革型领导行为。他们在同下属的社会交换过程中实现内在的心理契约，对于员工在交换过程中的贡献很敏感，同时以能使员工建立自我价值和（或者）自我概念的方式给予回报。有效的领导者将实现组织目标同员工自我发展目标的实现联系起来，并且让个人发展的目标进一步推动组织目标的整体进步。我们提倡建立一个有社会互动的、动态的领导行为模型，该模型表明通过领导与员工之间的社会交换来实现变革型领导对于绩效的影响。

领导—部属交换提升变革型领导效果应该作为领导力发展项目中的一个部分。那些没有意识到员工的互惠预期及高质量交换关系 [例如，互惠、个人发展以及社会联结 ；Dvir et al.（2002）] 的领导者，比那些意识到这些要求的领导者的效率要低。由此看来，正是通过发展强大的、领导与下属间的社会联结关系，使得变革型领导更好地影响员工绩效。

除此之外，我们的研究为发展高质量领导—部属交换关系提供了一些深入了解的空间。有关领导—部属交换的文献往往关注高质量领导—部属交换的结果，而较为忽略领导者怎样才能同其员工建立起高质量交换关系这一过程本身的研究。同时，有关变革型领导的相关文献的一个基本关注点即是领导者提高绩效的行为研究。我们的研究说明了变革型领导行为对于发展高质量领导—部属交换的关键作用。因此，旨在提升领导—部属交换关系质量的领导培训项目应该融入变革型领导的技能。

Abstract

We developed a model in which leader-member-exchange (LMX) mediated between perceived transformational leadership behaviors and followers' task performance and organizational citizenship behaviors (OCB) . Our sample comprised 162 leader-subordinate dyads within organizations situated throughout the People's Republic of China (PRC) . We showed that LMX fully mediated between transformational leadership and task performance as well as OCB. Implications for theory and practice of leadership are discussed, and future research directions are offered.

参考文献

Allen, T. D. and Rush, M. C. (1998), "The Effects of Organizational Citizenship on Performance Judgments: A Field Study and a Laboratory Experiment", *Journal of Applied Psychology*, 83: 247-260.

Anderson, J. C. and Gerbing, D. W. (1988), "Structural

Equation Modeling in Practice: A Review and Recommended Two-Step Approach", *Psychological Bulletin*, 103: 411-423.

Avolio, B. J., Sosik, J. J., Jung, D. I., and Berson, Y. (2003), "Leadership Models, Methods and Applications", in W. Borman, D. Ilgen, and R. Klimoski, (Eds.), *Handbook of Psychology*, vol. 12, *Industrial and Organizational Psychology*, New York: Wiley.

Bass, B. M. (1985), *Leadership and Performance beyond Expectation*, New York: Free Press.

Basu, R., and Green, S. G. (1997), "Leader-Member Exchange and Transformational Leadership: An Empirical Examination of Innovative Behaviors in Leader-Member Dyads", *Journal of Applied Social Psychology*, 27: 477-499.

Blau, P. M. (1964), *Exchange and Power in Social Life*, New York: Jossey-Bass.

Brislin, R.W. (1980), "Translation and Content Analysis of Oral and Written Material", in Triandis, H.C. and Berry, J.W. (Eds.), *Handbook of Cross-Cultural Psychology*, vol. 2, *Methodology*, Boston: Allyn and Bacon.

Campion, M. A. (1988), "Interdisciplinary Approaches to Job Design: A Constructive Replication with Extensions", *Journal of Applied Psychology*, 73: 467-481.

Chen, X., and Farh, J. L. (1999), "The Effectiveness of Transactional and Transformational Leader Behaviors in Chinese Organizations: Evidence from Taiwan", paper presented at the Annual Meeting of the Academy of Management, Chicago.

Cohen, J., and Cohen, P. (1983), *Applied Multiple Regression/ Correlation Analysis for the Behavioral Sciences*, 2nd ed., Hillsdale,

NJ:Erlbaum.

Dasborough, M. T. and Ashkanasy, N. M. (2002), "Emotion and Attribution of Intentionality in Leader-Member Relationships", *Leadership Quarterly*, 13: 615-634.

Deluga, R. J. (1992), "The Relationship of Leader-Member Exchanges with Laissez-Faire, Transactional, and Transformational Leadership", in Clark, K. E., Clark, M. B. and Campbell, D. R. (Eds.), *Impact of Leadership*, Greensboro, NC: Center for Creative Leadership.

Deluga, R. J. (1994), "Supervisor Trust Building, Leader-Member Exchange and Organizational Citizenship Behavior", *Journal of Occupational and Organizational Psychology*, 67: 315-326.

Dvir, T., Eden, D., Avolio, B. J., and Shamir, B. (2002), "Impact of Transformational Leadership on Follower Development and Performance: A Field Experiment", *Academy of Management Journal*, 45: 735-744.

Fornell, C., and Larcker, D.F. (1981), "Evaluating Structural Equation Models with Unobservable Variables and Measurement Error", *Journal of Marketing Research*, 18: 39-50.

Gerstner, C. R., and Day, D. V. (1997), "Meta-Analysis Review of Leader-Member Exchange Theory: Correlation and Construct Issues", *Journal of Applied Psychology*, 82: 827-844.

Goodwin, V. L., Wofford, J. C., and Whittington, J. L. (2001), "A Theoretical and Empirical Extension of Transformational Leadership Construct", *Journal of Organizational Behavior*, 22: 759-776.

Graen, G. B. (1976), "Role Making Processes within Complex

Organization", in Dunnette, M. D., (Ed.), *Handbook of Industrial and Organizational Psychology*, Chicago: Rand-McNally.

Graen, G. B. and Uhl-Bien, M. (1995), "Development of Leader-Member Exchange (LMX) Theory of Leadership over 25 Years: Applying a Multi-Level Multi-Domain Perspective", *Leadership Quarterly*, 6: 219-247.

Hackett, R. D., Farh, J. L., Song, L. J., and Lapierre, L. M. (2003), "LMX and Organizational Citizenship Behavior: Examining the Links Within and across Western and Chinese Samples", in G. Graen, (Ed.), *Dealing with Diversity*, *LMX Leadership:The Series*, Greenwich, CT: Information Age.

House, R. J. and Aditya, R. N. (1997), "The Social Scientific Study of Leadership: Quo Vadis?", *Journal of Management*, 23: 409-473.

Howell, J. M. and Hall-Merenda, K. E. (1999), "The Ties that Bind: The Impact of Leader-Member Exchange, Transformational Leadership and Transactional Leadership, and Distance on Predicting Follower Performance", *Journal of Applied Psychology*, 84: 680-694.

Hui, C., Law, K. S., and Chen, Z. X. (1999), "A Structural Equation Model of the Effects of Negative Affectivity, Leader-Member Exchange, and Perceived Job mobility on In-Role and Extra-Role Performance: A Chinese Case", *Organizational Behavior and Human Decision Processes*, 77: 3-21.

Jöreskog, K. G., and Sörbom, D. (2001), *LISREL 8.50.*, Scientific Software International.

Kelman, H. C. (1958), "Compliance, Identification, and

Internalization: Three Processes of Attitude Change", *Journal of Conflict Resolution*, 2: 51-56.

Lam, S. S. K., Hui, C., and Law, K. S. (1999), "Organizational Citizenship Behavior: Comparing Perspective of Supervisors and Subordinates across Four International Samples", *Journal of Applied Psychology*, 84: 594-601.

LePine, J. A., Erez, A., and Johnson, D. E. (2002), "The Nature and Dimensionality of Organizational Citizenship Behavior: A Critical Review and Meta-Analysis", *Journal of Applied Psychology*, 87: 52-65.

Liden, R. C. and Maslyn, J. M. (1998), "Multi-Dimensionality of Leader-Member Exchange: An Empirical Assessment through Scale Development", *Journal of Management*, 24: 43-72.

Lowe, K. B., Kroeck, K. G., and Sivasubramaniam, N. (1996), "Effectiveness Correlates of Transformational and Transactional Leadership: A Meta-Analytic Review of the MLQ Literature", *Leadership Quarterly*, 7: 385-425.

Medsker, G. J., Williams, L. J., and Holohan, P. J. (1994), "A Review of Current Practice for Evaluating Causal Models in Organizational Behavior and Human Resources Management Research", *Journal of Management*, 20: 439-464.

Netemeyer, R. G., Johnston, M.W., and Burton, S. (1990), "Analysis of Role Conflict and Role Ambiguity in a Structural Equation Framework", *Journal of Applied Psychology*, 75: 148-157.

Podsakoff, P. M., Mackenzie, S. B., Lee, J. Y., and Podsakoff, N. P. (2003), "Common Method Biases in Behavioral Research: A Critical Review of the Literature and Recommended Remedies",

Journal of Applied Psychology, 85: 879-903.

Podsakoff, P. M., MacKenzie, S. B., Moorman, R. H., and Fetter, R. (1990), "Transformational Leader Behaviors and their Effects on Followers' Trust in Leader, Satisfaction, and Organizational Citizenship Behavior", *Leadership Quarterly*, 1: 107-142.

Seltzer, J. and Bass, B. M. (1990), "Transformational Leadership: Beyond Initiation and Consideration", *Journal of Management*, 16: 693-703.

Shamir, B., House, R. J., and Arthur, M. B. (1993), "The Motivational Effects of Charismatic Leadership: A Self-Concept Theory", *Organizational Science*, 4: 1-17.

Tsui, A. S., Pearce, J. L., Porter, L. W., and Tripoli, A. M. (1997), "Alternative Approaches to the Employee-Organization Relationship: Does Investment in Employees Pay Off?" *Academy of Management Journal*, 40: 1089-1121.

Wong, C. S., and Campion, M. A. (1991), "Development and Test of a Task Level Model of Motivational Job Design", *Journal of Applied Psychology*, 76: 825-837.

Wayne, S. J., Shore, L. M., Bommer, W. H., and Tetrick, L. E. (2002), "The Role of Fair Treatment and Rewards in Perceptions of Organizational Support and Leader-Member Exchange", *Journal of Applied Psychology*, 87: 590-598.

Werner, J. M. (1994), "Dimensions that Make a Difference: Examining the Impact of In-Role and Extra-Role Behaviors on Supervisory Ratings", *Journal of Applied Psychology*, 79: 98-107.

Yukl, G. (2002), *Leadership in Organizations*, 5th ed., Upper Saddle River, NJ: Prentice-Hall.

后　记

　　整理、准备这部书稿的时候，正值北京大学114周年校庆。也恰逢我们心理学系82级同学入学30年聚会，15位同学欢聚一堂，畅谈学习时的感受、毕业后的成长。大家的共同感慨就是北大读书的4年不但留给了我们众多难得的回忆，更为重要的是，这段时间的学习和生活赋予了我们无限的能量，使我们能够在各行各业中努力地工作着，并取得了一定的成绩。大家在欢快畅谈往昔，幸福展望未来的同时，共同的心声就是对母校充满了感激之情。

　　对于我自己而言，对母校的感情又有一番别样的滋味。主要原因是入学20年后的2002年，我又回到了北大的光华管理学院工作，在这个对研究与教学都有很高要求的学院里，尤其感到心理学系7年的训练和熏陶对于我的学术生涯起到了莫大的帮助作用。每当想到此点，总感到对母校，对心理学系具有强烈的感恩之心。因此，很希望将此书作为奉献给母校的一份礼物。

　　尽管作为礼物的这部书还有很多不足，但自己还是比较满意的。这部书的每一篇文章都是我及其合作者辛苦努力的结果，其结论或多或少会对从事企业管理的研究和实践有所帮助，为中国企业管理水平的提升做一些微薄之力。最后，本书的最后一次审校是在来往于北京—南京—杭州之间的高铁上完成的。看到祖国大地的幅员辽阔（北京已是落叶纷飞，寒风阵阵，而杭州依然是绿叶葱葱，冬小麦在茁壮成长）以及科技的高速发展（高速公路纵横交错，高铁以每小时 302 公里的速度平稳地前行），油然而生的一种感觉是，作为一位公民，我们每个人都应该做些什么，使我们的祖国发展的更好。此书的出版就算是一个简单的尝试吧。

王　辉

2012 年 11 月 25 日于南京开往北京的高速列车上

特 别 说 明

本书的每一章都是作者和其它合作者共同完成的，各章的作者及发表的杂志列表如下，

章节	作者	题目	发表期刊
前言	王辉、张翠莲	中国企业环境下领导行为的研究述评：高管领导行为，领导授权赋能及领导—部属交换	《心理科学进展》，2012 年 第 10 期，第 1519—1530 页
第一章	Wang, H., Waldman, D., & Zhang, H.	战略领导的跨文化研究：理论，结果及未来研究方向	*Journal of World Business*, 2012, 47: 571-580
第二章	王辉、忻榕、徐淑英	中国企业 CEO 的领导行为及对企业经营业绩的影响	《管理世界》，2006 年 第 4 期， 第 87—96 页
第三章	王辉、张文慧、忻榕、徐淑英	战略型领导行为与组织经营效果：组织文化的中介作用	《管理世界》，2011 年 第 9 期， 第 93—114 页
第四章	王辉、忻榕、徐淑英	你像谁？中国企业领导人素描	《哈佛商业评论》，2004 年 第 5 期，第 28—31 页
第五章	Wang, H. & Huang, M.P.	中国企业战略领导者的辩证思维方式及其对组织绩效的影响	Academy of Management Conference, 2011, San Antonio

（续表）

章节	作者	题目	发表期刊
第六章	张燕、王辉、陈昭全	授权赋能研究的进展	《南大商学评论》，2006 年 第 11 期，第 117 — 132 页
第七章	张燕、张功多、陈昭全、王辉	授权赋能：如何让员工自动自发	《北大商业评论》，2007 年 第 1 期，第 30 — 32 页
第八章	王辉、武朝艳、张燕、陈昭全	领导授权赋能行为的维度确认与测量	《心理学报》，2008 年 第 40 期，第 1030-1040 页
第九章	张文慧、王辉	长期结果考量、自我牺牲精神与领导授权赋能行为：环境不确定性的调节作用	《管理世界》，2009 年第 6 期，第 115-123 页
第十章	王辉、张文慧、谢红	领导 - 部属交换对授权赋能领导行为影响效果的调节作用	《经济管理》，2009 年第 4 期，第 99-104 页
第十一章	任孝鹏、王辉	领导—部属交换 (LMX) 的回顾与展望	《心理科学进展》，2005 年 第 6 期，第 788-797 页
第十二章	王辉、牛雄鹰、K. S. Law	领导—部属交换的多维结构及对工作绩效和情境绩效的影响	《心理学报》，2004 年 第 36 期，第 179-185 页
第十三章	Wang, H., Liu, X. F., & Law, S. K.	中国组织情境下的领导—部属交换：结构内容及维度的初步研究	*New National Network Sharing*, 2007, George Graen (Ed.), 105-128
第十四章	Wang, H., Law, K. S., & Chen, G.	领导—部属交换、员工绩效和工作结果：中国情境下的一项实证研究	*International Journal of Human Resource Management*, 2008, 19:1809-1824
第十五章	Wang, H., Law, S.K, Hackett, R., Wang, D., & Chen, G.	领导—部属交换在变革型领导与员工绩效及组织公民行为之间的中介作用	*Academy of Management Journal*, 2005, 48: 420-432